纺织服装高等教育
"十四五"部委级规划教材

TEXTILE UNDERSTANDING

走进纺织

朱远胜 主 编
杨 梅 陈 敏 副主编

东华大学出版社·上海

内容提要

本书是作者结合多年的教学和管理经验,针对纺织工业正加快转型成为"科技、时尚、绿色"的形势编写而成的,旨在帮助纺织专业的学生在学习专业知识之前,快速把握纺织全貌,形成对纺织的整体认识,为后续专业课程学习提供方向性的指导,也为给感兴趣于纺织的非纺织专业学习者提供快速了解纺织的渠道。本书主要内容包括源远流长的纺织历史、迅猛发展的现代中国纺织工业、丰富多彩的纺织纤维、纤维变成纱的奥秘、经纬交织的机织、线圈串套的针织、神奇的纤维直接成布、灿烂多姿的印花染整共八个部分,高度对接纺织产业链。学习者通过本教材的学习,能快速了解纺织历史、中国纺织工业和纺织加工流程等。

本书既可作为纺织类专业的导论课程教材,也可为对纺织业感兴趣的读者提供参考。

图书在版编目(CIP)数据

走进纺织/朱远胜主编. —上海:东华大学出版社,2021.6
ISBN 978-7-5669-1912-0

Ⅰ.走… Ⅱ.①朱… Ⅲ.①纺织工业—工业发展—中国—文集 Ⅳ.①F426.81-53

中国版本图书馆 CIP 数据核字(2021)第 122709 号

责任编辑:张 静
封面设计:书研社

走进纺织 ZOUJIN FANGZHI

朱远胜 主编
杨 梅 陈 敏 副主编

出　　　版:东华大学出版社(上海市延安西路1882号,200051)
出版社网址:http://dhupress.dhu.edu.cn
天猫旗舰店:http://dhdx.tmall.com
营 销 中 心:021-62193056　62373056　62379558
印　　　刷:句容市排印厂
开　　　本:787 mm×1092 mm　1/16
印　　　张:15.5
字　　　数:387千字
版　　　次:2021年6月第1版
印　　　次:2021年6月第1次印刷
书　　　号:ISBN 978-7-5669-1912-0
定　　　价:69.00元

前　言

纺织服装业是一个历史悠久的传统产业，与人类生活息息相关。中国纺织工业已经形成全球规模最大、体系最完备的产业，其生产制造能力与国际贸易规模长期居于世界首位，是世界纺织服装供应链保持稳定运转的重要支撑力量。纺织行业是中国为数不多的具有全产业链闭环创新能力的工业部门，当前纺织工业正加快转型升级，"科技、时尚、绿色"的新特征和新趋势正越来越鲜明，因此需要越来越多的人了解这个行业，学习纺织类专业。《走进纺织》这本教材旨在纺织及服装产业转型升级的今天，帮助纺织专业的学生在学习专业课程之前，快速了解纺织全貌，对纺织形成整体认识，为后续的专业课程学习提供方向性的指导，也给对纺织感兴趣的非纺织专业读者提供快速了解纺织的渠道。

本书主要包括源远流长的纺织历史、迅猛发展的现代中国纺织工业、丰富多彩的纺织纤维、纤维变成纱的奥秘、经纬交织的机织、线圈串套的针织、神奇的纤维直接成布、灿烂多彩的印花染整共八个部分的内容，高度对接纺织产业链。读者通过学习本教材，能快速了解纺织历史、中国纺织工业和纺织工艺流程等知识。

本教材有四个方面的特色和创新：第一，章节组织覆盖全部的纺织产业链，体例结构按照知识目标、能力目标、素质目标、教学内容、思维导图、正文、同步练习设置，符合新形态教材要求；第二，嵌入大量图片和短视频，视频以二维码的形式嵌入，读者用手机可以直接观看，能够更加直观地学习；第三，课程思政元素以延伸材料的形式插入，教师授课和学生自学都非常方便；第四，在中国大学MOOC平台配套开设线上课程，读者可以自学。

本书由浙江纺织服装职业技术学院朱远胜任主编。各章节分工：朱远胜编写第一讲、第二讲、第三讲、第四讲、第六讲、第七讲；陈敏编写第五讲；杨梅编写第八讲。本书部分图片由浙江纺织服装职业技术学院张建辉老师提供。第一讲、第二讲由罗炳金教授审核，第四讲由桂亚夫教授审核，第六讲由孟海涛教授审核。在此一并表示感谢，全书由主编统稿、校正。

由于编者水平有限，书中不足之处在所难免。敬请读者批评指正。

编者

2021年3月

目　录

第一讲　源远流长的纺织历史 ……………………………………………… 001
　　第一节　纺织与古代文明 …………………………………………………… 002
　　第二节　纺织对社会生产力进步的贡献 …………………………………… 005
　　第三节　对世界纺织产生重要影响的主要国家的纺织史 ………………… 008
　　同步练习 ……………………………………………………………………… 016

第二讲　迅猛发展的现代中国纺织工业 …………………………………… 018
　　第一节　中国服装用纺织品的发展 ………………………………………… 019
　　第二节　中国家用纺织品的发展 …………………………………………… 021
　　第三节　中国产业用纺织品的发展 ………………………………………… 023
　　第四节　中国纺织智能制造 ………………………………………………… 030
　　第五节　中国军民融合纺织品的发展 ……………………………………… 034
　　同步练习 ……………………………………………………………………… 036

第三讲　绚丽多彩的纺织纤维 ……………………………………………… 038
　　第一节　纺织纤维的概念与性质 …………………………………………… 040
　　第二节　纺织纤维的种类 …………………………………………………… 042
　　同步练习 ……………………………………………………………………… 061

第四讲　纤维变成纱的奥秘 ………………………………………………… 063
　　第一节　纱线概述 …………………………………………………………… 065
　　第二节　棉纺系统 …………………………………………………………… 072
　　第三节　毛纺系统 …………………………………………………………… 076
　　第四节　麻纺系统 …………………………………………………………… 080
　　第五节　绢纺系统 …………………………………………………………… 082
　　第六节　现代纺纱技术 ……………………………………………………… 084
　　同步练习 ……………………………………………………………………… 090

第五讲　经纬交错的机织 …………………………………………………… 093
　　第一节　机织物的概念与分类 ……………………………………………… 095

第二节　机织物的生产 ………………………………………………… 101
第三节　织前准备 ……………………………………………………… 103
第四节　织造 …………………………………………………………… 110
同步练习 ………………………………………………………………… 116

第六讲　线圈串套的针织 …………………………………………… 120
第一节　针织物的分类及性能特点 …………………………………… 122
第二讲　针织物组织及其加工设备 …………………………………… 130
第三讲　针织物加工设备 ……………………………………………… 137
同步练习 ………………………………………………………………… 142

第七讲　神奇的纤维直接成布 ……………………………………… 145
第一节　非织造材料的概念及分类 …………………………………… 147
第二节　非织造材料的纤维成网 ……………………………………… 152
第三节　非织造材料的纤网加固 ……………………………………… 161
同步练习 ………………………………………………………………… 170

第八讲　灿烂多姿的织物染整 ……………………………………… 173
第一节　织物前处理 …………………………………………………… 175
第二节　织物染色 ……………………………………………………… 195
第三节　织物印花 ……………………………………………………… 203
第四节　织物后整理 …………………………………………………… 212
同步练习 ………………………………………………………………… 233

参考文献 ……………………………………………………………… 240

第一讲　源远流长的纺织历史

📖 知识目标：
1. 能摘述纺织产业对社会生产力的贡献；
2. 能简要列举英国、美国、德国、日本、印度等国的纺织发展历史；
3. 能简要列举中国在新石器、商周、汉、唐、宋、元、明及清等朝代的纺织业的优势和特色。

📖 能力目标：
能从纺织发展历史借鉴对现实指导的内容和元素。

📖 素质目标：
通过了解纺织与古代文明的关系及纺织产业对社会生产力的贡献，形成对纺织行业的认识和热爱，同时通过了解中国古代纺织行业的先进性，树立文化自信。

📖 本讲内容简介：
主要介绍纺织与古代文明、纺织对社会生产力进步的贡献、各国纺织发展简史。

📖 思维导图：

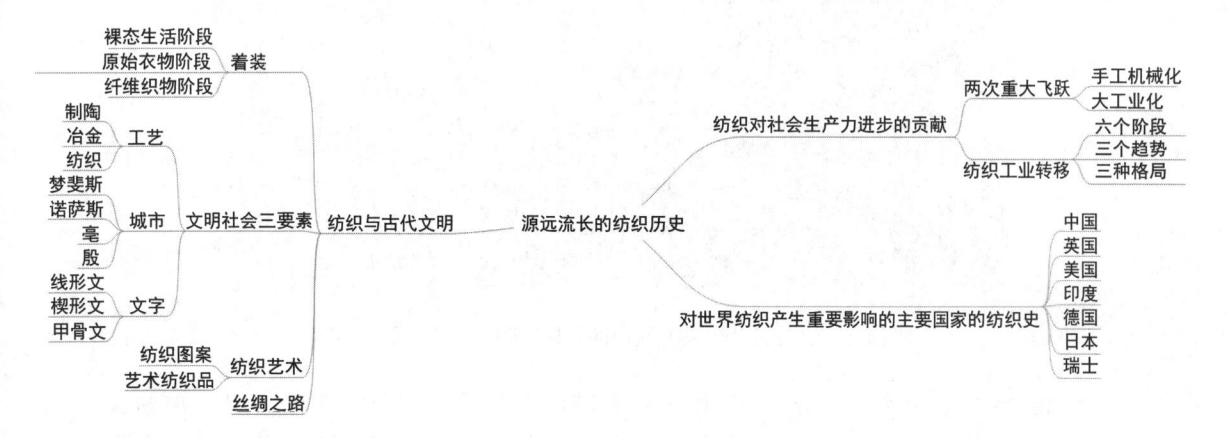

扫码可浏览本讲彩图

```
                 裸态生活阶段
                 原始衣物阶段  着装
                 纤维织物阶段
       制陶
       冶金     工艺                                                     手工机械化
       纺织                              两次重大飞跃     大工业化
       梦斐斯                            纺织对社会生产力进步的贡献      六个阶段
       诺萨斯                                            三个趋势
       毫       城市  文明社会三要素  纺织与古代文明  源远流长的纺织历史   纺织工业转移  三种格局
       殷
       线形文                                                           中国
       楔形文   文字                                                    英国
       甲骨文                                                           美国
                                                                        印度
                 纺织图案                  对世界纺织产生重要影响的主要国家的纺织史  德国
                 艺术纺织品  纺织艺术                                   日本
                 丝绸之路                                               瑞士
```

001

第一节 纺织与古代文明

衣食住行中,衣为首,显示着纺织的重要性。纺织品除了供人类穿着,其应用还涉及被褥、扎捆包装、室内装饰,以及写字、绘画等方面。中国的许多日常用词汇也来源于纺织。由此看来,纺织关系到人类生活的各个领域,在人类文明史上占有十分重要的地位。

一、纺织的发展阶段

那么,纺织是从什么时候开始出现的呢?实际上,人类出现距今已有 200 万年左右,而人类着装大约经历了裸态生活、原始衣物、纤维织物等三个阶段。

◎ 在裸态生活阶段,人类经过直立人阶段、早期智人阶段,地球经过三次冰河期,使用工具出现了"尖状器"和"刮削器"(图1-1)。

图 1-1 旧石器时代人类使用的石质"尖状器"和"刮削器"

◎ 距今约 5 万—约 1 万年,人类第一次将树叶、兽皮、骨头等佩戴在身上,进入原始衣物阶段,这是人类史上一次巨大的进步,这可以由辽宁海城小孤山旧石器遗址出土的原始缝纫编织工具证实。图 1-2 显示的是山顶洞人使用的骨针样式。

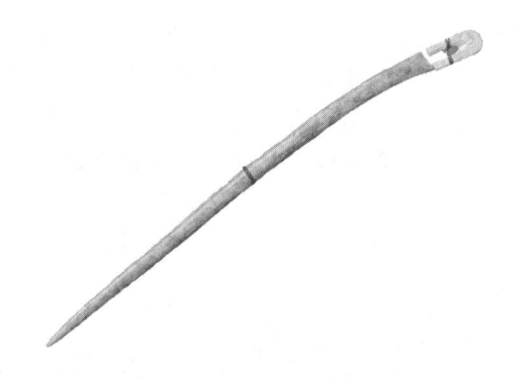

图 1-2　骨针

◎ 距今约 1 万—约 5000 年,我们称之为新石器时代,人类的穿着发生了质的飞跃,进入纤维织物阶段,这可以从一些遗址发掘的纺织器具得到证实。如仰韶文化中出现的陶纺轮,河姆渡文化中出现的打纬刀、绞纱棒和分经轴等、山东大汶口文化中出现的骨梭子,马家浜文化中出土的葛织物,以及良渚文化中出现的丝织物。图 1-3 所示为黎族使用的踞织机。

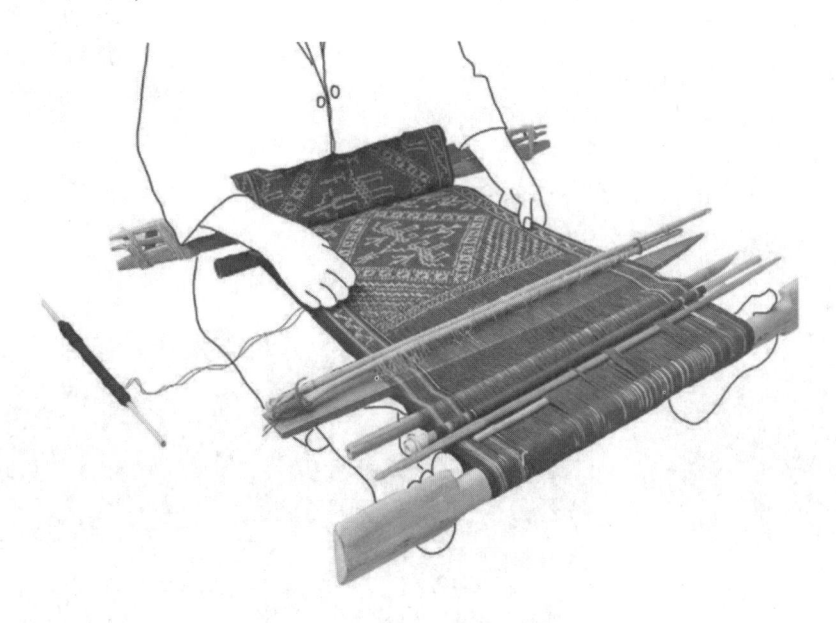

图 1-3　黎族使用的踞织机

二、纺织与文明的关系

古代社会进入文明社会的标志是要具备工艺、城市和文字三要素。其中,工艺以制陶、冶金、纺织为主要特征,城市则出现了如古埃及的孟斐斯、地中海一带的诺萨斯,以及中国的亳和殷等。

说到文明,一定要提到文字,而文字以古希腊的线形文、苏美尔的楔形文、中国的甲骨文为代表,特别是中国的文字与纺织的关系非常密切。如甲骨文中丝字旁有 100 多个;说文解字中,丝字旁有 267 个,巾字旁有 75 个,衣字旁有 120 多个;色彩命名,如红、绿、绛、绀、紫、缁、绯等。纺织与词语的关系也非常密切。现在常用的词语"分析"来源于纺麻;"综合""组织"来源于织造;"成绩"中的"绩"是指先将麻茎皮劈成极细长缕,然后逐根捻接,这是高技巧的手艺,所以后来人们把工作的成就叫作"成绩"。还有笼络人心、纰漏、余音绕梁、青出于蓝等,都来源于纺织。

三、纺织与艺术的关系

纺织与艺术的关系也非常密切。如纺织品中的很多图案来自于神话、自然界及文字等,许多纺织品本身就可以称为艺术,如锦、绣、蜡染、扎染、缂丝等。新疆楼兰遗址出土的汉代延年益寿长葆子孙锦是典型的汉式云气动物纹锦,出土的长葆子孙锦缘绢衣裤(图1-4)的袖口、下摆及衣襟处使用红地长葆子孙锦镶缝作缘。东汉晚期的无极锦上织有"无极"二字(图1-5)。唐代的立狮宝花纹锦(图1-6)现存于中国丝绸博物馆,其图案源于唐代流行的陵阳公样,极为华丽,以大窠花卉为环,环中是一站立的狮子纹,环外以花卉纹做宾花,它融合中西元素,呈现出那个时代的开放与东西文化交流。

图 1-4　长葆子孙锦缘绢衣裤

图 1-5　无极锦

图 1-6　立狮宝花纹锦

丝绸作为一种高贵的物品,在中国古代有着举足轻重的地位,而国外当时没有这种产品的生产技术,所以丝绸成为对外输出的贵重物品,形成了影响至今的陆上和海上"丝绸之路"。"丝绸之路"推动了中国文化地理空间不停滞的运动和延展,为中华文明的内生式增长带来强力推动。从西到东,从北到南,从战乱不已的南北朝到统一和平的隋唐,中国各文化空间板块产生了波澜壮阔的新变化、新气象;同时,"丝绸之路"也把开放包容、维新求变的中华文明融入了世界文明体系的形成和发展进程中。

第二节 纺织对社会生产力进步的贡献

一个时代社会生产力的发展通过生产工具和生产技术的进步来实现,而纺织技术的进步对古代社会生产力的进步有重要影响。纺织技术是世界各族人民长期创造性地劳动所积累的产物。世界三大文明发祥地对发展纺织技术都有突出的贡献。

一、纺织技术的两次重大飞跃

(一) 手工机械化

纺织技术的第一次飞跃即手工机械化主要发生在中国,时间跨度为公元前6世纪—公元17世纪。这一时期中国纺织工业主要成就可归纳为以下十大发明:

◎ 育蚕取丝。发明了采桑养蚕,以及取蚕丝生产精美丝绸的方法。

◎ 振荡开松。利用弓弦振荡弹松纤维,减少了对纤维的损伤。

◎ 纱支自控。多锭纺纱车上采用砝码平衡纱条的张力,以控制加捻时卷入纱条的纤维量,使纱的粗细保持稳定。

◎ 以缩定捻。发明了打线车(土法捻线机),根据纱线加捻后长度缩短的原理,以缩短量来判定加捻程度。

◎ 人工程控。《天工开物》中记载的花楼织机(图1-7)上的花本是控制提经次序的部件。拉花工提拉综线,经纱便按预定要求开口,织出设计好的花纹。

◎ 特殊织品。用彩色丝织成大提花的锦,早已成为美好事物的代称。用轻薄的纱织物制成的上衣,如马王堆汉墓出土的一件质量仅49 g,南宋的一件不到17 g。缂丝用文字书画作花纹,其欣赏价值几乎达到甚至超过原作。

◎ 缬染技艺。缬为古代防染技术。苗族传世的蜡缬品有自然的冰纹,具有特殊的美感。维吾尔族扎经缬的花纹呈现无级层次的晕,富有特色。

◎ 特种整理。广东传世薯莨整理产品香云纱(薯莨纱)不怕水,不贴身,是夏天或水上作业人员的良好衣料。

◎ 劳动组织。中国自周代起就有规模巨大、分工细密的官营纺织染工场。至唐代,又按工艺或产品品种设了许多专门工场。

◎ 统一标准。中国在周代就有织物幅宽和匹长的统一标准。

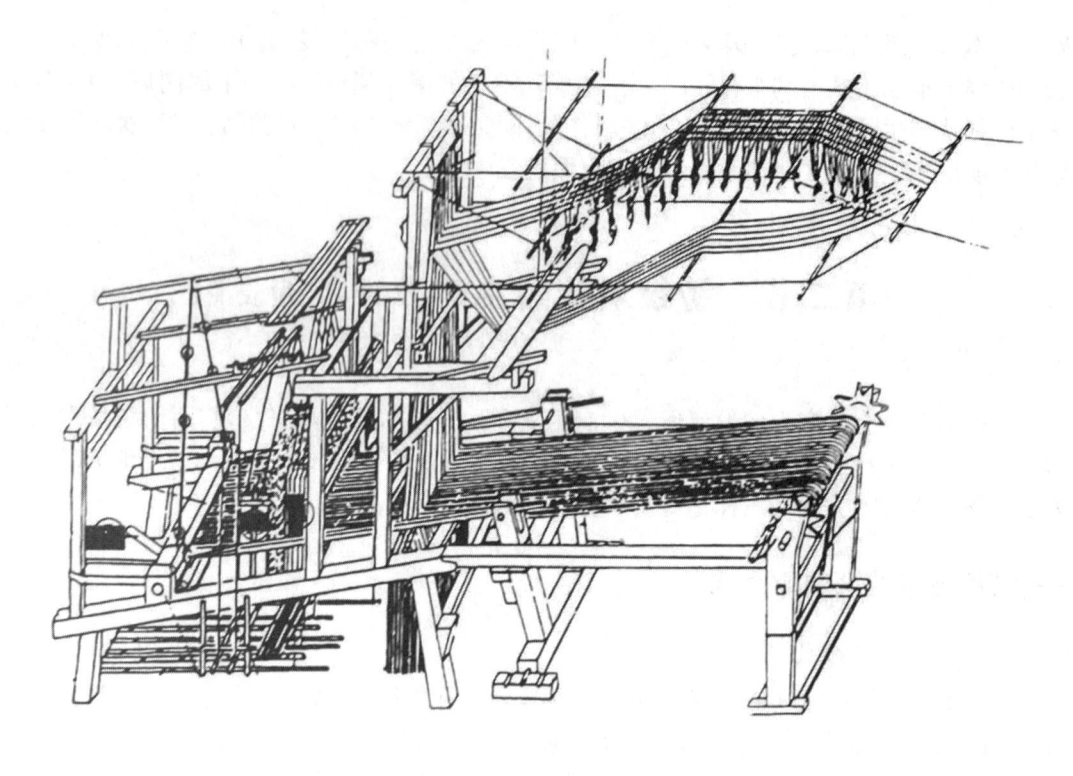

图 1-7　花楼织机

(二) 大工业化

世界纺织技术的第二次飞跃首先发生在西欧,时间跨度为 18 世纪下半叶到现在,推广的速度比第一次飞跃快。主要变革是 18 世纪下半叶发生的工业革命,它从西欧的纺织工业开始,机器化生产把工人的双手从加工动作中解脱出来。

1. 纺织生产逐步走向机械化

◎ 18 世纪 60 年代,织布工詹姆士·哈格里夫斯发明了被称作"珍妮机"的手摇纺纱机,它是最早的多锭手工纺纱机,满足了当时对棉纱的大量需求。珍妮机的发明是纺织工业革命的开端。珍妮机的纺纱能力比旧式纺车提高了 8 倍,但仍然使用人力。

◎ 1769 年,亚克·赖特改良了老式纺车,发明了水力纺纱机,被视为工厂制度的开端。

◎ 1779 年,克朗顿结合珍妮机与水力纺纱机的优点,开发出走锭纺纱机,英国人戏称其为"骡子",后来就定名为"骡机"。骡机纺出的纱又细又结实,加速了纺织工业化的脚步。

◎ 1825 年,英国人 R. 罗伯茨研制成动力走锭纺纱机,经不断改进,逐渐得以推广使用。

◎ 1828 年,美国人发明了环锭纺纱机。环锭纺纱机的生产能力大,每台机最多可装 500 个锭子,锭子转速超过每分钟 2000 转,纱筒绕满后可自动更换,因而产量高。

◎ 1965 年,捷克 VUB 棉纺织研究所研发出更快速的纺纱机,名叫"转子纺纱机",也就是气流(转杯)纺,它的产纱速度大约是环锭纺纱机的 6 倍。

◎ 20 世纪下半叶,除了气流纺,各种新型纺纱方法相继产生,如静电纺纱、涡流纺纱、包缠加捻的喷气纺纱、假捻并股的自捻纺纱等。

2. 染整技术的发展

纺织化学工艺从18世纪开始有很大的进展,欧洲的一些化学家对染料性能和染色原理进行研究,到19世纪,人工合成染料取得了一系列的成果,染料生产完全摆脱了对天气的依赖。20世纪,浸染、轧染的连续化、溢流染色等工艺的产生,以及各种染色助剂和载体及相应的染色设备的问世,使染色逐步实现了机械化大工业生产。

印花也逐步实现了自动化,滚筒印花、圆网印花等技术和机器先后投入生产。

20世纪以后,纺织品整理技术的发展很快,新的整理方法不断出现,如轧光、拉幅、防缩、防皱、拒水、阻燃等整理技术。生物酶处理、等离子体处理、二氧化碳超临界处理等技术,都进入了实用阶段。

3. 化学纤维的产生与发展

纺织进入工业化生产后,生产规模迅速扩大,对原料的需求促使人工制造纤维技术的发展加快。19世纪末,黏胶人造丝开始进入工业生产。20世纪上半叶,腈纶、锦纶、涤纶等合成纤维相继进入工业生产。人工制成的化学纤维品种很多,有的因性能优良和经济价值高,其生产规模不断扩大,而有的因性能不佳或经济效益差趋于淘汰。改性纤维和特种纤维的开发不断取得进步,高性能、高功能、智能化纤维不断投入应用,产业用纺织品和纤维复合材料正渗透至各个领域。

二、全球纺织业发生多次转移

在纺织工业化后,全球纺织业发生了多次转移,大致可划分为以下六个阶段:

◎ 第一次工业革命将英国推上全球纺织业中心位置。

◎ 20世纪初,纺织制造中心转移到美国。

◎ 第二次世界大战之后,日本成为全球纺织产业中心。

◎ 1970年之后,亚洲新兴的工业化国家和地区(新加坡、韩国及中国台湾和香港)接力日本成为全球纺织产业中心。

◎ 2001年,中国加入WTO,之后逐步成为全球纺织制造中心。

◎ 2012年之后,东南亚国家的劳动力优势凸显,中国纺织产业向外迁移。

经历上述六个阶段的转移后,世界纺织业结构调整和发展呈现以下三种趋势:

◎ 生产中心从发达国家向发展中国家转移。

◎ 消费中心与生产中心的分离使纺织服装贸易迅速增长。

◎ 纺织领域迅速扩展,从传统的服装、家用纺织品向工业、医疗卫生、安全防护、航空航天、土木工程、冶金机电、交通水利、军事等领域扩展。

因而,世界纺织业形成以下三个格局:

◎ **技术密集型**:主要集中在发达国家和地区(美、欧盟、日),产品主要为技术含量和附加值高的产业用纺织品,以及功能性、流行性强的纱线和面料。

◎ **资本密集型**:主要集中在中等发达国家和地区(韩国、中国台湾和香港等),产品主要为纺织上游产品和后整理水平较高的中高档纺织产品。

◎ **劳动密集型**:主要集中在发展中国家和地区,以粗加工、中低档产品为主。

第三节　对世界纺织产生重要影响的主要国家的纺织史

一、中国纺织史

中国纺织的起源相传由嫘祖养蚕制丝开始,考古工作者则在旧石器时代山顶洞人的遗址中发现了骨针,此为已知纺织最早的起源。

(一)新石器时代

新石器时代发明了纺轮,使得制丝更加便捷,先后出土的葛布、麻布、丝织品、毛织品表明当时的纺织技术已相当先进。如浙江余姚河姆渡遗址中有苘麻双股线,出土的牙雕盅上刻有4条蚕纹(图1-8),同时出土了纺车和纺机零件;江苏草鞋山遗址出土了双股经线编织的罗地葛布,是最早的葛纤维纺织品;河南郑州青台遗址出土了黏附在红陶片上的苎麻和大麻布纹、黏附在头盖骨上的丝帛残片,以及10余枚红陶纺轮,这是最早的丝织品实物;新疆罗布泊遗址出土的古尸身上裹着粗毛织品,哈密五堡遗址出土了精美的毛织品,说明毛纺织技术已经发展;福建崇安武夷山船棺出土了青灰色棉布和丝麻织品。

图1-8　牙雕蚕纹盅

(二)商周时代

商周时代,社会经济进一步发展,宫廷皇室对纺织品的需求量日益增加。周的统治者设立了与纺织品有关的官职,掌管纺织品的生产和征收事宜。商周的丝织品品种较多。河北藁城台西遗址出土了黏附在青铜器上的织物,其中有平纹的纨、绉纹的縠、绞经的罗、三枚菱纹绮;河南安阳殷墟妇好墓中的铜器上黏附的丝织品有纱纨(绢)、朱砂涂染的色帛、双经双纬的缣、回纹绮等,还出土了丝绳、丝带等实物;陕西宝鸡茹家庄西周墓出土了纬二重组织的山形纹绮残片。进入春秋战国时期,丝织品更加丰富多彩。湖南长沙楚墓出土了几何纹锦、对龙对凤锦和填花燕纹锦等。湖北江陵楚墓出土的锦制品种类较多,色泽鲜艳。毛织品以新疆吐鲁番阿拉沟古墓中出土的数量最多,花色品种也很丰富。在商周时期,应用苎麻纺织已很广泛,《诗经》中有"东门之池,可以沤麻""是刈是濩,为絺为绤"等记载。从殷墟妇好墓出土的铜觯和铜钺上的菱纹及回纹丝织物残痕可知,商代已有提花技术。

(三)汉代

汉代纺织品以湖南长沙马王堆汉墓和湖北江陵秦汉墓出土的丝麻纺织品数量最多,花色品种也最齐全,有仅重49g的素纱单衣、耳杯形菱纹花罗、对鸟花卉纹绮、隐花孔雀纹锦、凸花锦和绒圈锦等高级提花丝织品，还有第一次发现的印花敷彩纱和泥金银印花纱等珍贵的印花丝织品。汉武帝时期，张骞第二次出使西域(公元前119年)携带了大量丝织品，促进了中外丝织技术交流，重新打通了"丝绸之路"，使我国丝绸织品源源不断地向西方输出。沿"丝绸之路"出土的汉代织物绚丽璀璨，如丝织物的锦和毛织物的罽等。1959年，新疆民丰尼雅遗址东汉墓出土了隶体"万世如意"锦袍(图1-9)、"延年益寿大宜子孙"锦袜子等(图1-10)，出土的毛织品有龟甲四瓣纹罽、人兽葡萄纹罽、毛罗和地毯等名贵品种，而且首次出土了蜡染印花棉布及平纹棉织品。

图1-9　"万世如意"锦袍　　　　　　　　图1-10　"延年益寿大宜子孙"锦袜子

（四）隋代

隋代的纺织业已发展到一个新高度。首先是产能的提高。根据史料记载，隋朝专门用于储藏布帛的仓库能存放上千万匹。河北、山东逐渐成为纺织业的重镇，并且产品质量非常高。隋文帝对纺织业尤其重视，中央机构设有司染、司织两署。后来，两署合并为织染署。在纺织业比较发达的地区，还设置了专门机构，如在泾州、雍州设丝局，在定州设绸绫局，在河东、信都设染局。隋代有代表性的纺织手工业区域主要如下：

◎ 蜀郡"绫锦雕镂"。绫锦雕镂指工艺考究的丝织品，它是在一般纺织品生产工序的基础上，再经提花、刺绣而成的，图案绚丽，富有立体感，系丝织品中的精品，也是蜀郡上贡京师的名优特产之一。

◎ 豫章"鸡鸣布"。《隋书·地理志》记载："豫章之俗，颇同吴中……亦有夜浣纱而旦成布者，俗呼为鸡鸣布。"隋文帝时，豫章地区的"鸡鸣布"不仅对中原地区的影响很大，而且波及周边地区。

◎ 绚丽多彩的高昌纺织品。隋代时，高昌地区系"丝绸之路"的必经之地，这里的东西方经济和文化相互渗透，交相辉映。当时随葬物中的纺织品十分丰富，计有锦、锦绫、绢、白绫、紫绫、白练、彩帛、细布、等，其中既有来自中原地区的纺织品，也有当地生产的民族产品。

通过"丝绸之路"频繁贸易中的文化交流，隋代丝织工艺汲取了西北少数民族，以及中亚、西亚的纹饰和技法，与各种单独图案配合使用的联珠纹样开始在纺织品中大量出现，如图1-11展示的联珠对孔雀"贵"字纹。

走进纺织

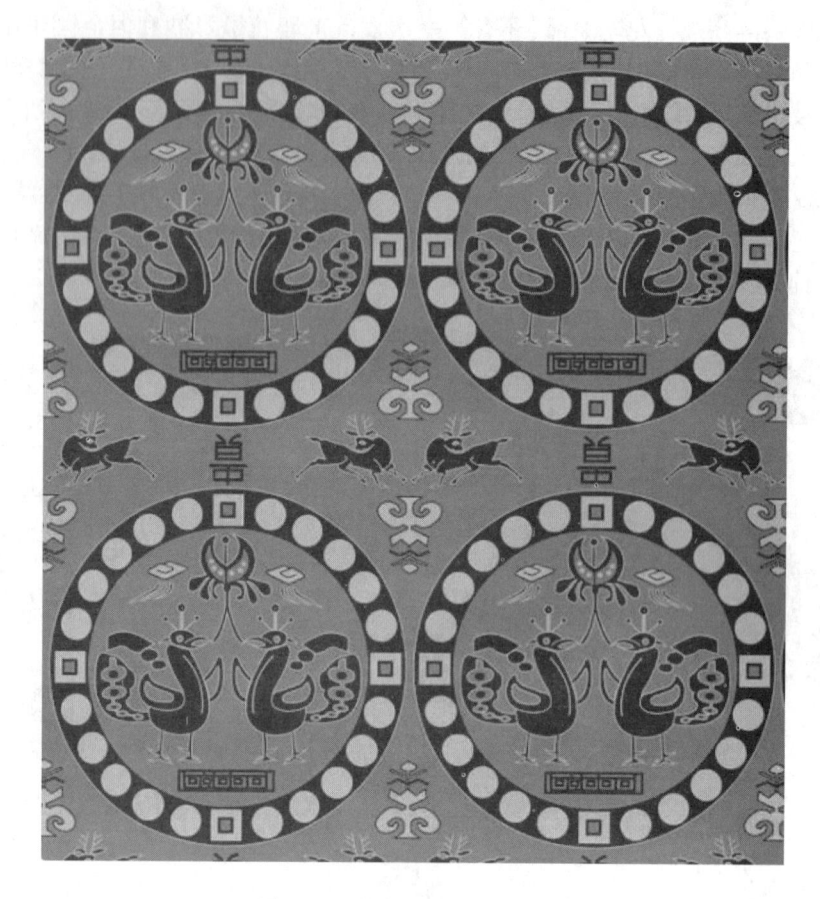

图 1-11　联珠对孔雀"贵"字纹

（五）唐代

唐代是织绣染品种最丰富的一个时代。唐代的纺织业有毛纺、麻纺、丝织，其中以丝织最为发达，产品种类很多。如成都的蜀锦、定州的绫、亳州的纱，都很有名。唐代纺织技术的进步十分突出。如中宗的女儿安乐公主出嫁时蜀川所献的单丝碧罗笼裙（图1-12）上，花卉、鸟兽、细米粒，在日影之中，各为一色，极尽工巧。唐代刺绣品在生活中应用甚广，但从大量唐代出土物来看，唐代绣品的热点是佛教使用的供养品。在纺织业的直接影响下，唐代印染业也迅速发展起来。印染产品在当时称为缬。唐代三缬（绞缬、蜡缬和夹缬）加上后来发现的灰缬在当时已经名扬天下。除此以外，与印染有关的还有印金、贴金和泥金等工艺。

（六）宋代

宋代丝织品以花罗和绮绫为最多。宋黄昇墓出土的各种罗组织的衣物有200余件，包括两经绞、三经绞、四经绞组织的素罗，平纹、浮纹、斜纹、变化斜纹等组织构成的花卉纹花罗，以及粗细纬间隔排列形成的落花流水提花罗等。绮绫的花纹以牡丹、芍药、月季、芙蓉、菊花等为主体。印染工艺已发展出泥金、描金、印金、贴金、敷彩等多种。宋代的缂丝以朱克柔的莲塘乳鸭图最为精美（图1-13），是闻名中外的传世珍品。宋代的棉织品发展迅速，已取代麻织品成为大众衣料，松江棉布被誉为"衣被天下"。

图 1-12　单丝碧罗笼裙

图 1-13　莲塘乳鸭图

(七)元代

元代棉纺织业的发展突飞猛进,棉布成为主要的衣服原料,织金锦也负有盛名。元代是中国织金锦发展的鼎盛期,织金锦成为最尊贵、最华丽的纺织品(图1-14)。元代的织金锦分两大类:一类是纳石失;另一类是金段子。纳石失有浓郁的西域风情,而金段子保留了较多的汉地特色。

图1-14 织金锦

(八)明代

明代的纺织业,无论棉纺和丝纺,都有长足发展。明代中后期,随着植棉业的推广,棉花的品种繁多,为棉纺织业提供了丰富的原材料。纺织生产工具也明显进步。如去籽用的搅车、弹棉用的弹弓、纺纱用的纺车,都有很大改进,提高了工效。明代的棉纺业分布广泛,成为当时普及各地的手工业,如纺织业最发达的松江府地区出现了"家纺户织,远近流通"的繁荣景象。染整业也随棉纺织业的发展而发达起来,芜湖成为当时棉布业染整中心。

明代中后期,丝织业发展到一个新高度。缫丝、络丝、牵丝、治纬、开织等各道工序的工具和技术都有不同程度的进步。如牵经工序使用的工具,包括溜眼、掌扇、经耙、经牙等装置的完善程度远超以往任何朝代,为清代丝织业的发展奠定了基础。当时的丝织业中心在江南地区。苏州拥有数量众多的丝织业工人,江南有许多村镇是丝织业发达的地方,如嘉兴的王江泾镇。在北方,山西潞安府的丝织业比较发达。明清纺织品以江南三织造(江宁、苏州、杭州)生产的贡品的技艺最高,其中有各种花纹图案的妆花纱、妆花罗、妆花锦、妆花缎等富有特色。富于民族传统特色的蜀锦、宋锦、织金锦和妆花(云锦)锦合称为"四大名锦"。

(九)清代

丝织业在清代有突出进展。杭州和苏州仍然是丝织业中心。苏州东城"比户习织,专其业者不啻万家",杭州东城是"机抒之声,比户相闻"。江宁(今江苏南京)的丝织业在明代没什么名望,但到了清代则发展迅速,超过了苏州和杭州,成为最大的丝织业中心。这里织造的缎子十分出名,种类很多,使用的机器有一百多种。在乾隆、嘉庆年间,这里的缎机有3万多张。图1-15所示为清乾隆皇帝御用龙袍,它是宫廷庆典、宴席时所穿的吉服袍。广州是清朝新兴起的丝绸产地,所产的纱、绸、缎等都很名贵,广纱的精美已经超过江宁、苏、杭的产品,有"广纱甲于天下"之称。

清代棉织业也有很大发展。松江(包括上海)、无锡、苏州都是棉织业的核心产地。松江盛产的棉布不仅数量多,而且质量好,畅销全国各地。苏州城乡普遍织造棉布,"苏布名称四方",行销遍布天下。无锡号称"布码头",很多富商巨贾都在这里开设花布行,大量收购棉布,再运到江苏北部等地销售。

图 1-15　清乾隆皇帝御用龙袍

二、英国纺织史

英法百年战争之后,英国大力发展纺织业。1470—1510 年,英国呢绒出口量年增长率达到 30%,毛织业成为英国的"民族工业"。16 世纪的圈地运动为英国的呢绒生产带来了充足的原料和廉价劳动力。到 1565 年,英国呢绒出口额占其出口商品总额的 78%。

通过一系列的发明,英国成为世界棉纺织强国。如 1733 年发明的飞梭、1764 年发明的珍妮机、1769 年发明的水力纺纱机、1765 年发明的蒸汽机,使英国棉纺织业如虎添翼。18 世纪末期,英国棉纺织率先实现机械化生产。1800 年,英国棉织品出口额占全世界棉织品出口总额的 25%,1828 年高达 50%。棉布成为人类发展史上的第一个全球化商品。英国棉纺织逐渐成为其工业的中坚力量,推动着工业革命的发生与发展。

1830—1840 年,机器生产占据了英国纺织业的主导地位。1850 年,英国加工了全世界 46%的棉花原料;19 世纪 50—70 年代,英国率先完成工业革命,成为世界工厂,伦敦成为国际金融贸易中心;19 世纪末期,英国纺织品质量和加工技术停滞不前,逐渐被美国、欧洲和日本所超越和取代。

三、美国纺织史

美国由于专利法的实施,特别是1790年英国的斯莱特进入奥米-布朗公司,凭着惊人的记忆力及多年练就的机械制造技能与经验,成功复制出阿克莱特棉纺机,其棉纺业拥有了当时世界上最先进的新型机器。1793年,美国马塞诸塞州青年伊莱·惠特尼发明了轧棉机,使得清理棉花的工效提高了近100倍。1828年发明的环锭纺纱机,使得纺织生产技术和生产效率突飞猛进。美国除纺织原料即棉花产业的全球地位迅速攀升外,工业技术的逐渐推广使得棉纺织业也快速发展,棉纺锭数从1832年的120万锭上升到1895年的1610万锭。根据《中国纺织经济》报道,1913年,美国占世界棉纺织总量的比重首次超过英国,正式取代英国成为全球纺织制造中心。

四、德国纺织史

1815年以前,德国从事非农业生产的人口大多集中在纺织业。工业革命前,德国纺织业主要以家庭手工业和手工工场的形式存在。在第一次工业革命中,德国纺织业有了较快的发展,但是从整体上看,始终无法接近实力强大的英国纺织业。

1835年,德国棉纺织业的生产水平仅相当于英国1788年的水平,前者1900年的皮棉加工能力也只相当于英国1850年的水平。

19世纪30年代,随着新技术的采用和机械化,纺织工业在德国得到了快速发展。

德国纺织业自20世纪70年代以来持续推进产业结构转型。随着全球化的加深和国际大分工的演进,德国将劳动密集型的纺织产业逐步转移至发展中国家,专注于研发、生产、销售技术含量和附加值更高的技术纺织品,努力保持在某些专业领域的市场领先地位。

到2018年,德国成为全球最大的技术纺织品出口国,占全球技术纺织品市场的12.5%,技术纺织品销售额在德国纺织业中的比重从1985年的5%~8%提高至50%以上。

德国纺织机械工业水平居世界前列。在德国的机械产业中,纺织机械产品在其各项机械产品排名中居于前列。德国最强的纺织机械产品是纺纱机械、针织机械与染整后加工机械。另外,德国与纺织业有关的化学产品世界驰名。德国的赫希司特、巴斯夫和拜耳三大化工公司均诞生于19世纪60年代。德国生产的纺织化学品已经成为生产高质量纺织服装的重要支持。

五、日本纺织史

日本的纺织业发展,特别是第二次世界大战结束后全球纺织产业中心向日本转移,和美国有非常大的关系。第一,随着经济水平的提高和劳动保护制度的健全,美国劳动力成本大幅提高;第二,第二次世界大战之后,新兴产业不断出现,美国开始将纺织等传统工业向外转移;第三,日本和德国都积累了一定的工业基础,但德国的劳动力增长更快,故美国选择扶持日本的纺织工业。有关数据表明,1957年日本纺织品出口额全球排名第一,日本正式成为新的全球纺织产业中心,此时,合成纤维技术已经大量应用在纺织品中。

六、印度纺织史

印度纺织业有过一段辉煌的历史,尤其是棉织品远销非洲。在马六甲,印度棉织品被用来换取胡椒、樟脑、檀香木、中国瓷器、丝绸和金属等;在斯里兰卡和马尔代夫,织物是主要的"货币",可用来购买肉桂、胡椒、子安贝壳和槟榔等物品。17世纪末,印度已控制全世界四分之一的纺织品贸易。到18世纪,印度棉织品不仅在英国受到欢迎,而且在欧洲其他国家、非洲及拉丁美洲也深受欢迎,成为当时世界上最畅销、利润最丰厚的商品。但是在1814—1835年间,英国输往印度的棉布增加了62倍,而印度输往英国的棉布减少了四分之三。印度纺织业迅速崩溃,在其著名的纺织业城市达卡,1827年有人口15万,8年后只有3万。其中缘由之一是英国重视技术,之二是英国的殖民体系。

同步练习

一、单选题

1. 湖南长沙马王堆出土的质量仅为 49 g 的素纱单衣出自（　　）代。
   A：商　　　　　　B：周　　　　　　C：汉　　　　　　D：晋

2. 中国纺织的起源相传由（　　）开始。
   A：黄道婆的棉布织造　　　　　　B：嫘祖养蚕制丝

3. 世界纺织发展有两次大的飞跃，其中第二次主要是大工业化，其发生地在（　　）。
   A：亚洲　　　　　B：西欧　　　　　C：南美　　　　　D：非洲

4. 世界纺织生产有两次大的飞跃，其中第一次是手工机械化，其首先发生地在（　　）。
   A：英国　　　　　B：美国　　　　　C：中国　　　　　D：日本

5. 印度历史上的纺织业非常发达，其中最有名的是（　　）。
   A：毛纺织业　　　　　　　　　　B：棉纺织业
   C：麻纺织业　　　　　　　　　　D：丝纺织业

6. 英国通过圈地运动为呢绒的生产提供了充足的原料和廉价劳动力。1565 年，英国呢绒出口额占全部出口商品总额的 78%，使（　　）成为英国的"民族工业"，其贸易垄断了整个欧洲市场，保证着皇家国库的正常运转，支撑着英国的经济命脉。
   A：棉纺织业　　　　　　　　　　B：毛纺织业
   C：麻纺织业　　　　　　　　　　D：丝纺织业

二、多选题

1. 明清纺织品以江南三织造生产的贡品的技艺为最高，其中有各种花纹图案的妆花纱、妆花罗、妆花锦、妆花缎等富有特色。江南三织造指的是（　　）。
   A：江宁织造府　　　　　　　　　B：苏州织造府
   C：杭州织造府　　　　　　　　　D：上海织造府

2. 隋代有代表性的纺织手工业区域主要包括（　　）。
   A：蜀郡"绫锦雕镂"　　　　　　　B：豫章"鸡鸣布"
   C：绚丽多彩的高昌地区的纺织品　　D：四川的蜀锦

3. 唐代印染业也迅速发展起来，印染产品在当时称为缬，唐代三缬指的是（　　）。
   A：绞缬　　　　　B：蜡缬　　　　　C：夹缬　　　　　D：灰缬

4. 世界纺织业格局有三个层次，下列叙述中属于这三个层次的是（　　）。
   A：技术密集型纺织业
   B：资本密集型纺织业

C:劳动密集型纺织业

D:智力密集型纺织业

5. 下列现在使用的中文词语,来源于纺织的是( )。
   A:分析　　　　B:综合　　　　C:组织　　　　D:成绩

6. 下列出土工具中,在古代用于纺纱的是( )。
   A:陶纺轮　　　B:骨梭子　　　C:绞纱棒　　　D:分经轴

7. 人类着装的发展过程按时期划分,大约经历了哪三大阶段?( )
   A:裸态生活阶段　　　　　　B:原始衣物阶段
   C:纤维织物阶段　　　　　　D:高级貂皮阶段

三、讨论题

1. "一带一路"是什么?它对当今世界和中国的发展有什么意义?
2. 中国纺织产业转移的机遇和挑战是什么?
3. 列举中国在商周、汉、唐、元、明及清等朝代的纺织业优势和特色。

第二讲　迅猛发展的现代中国纺织工业

知识目标：
1. 能阐述现代中国纺织工业在世界上的地位和作用；
2. 能阐述现代中国纺织工业在服装用纺织品、家用纺织品、产业用纺织品方面的发展状况；
3. 能阐述现代中国纺织工业的智能制造发展方向、军民融合纺织品的发展。

扫码可浏览本讲彩图

能力目标：
能从现代中国纺织工业在世界上的发展状况分析中国纺织将来的发展机遇和挑战。

素质目标：
通过学习现代中国纺织工的奋斗史展现中国发展道路的自信心，同时能从纺织品应用领域的不断扩大认识到纺织品的重要性，树立民族精神和潜心研究精神。

本讲内容简介：
中国服装用纺织品的发展、中国家用纺织品的发展、中国产业用纺织品的发展、中国纺织智能制造、中国军民融合纺织品的发展。

思维导图：

现代中国纺织工业
- 中国服装用纺织品的发展
  - 服装材料分类
  - 服装用纺织品的发展
  - 服装用纺织品的发展趋势
- 中国家用纺织品的发展
  - 家用纺织品的分类
  - 家用纺织品的发展
  - 家纺行业发展趋势
- 中国产业用纺织品的发展
  - 产业用纺织品的分类
  - 产业用纺织品的发展现状
  - 产业用纺织品的发展重点
- 中国的纺织智能制造
  - 纺织智能制造的发展现状
  - 纺织智能制造的未来发展
- 中国军民融合纺织品的发展
  - 军用纺织品的分类
  - 军民融合纺织品的未来发展

第一节　中国服装用纺织品的发展

纺织行业按其终端用途可以分为服装用纺织品业、家用纺织品业和产业用纺织品业三个子行业。服装用纺织业一直是多年来我国重点发展的方向。近几年由于家用纺织品特别是产业用纺织品的高速发展，服装用纺织品的比重有所降低，但仍然占所有纺织品的40%以上。

一、服装材料的分类

服装材料根据其在服装上的用途可分为面料和辅料。服装面料主要指机织物、针织物、编织物、皮革和毛皮等。作为服装三要素之一的面料，随着人们对时尚的重视度越来越高，其重要性日益提高。服装面料的作用是满足各种各样的服装的要求，能够塑造各种风格、形象的服装，体现服装不同的外观和内涵，使人们在生理上和心理上都得到满足。服装辅料包括里料、缝纫线、垫肩、填充料、衬料、花边、纽扣、拉链等。根据原料的不同，服装材料又可以按如下分类：

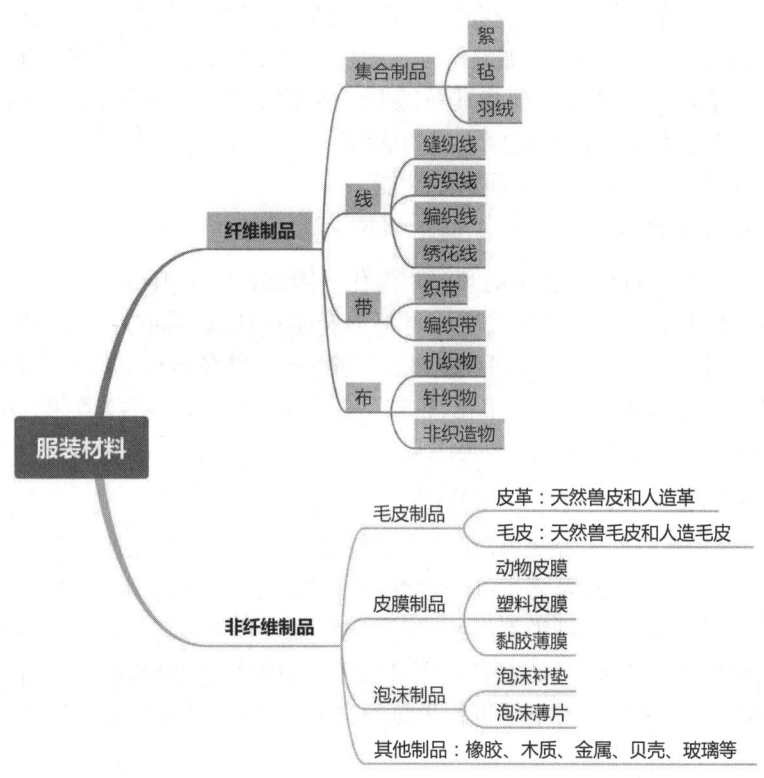

```
服装材料
├── 纤维制品
│   ├── 集合制品
│   │   ├── 絮
│   │   ├── 毡
│   │   └── 羽绒
│   ├── 线
│   │   ├── 缝纫线
│   │   ├── 纺织线
│   │   ├── 编织线
│   │   └── 绣花线
│   ├── 带
│   │   ├── 织带
│   │   └── 编织带
│   └── 布
│       ├── 机织物
│       ├── 针织物
│       └── 非织造物
└── 非纤维制品
    ├── 毛皮制品
    │   ├── 皮革：天然兽皮和人造革
    │   └── 毛皮：天然兽毛皮和人造毛皮
    ├── 皮膜制品
    │   ├── 动物皮膜
    │   ├── 塑料皮膜
    │   └── 黏胶薄膜
    ├── 泡沫制品
    │   ├── 泡沫衬垫
    │   └── 泡沫薄片
    └── 其他制品：橡胶、木质、金属、贝壳、玻璃等
```

二、服装用纺织品的现状

中华人民共和国成立以来,服装面料发生了巨大变化。从20世纪50年代的老粗布到当代汇聚科技结晶的功能性、差别化面料,各种具备不同功能的服装面料,为人民的生活提供了丰富的选择与搭配。服装面料的进化与我国服装设计和民众穿着风格的演进有着非常密切的关系。20世纪五六十年代的粗布棉衣和军装都是天然纤维材质的,到七八十年代,出现了尼龙、涤纶等化学纤维的应用;进入90年代,国内逐渐引入了更多种类的合成纤维,在化纤建设发展中,更加注重增加差别化、功能化纤维的比重,积极开发新型纤维,以适应纺织深加工需要,丰富了服装面料的品种。

三、服装用纺织品的发展趋势

服装用纺织品将更加注重"科技、时尚、绿色",特别是对于符合人们对美好生活追求的的纺织品需求会明显增加。

(一)更加注重纺织品的"科技性"

随着人们对服装要求的提高,单一功能的面料已经不能满足消费者的需求。面料除了具有良好的吸湿排汗、凉爽功能外,还应具有杀菌除臭和防晒等功能。因此,在面料开发中,应赋予织物更多的功能,以满足消费者对多层次服装的需求。多种工艺的复合将增多。高弹性面料也是重要的开发方向,比如氨纶含量超过20%的面料将不止出现在运动装上,还会应用在女装上以形成特殊造型而且兼具舒适性。随着智能可穿戴设备的迅猛发展,现代电子技术与服装工艺有机结合的智能服装成为服装产品开发的一个重要方向,因此,可以将现代电子技术与面料开发融合以增强面料的性能。

(二)更加注重纺织品的"时尚性"

人们在服装款式的选择上更多地倾向时尚化。因此在赋予织物功能性的同时,可以通过织物组织结构的复合化,包括纱线的原材料混合多样性及不同纱线结构组合,创造丰富的视觉效果,在同一块面料上同时展现出多种风格;还可以在面料上加入一些装饰元素,增加面料的视觉冲击力,如运用刺绣、印花、拼接等手段增加面料的浪漫效果,在面料夹层中加入闪光类纱线或亮片类辅料营造另类感觉。

(三)更加注重纺织品的"绿色性"

如今,环境保护已经刻不容缓,环保再生面料成为不容忽视的设计方向。循环再利用化学纤维如再生涤纶、再生锦纶及再生纤维素纤维等的应用已十分广泛;以虾(蟹)壳、海藻等为原料的生物基纤维,溶剂法纤维素纤维,聚乳酸纤维及聚对苯二甲酸丙二醇酯纤维等"绿色"化学纤维,将应用在服装上;研发及应用高效环保型浆料、染料和助剂及高效环保化纤催化剂和油剂;应用生物酶技术对羊毛进行无氯丝光和防缩处理;运用绿色环保的植物染料进行织物染色。

第二节 中国家用纺织品的发展

作为纺织品中的一个重要类别,家用纺织品在居室装饰配套设计中被称为"软装饰",它在营造舒适、美观、怡人的环境中起着决定性的作用。根据中国家用纺织品行业协会的统计,在欧美等发达市场,家用纺织品、服装用纺织品和产业用纺织品的消费量约各占三分之一,全球家纺市场容量约为数千亿美元。在过去较长的一个历史时期,我国生产力发展和国民收入水平相对较低,家用纺织品的作用只是满足人们的基本生活需求,其平均使用年限较长,整个行业的发展也相对滞后。随着近年来我国经济的持续发展,以及人民生活水平的不断提高,家用纺织品已从单一的生活必需品逐渐成为人们改善生活质量、美化家居环境的重要手段,人们开始更多地追求家用纺织品时尚、个性、健康、环保等多方面的功能。家用纺织品的平均使用年限也逐渐缩短,消费者习惯根据气候、家饰搭配、家居风格等因素对家用纺织品进行定期的更新换代,结合城镇化水平的不断提高、住房条件的改善、婚庆市场的发展、旅游行业的兴盛等多因素的作用,家用纺织品市场容量不断扩大。

一、家用纺织品的分类

(一)按加工手段分

◎ 机织类家用纺织品,指采用普通织机或特殊织机(如簇绒织机)加工制成的家用纺织品。

◎ 针织类家用纺织品,指采用纬编针织机或经编针织机加工或手工编织制成的家用纺织品。

◎ 非织造类家用纺织品,指采用非织造方法加工制成的家用纺织品。

(二)按装饰对象和用途分

◎ 以装饰建筑物、构筑物地面为主要对象的家用纺织品,如采用棉、毛、丝、麻、椰棕及化学纤维等原料加工制成的软质铺地材料,主要有地毯、人造草坪两类

◎ 以装饰建筑物墙面为主要对象的家用纺织品,如墙布、壁毯等。

◎ 以装饰室内门、窗和空间为主要对象的家用纺织品,如窗纱、窗帘、门帘、隔离幕帘、帐幔等。

◎ 以装饰各种家具为主要对象的家用纺织品,如沙发套、椅套、台布、餐布、灯饰、靠垫、坐垫等。

◎ 以装饰卧床为主要对象的家用纺织品,俗称床上用品,包括床单、被褥、被面、枕头、床罩、被套、毯子、枕巾等。

◎ 以装饰餐饮、盥洗环境及满足盥洗卫生需要的家用纺织品,如毛巾、浴巾、浴帘、围裙、餐巾、手帕、抹布、拖布、坐便器圈套、地巾、垫毯等。

二、家用纺织品的发展现状

我国家纺行业的发展主要经历了以下四个阶段：

1996年之前
- 日常用品
- 产品特性单一
- 行业进入门槛低

1996—2000年
- 起步期
- 产品舒适
- 企业开始创建品牌

2000—2010年
- 快速成长期
- 产品特性多样化
- 品牌培育期

2010年至今
- 成长中后期
- 产品偏功能性需求
- 品牌格局形成

如今的家纺行业已经具备时尚、个性、保健等多功能的产品风格，家用纺织品在家居装饰和空间装饰市场逐渐成为新宠。家用纺织品纤维消耗占纤维加工总量比重一直在四分之一以上。根据欧睿统计数据，2014年中国内地家用纺织品制造商销售额突破2000亿元大关。此后保持小幅增长态势，到2018年，家用纺织品制造商销售额已达到2296亿元。随着居民消费水平的提高和城镇化进程的加快，中国家用纺织品行业拥有广阔的市场前景，家用纺织品行业将成为纺织业中非常有发展潜力的子行业。预测到2022年，中国内地家用纺织品制造商销售额将达2502亿元，家用纺织品复合增速远远超过美、英、日等国家。

三、家纺行业发展趋势

我国家纺行业是目前整个纺织品行业中发展潜力巨大的子行业之一。随着城镇化进程的加快，国内适婚人口的持续增长，将从乔迁和婚庆两大因素继续带动家纺行业持续增长。同时，随着国家收入倍增计划的逐步实现，国内居民人均可支配收入将持续增长，消费升级需求也会陆续出现，这将有力地支持家纺用品的置换需求。

近年来，家用纺织品行业已由数量扩张进入提高品质的时期。以需求为导向，通过技术研发、创意设计、产品创新，提高家纺产品的科技含量和附加值，丰富家纺产品的文化内涵，已成为今后家纺产品的发展趋势。

◎ 在发展规模上，我国家纺行业的整体规模虽然居世界前列，但是人均家纺消费还远低于主要发达国家的水平，预计未来还有很大的上升空间。随着我国人均可支配收入的增长，人们在家纺消费过程中会出现更加注重品牌和质量、重视个性化和功能性等新特征的趋势。此外，随着三四线城市的不断升级和发展，整体消费能力不断增强，消费升级是不可避免的大趋势。

◎ 在产品功能上，随着人们对家纺产品的要求越来越高，家纺产品开发也从原来的只重视外表的美观性和装饰性发展为重视安全、卫生、健康、环保等多功能的复合。

◎ 在创意设计上，家纺企业将积极参与符合社会需求的设计，不断开发出质量优、档次高、花色新、适合时代潮流的家用纺织品。

◎ 在文化内涵上，文化是家纺产品设计的灵魂，家纺文化步服装文化的后尘，已在全球范围内悄然形成。我国的家纺产品还存在设计陈旧的问题,缺乏个性化和时尚感,甚至有些盲目模仿西方的图案,缺乏民族性。因此,家纺企业需要大力倡导家纺文化,在以人为本、强调个性化设计的同时,弘扬民族文化,融入现代时尚元素,开拓自主创新的领域。

◎ 在产品智能化上,随着互联网信息时代的到来,家纺产品也逐步被赋予更多的科技元素。很多轻便耐用、小巧灵便的微电子模块,如能够检测温度、湿度、光照、有毒气体等的传感模块和控制模块,将其与家用纺织品结合,可实现温度、湿度、光线、空气质量的智能化调节。另外,还可将能够根据环境变化、自身需求自动调节环境温度、湿度和空气清新度的集成电路微型制品安装在家用纺织品中,满足人们娱乐、通信、保健的要求。

◎ 在行业集中度上,随着标准化、程序化、自动化生产的不断完善升级,中小家纺企业会逐渐失去价格低廉的优势,又由于品牌知名度方面的劣势,市场份额会被大型品牌商家不断侵蚀。因此,家纺行业集中度大幅提升也是不可避免的趋势。近年来,中国对知识产权保护的重视程度显著提升,小企业的侵权纠纷逐渐增多,这也进一步挤压了小企业的生存空间,间接地促进家纺企业的行业集中加快进行。

第三节　中国产业用纺织品的发展

产业用纺织品在国外也称作技术纺织品。产业用纺织品作为纺织工业的重要组成部分,不同于服装用和家用纺织品,而是指经专门设计的具有工程结构特点、特定应用领域和特定功能的纺织品。与劳动密集、技术含量较低的传统纺织业不同,产业用纺织品行业具有资本密集、技术含量高、用工量少、劳动力素质要求高等特征。随着产业用纺织品行业生产技术和工艺的不断发展,其应用范围更加广泛,市场潜力巨大,其发展水平已成为衡量一个国家纺织工业综合竞争力的重要标志之一。

一、产业用纺织品的分类

(一)中国的分类方法

按产品最终用途分类,我国将产业用纺织品分为十六个大类(图2-1)。
◎ 农业用纺织品
◎ 建筑用纺织品
◎ 篷帆类纺织品
◎ 过滤与分离用纺织品
◎ 土工用纺织品
◎ 工业用毡毯(呢)
◎ 隔离与绝缘用纺织品
◎ 医疗与卫生用纺织品

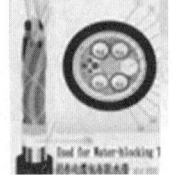

走进纺织

◎ 包装用纺织品
◎ 安全与防护用纺织品
◎ 结构增强用纺织品
◎ 文体与休闲用纺织品
◎ 合成革用纺织品
◎ 线绳（缆）带纺织品
◎ 交通工具用纺织品
◎ 其他产业用纺织品

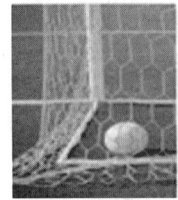

图 2-1 我国产业用纺织品的分类

(二) 国外的分类方法

国外的产业用纺织品分类，有的分为十四大类，而有的分为十二大类。

1. 分为十四大类的国家以日本为主要代表

◎ 航空航天用纺织品
◎ 交通运输用纺织品
◎ 包装和传输用纺织品
◎ 信息和通信用纺织品
◎ 农林业用纺织品
◎ 工程用纺织品
◎ 建筑用纺织品

◎ 渔业和航海用纺织品
◎ 医药卫生用纺织品
◎ 运动和消遣用纺织品
◎ 机械和设备生产用纺织品
◎ 能源用纺织品
◎ 国防用纺织品
◎ 其他纺织品

2. 分为十二大类的主要有欧美
◎ 农业用纺织品
◎ 建筑结构用纺织品
◎ 纺织结构符合材料
◎ 过滤用纺织品
◎ 土工用纺织品
◎ 医疗用纺织品
◎ 军事国防用纺织品
◎ 造纸用纺织品
◎ 安全防护用纺织品
◎ 运动和娱乐用纺织品
◎ 交通运输用纺织品
◎ 其他用纺织品

二、产业用纺织品的发展现状

在我国,产业用纺织品兴起于 20 世纪 50 年代,经过半个世纪的发展,产业用纺织品行业已经成为我国纺织品的三大支柱行业之一。2001 年我国加入 WTO 以后,产业用纺织品取得了长足的发展,统计数据显示,产业用纺织品行业的纤维加工量出现了超过 20% 的高增长。受 2008 年爆发的国际金融危机及之后的欧洲债务危机的冲击,世界经济增速放缓,出口占比较高的产业用纺织品行业增速在 2008 年出现了下滑。2011 年之后,随着全球经济的逐步复苏,产业用纺织品行业增速开始逐步回升。近年来,产业用纺织品行业发展迅猛,其应用领域持续拓展,非织造布卷材、医用纺织品、卫生用纺织品、过滤用纺织品、土工建筑用纺织品和结构增强用纺织品是发展比较迅速并且规模较大的领域,经济贡献不断提升。我国产业用纺织品行业的纤维加工总量在纺织行业中的占比从 2010 年的 20% 增长到 2020 年的 33% 左右,位居纺织行业三大终端应用的第二位。产业用纺织品行业已成为我国工业体系中最具活力的领域之一,未来的发展空间依然巨大。

虽然当前我国产业用纺织品行业已初具规模,企业数量众多,但绝大部分企业规模较

袋式除尘原理

小，整体技术水平较低，工艺和设备趋同，产品缺乏个性和特点。行业缺乏有影响力的领袖型企业，中低档产品市场竞争激烈，高性能产品主要依赖进口或由跨国公司主导。因此，无论在产业规模还是行业结构方面，我国产业用纺织品行业仍有巨大的发展空间。

三、产业用纺织品的发展重点

（一）过滤与分离用纺织品

过滤与分离用纺织品通常指应用于气/固分离、液/固分离、气/液分离、固/固分离、液/液分离、气/气分离等领域的纺织品。如食品、电子、医药和化工行业的高纯水预过滤，果汁、饮料、酒类过滤，大型建筑送风系统的空气过滤，汽车的空气、燃油、机油过滤，肾脏患者血液透析时的杂质分离、工业高温烟气过滤等，都要使用特殊纤维制成的过滤材料。环保滤料是产业用纺织品行业的重要组成部分，是污染物治理和改善空气质量的重要原材料之一。过滤与分离用纺织品主要包含烟尘治理用袋式除尘过滤材料、空气净化用过滤材料（图2-2）、液/固分离用过滤材料三个子领域。中国环境形势持续好转，一系列涉及大气环保的政策、文件的出台促进了行业的需求与发展，国家在环保领域的投入与环保经济政策得到更好的执行与强化。在未来相当长的时间里，我国大气污染主要来自工业粉尘的排放。随着社会对空气质量的关注度提高和行业的创新能力增加，对微细颗粒超细面层精细滤料的开发与应用将取得突破。现阶段，袋式除尘在垃圾焚烧、冶金、水泥等领域的应用比例巨大，市场的拓展与维护空间巨大，应用于液体过滤和室内空气过滤的也在不断增长，成为该领域内的新增长点。中国在过滤与分离领域已经建立从高性能纤维到工程服务的完整产业链条，具有很强的竞争力。预计未来20年非织造过滤材料和膜技术方面的创新可以更有效地淡化海水，市场需求巨大。膜分离技术目前已经广泛应用在很多领域，大范围应用推广是高分子分离过滤材料今后重点发展的方向。

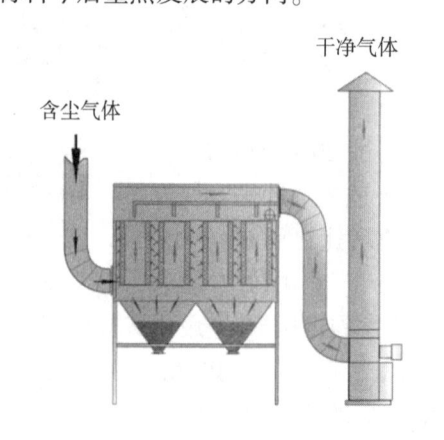

图2-2 空气净化原理（左）及空气净化器（右）

（二）安全与防护用纺织品

安全与防护用纺织品通常指在特定的环境下保护人员和动物免受物理、生物、化学和机械等因素伤害的纺织品(图2-3)。安全与防护用纺织品按产品用途分类,可分为防坠落、防冲击、防触电、防机械外伤、防酸碱、耐油装、防水、防寒等装备。按以预防职业病为目的的个体防护装备分类,可分为防尘、防毒、防放射性、防热辐射、防噪声等装备。我国拥有世界上最庞大的作业人员群体,十二个重点行业需要使用个体防护装备的作业人员数量超过5000万,全部作业人员数量约4亿。现阶段,个体防护装备的金额约为年均300亿元,远未达到行业发展和相关法律法规的要求。未来对产业工人的安全防护投入将逐渐加大。军队、警察的个体防护及应对自然灾害的防护材料的需求将大幅增加。随着中国安全防护相关标准、法规的完善,有望在近年内推动热防护和阻燃类防护纺织品向电力及石油和天然气等更多应用领域延伸。未来中国安全防护用纺织品市场增长的动力,一方面来自安全意识引导,相关法规、监管体系完善背景下防护用纺织品向更多应用领域的拓展;另一方面来自现有应用领域对以高性能纤维为代表的更高质量和防护性能的防护用品的需求。

图2-3 消防及防生化服装

(三)结构增强用纺织品

结构增强用纺织品通常指复合材料中作为增强骨架材料使用的纺织品,包括短纤维、长丝、纱线,以及各种织物和非织造布。现代生活中,飞机、船舶、汽车、火车、体育、化工、风力发电等领域,都大量采用了结构增强用纺织品,在结构增强的同时,减轻重量,降低成本,节约能源(图2-4)。航空航天、国防军工、高铁、汽车等行业是碳纤维复合材料应用的潜在市场,风力发电是结构增强用纺织品的重要应用领域。"十三五"期间,以立体织造、多轴向经编、连续纤维热塑复合材料及高性能纤维热固复合材料等方面的重大突破,扩大了纺织基复合材料的应用领域,如建筑领域等,同时积极拓展在交通领域的应用。高性能纺织结构柔性材料正向轻质高强、功能化、集成化、智能化的方向发展。

(四)交通工具用纺织品

交通工具用纺织品指在汽车、火车、船舶、飞机等交通工具中应用的纺织品,如轮胎帘子布、内饰用纺织品、安全带和安全气囊等。交通工具用纺织品种类繁多,汽车工业是其消费主体(图2-5)。汽车的高速发展为汽车用纺织品的发展提供了契机。汽车用纺织品使用比例巨大,涉及车顶面料、安全带和安全气囊、门板面料、地毯、座椅面料、轮胎帘子线、车厢过滤材料和吸声材料等。汽车用纺织品除了要满足基本的透气、牢度、美观等要求外,还要满足舒适和安全环保等方面的要求。据统计,汽车中应用纺织品的部件已超过80种,每辆轿车大约需要 20~30 kg 纺织品。由于交通运输、旅游业的日益繁荣,海陆空领域的交通工具都有快速增长的趋势。在交通工具朝着高端大型、节能环保方向发展的驱动下,高速铁路得到了迅猛发展,国产大飞机也即将为国人效力。轻量、高性能纺织品及其复合材料逐步替代钢铁,应用量进一步增加,是近年来纺织行业具备高发展潜力和高附加值的产品。

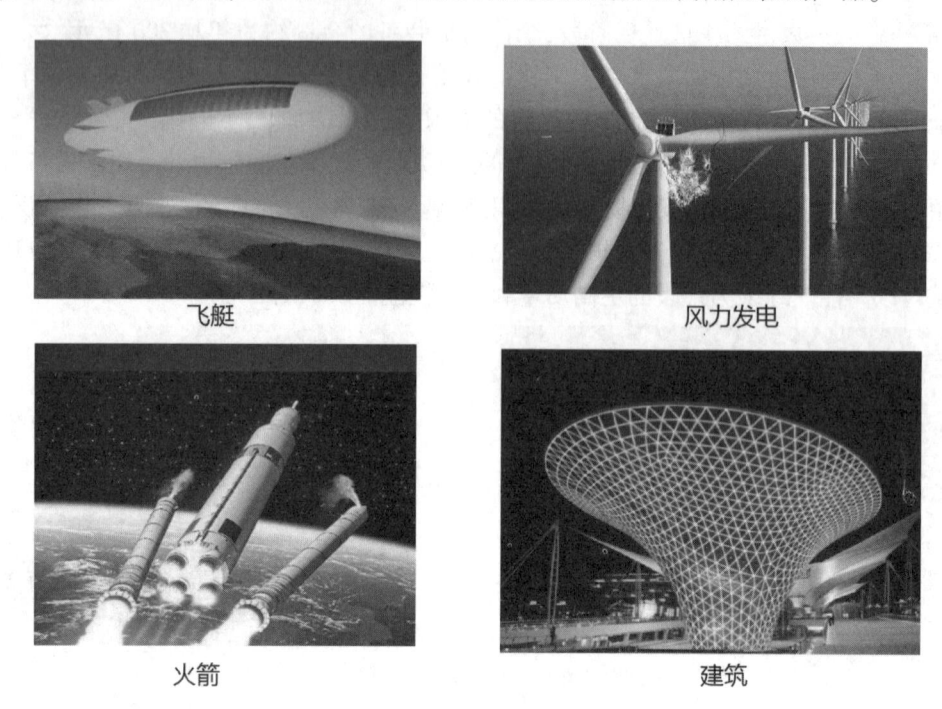

飞艇　　　　　　　　　　　风力发电

火箭　　　　　　　　　　　建筑

图 2-4　结构增强用纺织品应用领域

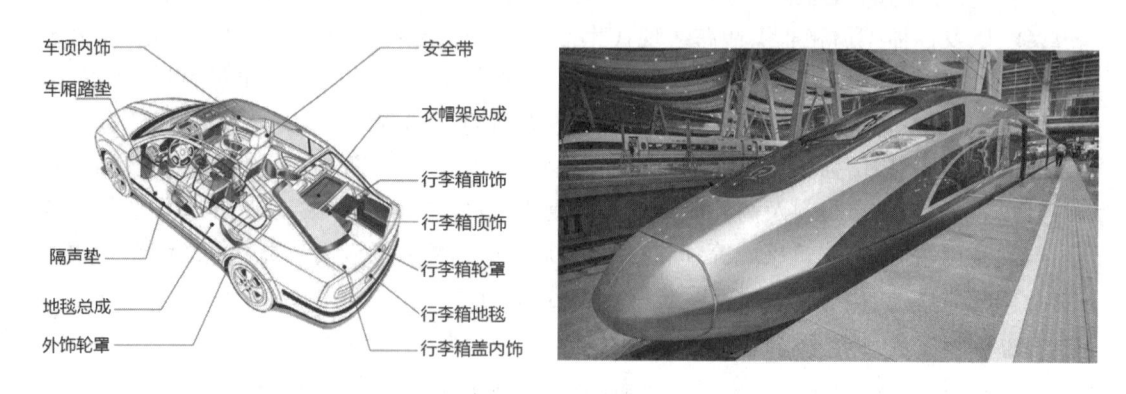

图 2-5　纺织品在交通领域的应用

应用领域的不同使得交通工具用纺织品与服装用和家用纺织品相比,有更严格的性能要求,不仅要在风格和色彩上与整体协调,而且要满足阻燃、无异味、耐磨、不褪色、环保等要求,开发难度日益增大。另外,由于我国在这一领域的起步较晚,与国外相比,交通工具用纺织品及复合材料的研究开发仍有很大空间。

(五)医疗与卫生用纺织品领域

医疗与卫生用纺织品指应用于医疗、保健及卫生领域的纺织品(图2-6)。属于国内医卫用纺织品性能呈现出多样化发展趋势,防病毒、防渗透、高阻隔、抗静电、轻量化、超薄舒适、透气、无刺激、可降解等成为产品特质。产品由简单的个体医卫防护材料,逐渐发展为医疗用敷料、手术单、手术服、手术包、手术缝合线等。在生产工艺上,突破了多头、多组分纺熔复合非织造布设备及工艺技术难题,配合后整理技术,产品广泛应用于满足"三抗"性能的手术服、隔离服等领域。以壳聚糖纤维、海藻纤维、蚕丝纤维制成的皮肤创伤修复材料,具有促进伤口愈合、止血性能良好及舒适和抗菌的性能,同时能缓解疼痛和抑制疤痕产生。市场上已有导流层、面层、弹性系统和薄膜等材料,它们使得产品更安全、舒适,使用效率更高。卫生用纺织品包括女性卫生用品、成人失禁用品、婴儿卫生用品、擦巾及各类湿巾等。

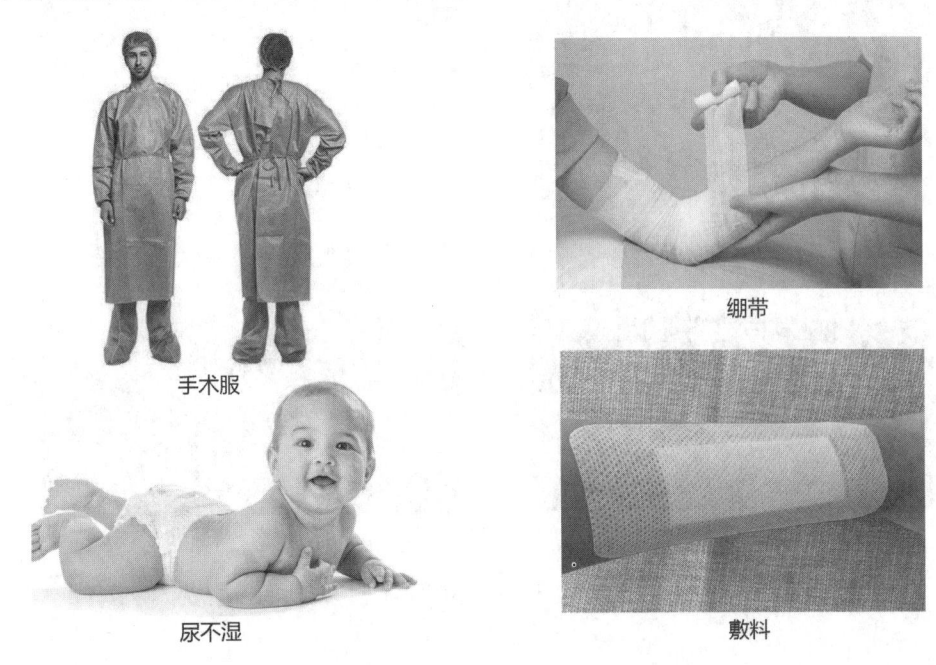

手术服　绷带　尿不湿　敷料

图2-6　医疗卫生用

(六)土工用纺织品

土工用纺织品(有时简称为土工布)通常指由各种纤维材料通过机织、针织、非织造和复合等加工方法制成,在岩土工程和土木工程中与土壤和(或)其他材料相接触使用的纺织品,可实现隔离、过滤、增强、防渗、防护和排水等功能(图2-7)。

土工用纺织品生产工艺复杂,产品性能优越,工程设计灵活,综合技术含量高,是土工合成材料的重要组成部分。如:高强、耐顶破、耐摩擦、抗酸碱的丙纶短纤土工布,应用于高铁轨道滑动层材料等方面;高强、耐环境的涤纶长丝纺黏土工布,应用于垃圾填埋场工程;湿法玻纤非织造布,应用于建筑加固等领域,拓展了功能性土工复合材料应用范围;经编矿山支护网,提高了煤矿作业面回撤效率,降低了矿山的运营成本;泵入式填充土工管袋,为围海造田、护坡治理等工程提供了更优化的解决方案;带有光纤传感器的智能土工织物,应用于机场、桥梁、高速公路,实现土壤加固、结构安全监控和预警等功能的一体化。随着全球化的不断深入,世界基础设施建设正在快速发展,全球土工合成材料的需求量大幅提升,市场潜力巨大,未来发展空间广阔。新材料、新技术的突破与应用,将促进土工用纺织品的应用领域拓展,形成更多的革命性替代;持续大规模的基础设施建设,是中国土工用纺织品产业稳定发展的重要保障;"一带一路"沿线的基础设施投资,将成为中国土工用纺织品的增长点;行业的标准体系和应用规范将更加完善,行业的集中度将进一步提高,行业的发展将健康可持续。

高铁路基	高速公路
土工管袋	垃圾填埋场

图 2-7　土工用纺织品

第四节　中国纺织智能制造

智能制造是一种由智能机器和人类共同组成的人机一体化智能系统,它能进行智能活动,如分析、推理、判断、构思和决策等。通过人与智能机器的合作,扩大、延伸和部分取代人类在制造过程中的脑力劳动。智能制造把制造自动化的概念更新,扩展到柔性化、智能化和高度集成化。由此我们可以认为纺织智能制造是由智能纺织机器和人类共同组成的人机一体化智能系统,包含纺织智能制造技术和纺织智能制造系统。纺织智能制造系统不仅能够在实践中不断地充实知识库,而且具有自主学习功能,还能搜集、理解环境信息和自身信息,并进行分析判断和规划自身行为。

一、纺织智能制造的发展现状

纺织行业作为我国重要的民生产业,正处于转型升级的关键时期。整个行业面临人口红利消失、原材料价格上涨、环保压力增大、出口缩减等现实问题。面对发展困境,纺织行业积极求变,以智能制造为手段,打通纺织全产业链、生产制造关键环节的数据流,开展生产模式、商业模式的变革,实现纺织行业劳动生产率、生产柔性的大幅提升,以及产品质量、资源能耗的改善,推动我国纺织行业向高端发展。中国纺织智能制造从"十二五"开始,用十年时间取得了初步成果。"十二五"期间布点,"十三五"期间开展了示范项目建设。

从纤维到服装(智能制造)

◎ 开发自动化、数字化、智能化纺织装备。加强对高性能纤维、生物基纤维等化纤新材料成套装备、短流程新型纺纱装备、新型印染装备等的开发生产,提高装备的生产效率、性能及自动化、数字化水平。开发纺织新型传感器、智能测量仪表、质量控制与执行系统,推进具有自动感知、智慧决策、自动执行功能的高端智能装备的产业化开发和应用。推进吊挂系统、智能物流包装、智能机器人、网络化管理信息系统等的开发应用。

◎ 推进智能工厂(车间)建设。推动信息化技术在纺织生产、研发、管理、仓储、物流等各环节的广泛运用。研究制定纺织智能制造体系架构、数字工厂(车间)参考模型、通用技术条件、评价验证等智能制造标准。在纺纱、织造、印染、化纤、服装、家纺等行业,开展以自动化和智能化生产、在线工艺和质量监控、自动输送包装、智能仓储、智能管理为主要特征的数字化、智能工厂(车间)试点示范。通过智能化生产和信息化集成管理,提高劳动生产率和产品质量稳定性。

◎ 培育发展大规模个性化定制。制定服装测量方法标准,推动人体数据库建设和服装号型标准制定,提高三维人体测量、服装3D可视化及模拟技术的精准性和实用化。鼓励建设消费者与生产企业信息交互平台、产业链协同供应平台,在服装、家纺行业推广个性化定制和批量定制,直接对接消费需求,用工业化手段生产个性化产品。表2-1比较了我国和发达国家当前在智能制造方面的水平。

表2-1 我国和发达国家在智能制造方面的水平比较

技术项	发达国家水平	国内水平	比较结论
数据采集	纺织生产管理已实现信息化,开发了相应的数据采集和信息管理系统	目前还没有真正比较通用的纺织网络化数据采集与信息系统	与国外先进水平相比,生产过程数据采集技术水平存在一定的差距,急需突破
设备互联互通	新型智能纺织设备自带智能通信接口,控制通信容量比较大,设备互联互通水平高	纺织设备具备了一定的数字化、自动化水平,也具备了一些智能化功能	国内纺织设备互联互通标准缺失,发达国家纺织机械设备互联互通水平领先于我国
信息融合	纺织企业能构建整个纺织生产流程的信息模型	部分纺织企业在纺织生产信息融合、集成与共享方面做了相关的研究	国内信息化水平尚处于初级阶段,需进一步扩大应用,提升管理智能化水平与信息化水平

(续表)

技术项	发达国家水平	国内水平	比较结论
智能执行	能够实现大多数纺织设备高精度运动控制、纺织生产和工艺仿真、智能物流和仓储等	智能执行技术在我国的研究和应用已有明显的效果	国内的智能执行技术水平需进一步提升
智能运营	在纺织企业智能运营方面做了一定的研究与应用	纺织企业在智能运营方面处于初步运行阶段	国内外都处于初级阶段,但国外的技术基础较好
供应链管理技术	已形成智能化产品生命周期管理系统,实现了无纸化管理,降低了人力、物力、财力消耗,提高了生产效率	吊挂生产线及自动化仓储已发展成熟,海澜之家等企业开始往智能仓储方向发展	国内外差距显著,国内需在生产信息实时共享及生产计划智能化技术上有所突破
个性化定制技术	已实现订单信息和成品信息网络化交易,借助大数据为用户提供个性化产品方案,提升了用户体验,降低了库存	近几年发展较快,已有青岛酷特等为代表的成功案例;此类技术多见于下游工厂,终端店铺较少见	国内外智能化程度相当;国内需拓展大规模个性化定制技术的应用渠道,增加销售终端的个性化产品定制体验
纺织品增材制造技术	研发了各类柔性打印材料和新型设备,一些公司已经形成3D打印服装生产线,开始发展4D打印技术	主要通过进口国外设备,3D打印服装仅限于展示和装饰	国内纺织品增材制造设备关键技术、适用的材料研发,以及纺织品增材制造批量化等方面,都落后于发达国家
智能纺织材料技术	智能调温、形状记忆纺织材料技术研发相对成熟,已有部分商业化应用;智能变色纺织材料技术成熟;电子信息智能纺织材料技术趋向成熟	智能调温、形状记忆纺织材料水平相对较弱,自主创新不足,基础能力薄弱;智能变色纺织材料紧跟世界发展水平;电子信息智能纺织材料小规模应用,技术水平较低	智能调温、形状记忆纺织材料研发及产业化有较大差距;智能变色纺织材料技术水平与国外相当,市场需拓展;电子信息智能纺织材料水平较落后,需加大研发力度

目前,纺织制造业的发展模式正在经历由从"经验"到"知识"、从"线性"到"网络"、从"物理"到"信息"的演进,实现数字化制造、网络化制造、智能化制造。当前,我国纺织智能制造发展状况如下:

◎ 智能制造试验车间等示范性试点覆盖纺织产业链
◎ 共性技术为发展纺织智能制造奠定基础
◎ 数字化智能化纺织装备和工艺有突破
◎ 纺织服务制造及网络协同制造得到发展
◎ 智能纺织材料成为产业拓展新热点
◎ 智能制造标准化组织和体系初步建成

具体地说:
◎ 纺纱和化纤智能制造生产线可实现夜间无人值守,纺纱过程的无人化也将实现
◎ 电脑横机、经编设备的数字化和数字加工中心带动了针织生产整体智能水平的整体提高

◎ 印染行业生产工艺流程的自动化控制和智能物流输送技术的应用越来越广泛,代表性的数字化印染工厂初步形成

◎ 非织造布全流程自动化,以及前端加料与后端分切、卷绕、包装自动化的进展较快

◎ 服装缝制单元自动化水平明显提升,缝纫过程实现吊挂化,服装智能制造整体解决方案日趋成熟,服装大规模个性化定制与协同制造得到发展

◎ 家纺行业的毛巾、床品等品类的智能生产逐步兴起,智能输送、智能悬挂、智能仓储取得较大进步

二、纺织智能制造的未来发展

预计到 2025 年,我国通信、轨道交通、输变电、纺织、家电五个行业将整体步入世界领先行列,成为技术创新的引导者。纺织行业中的优先发展领域包含纤维新材料、绿色加工、先进制品、智能制造与装备,推动我国纺织制造业从"大而强"走向高端引领,而智能制造与装备是重中之重。未来的纺织智能制造重点发展方向有以下几个:

(一)大力研发智能制造关键技术

针对智能制造流程中关键技术装备、智能工厂(车间)、智能服务的开发和应用,突破大数据、人工智能、工业机器人、区块链等一批关键共性技术,研发形成重大科技成果,提高我国纺织智能制造自主创新水平;大力推动化纤智能工厂、无人值守环锭纺工厂、短流程纺纱智能工厂、织造智能化生产线、针织数字化车间、印染数字化网络化工厂、非织造布智能工厂、服装和家纺智能工厂的建设。

(二)提高面向纺织各个行业的智能制造的产业化水平

推动装备、自动化、软件、信息技术等不同领域的企业协同创新,推动纺织产业链各环节企业分工协作、共同发展,逐步形成纺织各个领域的龙头企业先行推进、一大批定位于细分领域的"专精特"企业深度参与的智能制造发展生态。

(三)建设和完善工业互联网技术支撑体系

加快工业互联网在纺织企业的应用,实现企业各层级数据资源的端到端集成;依托工业互联网平台开展数据集成应用,实现企业生产与运营管理的智能决策和深度优化;鼓励企业通过工业互联网平台整合资源,构建设计、生产与供应链资源有效组织的协同制造体系;推广和普及基于工业互联网的智能化生产、网络化协同、个性化定制、服务化延伸、数字化管理等新模式、新业态,推动纺织制造业的转型升级。

(四)加大 5G 网络在纺织行业的应用

和传统无线网络相比,5G 网络在低时延、工厂应用的高密度海量连接、可靠性及网络移动性管理等方面的优势都很明显,是智能制造的关键因素。纺织产业遇到 5G,将掀起一场前所未有的智造革命。5G 全面应用后,通过物联网将所有设备连接在一起,在纺纱流程中实时监测各种指标,基于强大的数据库及人工智能算法,对纱线的异常指标等做出快速反应,大大提高生产效率。在智能制造过程中,5G 将实现工业机器人之间和工业机器人与机器设备间前所未有的互动和协调,在柔性制造模式中,5G 将满足工业机器人灵活移动和差

异化业务处理高的要求,颇具科幻感的无人化智慧工厂已经成为现实。基于5G技术和工业机器人,可以实现设备的远程维护。利用5G低时延的特性和AR技术,工程师可以远程操作工业机器人对设备进行维护,大大缩短维护时间和人力成本。

第五节　中国军民融合纺织品的发展

纺织工业是军民融合的重点领域,在各国的军用物资中,纤维材料及纺织品所占的比重仅次于钢铁材料。当前,纤维新材料领域已经构建品种齐全的纤维新材料制造平台,支撑国家战略性新兴产业的发展,同时提升了民用新材料的多功能性和多样性,满足了军民两用的需求。加大军用和民用纺织品的融合力度,对促进关键技术突破、加大创新辐射面、推动产业高质量发展等,都有十分重要的作用。

一、军用纺织品的分类

军用纺织品分为军需用品、军用装备两大类。军需用品又可分为军用被服、携行具、油料储运和其他产品,军用装备包括防护类、武器弹药封装材料、航空材料、航天材料、绳缆等。

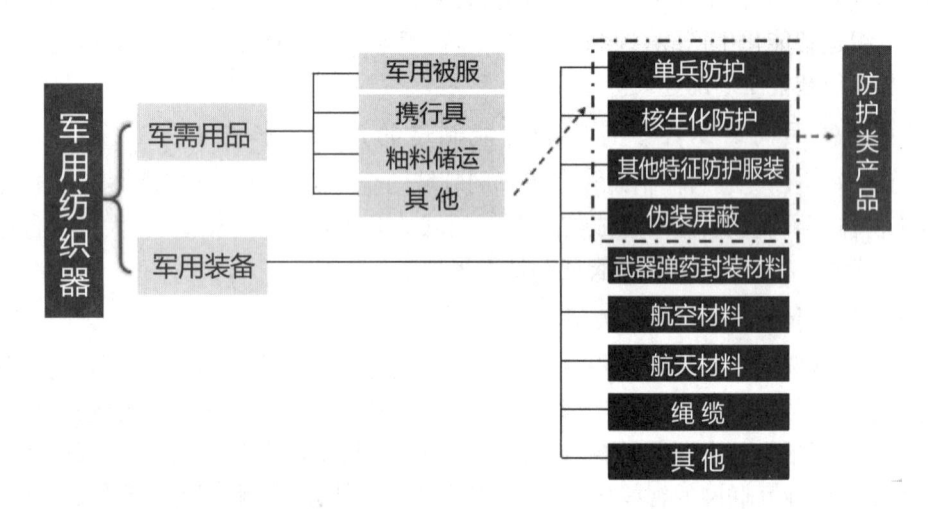

◎ 军用被服是保障军队维持日常生活和完成常规作战任务的重要材料,军服包括常服、礼服、作训服、棉衣、针织内衣、体能服等;军被包括帐篷、睡袋、雨衣、棉被、床单等。

◎ 携行具用于携带武器装备及生活用品等。携行具,按其功能可分为单一式和组合式两大类,其发展方向:材料性能如轻量化、耐用性、美观性等;使用性能如耐用性、舒适性、支撑性;从多用途到模块化。

◎ 油料储运采用大口径输油软管和聚氨酯油罐,具有柔软、可折叠、质轻、展开速度快、环境适应性强等优点。该类产品也可用于城市应急供水和排水。

◎ 单兵防护用纺织品主要包括战术背心、防弹衣、战训服、阻燃作训服、抢险救援服、防弹头盔、航空母舰战训服、舰船用防弹板材、战训手套、综合战斗保障系统等。

◎ 核生化防护类产品针对核、生、化设计，防止一切已知的有害物质和气体对人体造成伤害。常见产品有透气防毒服、防毒斗篷、轻便型防护系统（包括防护服、眼镜、靴子、手套、半面罩、携行包）、NBC 防护帐篷等。

◎ 其他特征防护类产品有防高温工作服，防寒工作服，高空低气压、缺氧和过载飞行的工作服，防蚊服，救生衣，抗浸服等。

◎ 伪装屏蔽是战场防护的重要部分，包括针对可见光、近红外、远红外、电磁辐射的伪装和防护。伪装屏蔽材料常见的有电磁屏蔽帐篷、环保自适应伪装材料、充气战略武器装备等。

◎ 武器弹药封装材料。封存是将暂时或长期不使用的装备进行科学包装和储存，避免它们因长期储存或包装不完善而受到盐雾、潮气、微生物、阳光、有害气体、电磁干扰等的影响，从而避免发生装备锈蚀、损坏与零件不正常损耗等现象，以降低维护成本，节省装备投入，延长装备使用寿命，确保装备随时处于可用状态。武器弹药封装材料要求具有抗腐蚀、电磁屏蔽、阻燃、防辐射和隐身等性能。

◎ 航天航空材料向着高性能化、智能化、低维化、低成本化的方向发展。

◎ 高性能的绳缆已广泛应用于航母系泊锚泊、神州系列飞船返回装置、蛟龙号等潜航器深海定标潜标、海洋探测深海数据传输、军工伪装和水下布雷等领域。用于飞船返回舱的吊索相较于传统钢缆减轻质量较多，单次发射成本降低明显。未来绳缆研发重点是最大限度地提升强度利用率。

二、军民融合纺织品的未来发展

（一）军民融合纤维材料的发展

军民融合纤维材料创新包括军民协同发展、促进材料技术创新、建设高质人才队伍、保障国防装备先进、构筑高效创新体系五重价值导向。军民融合纤维材料更加关注社会责任、终端消费和未来发展，具有智能等多功能及超高性能、超高性价比、超高附加值、超高产业拉动效应。目前，具有低碳绿色特征的高性能、多功能、智能化、绿色纤维成为先进制造业、智能与功能、安全与防护、健康与生活、新能源等领域的关键材料，为军民融合纺织品提供了保障。

（二）以需求指引科技创新

无论是军转民还是民转军，其核心都是以应用需求牵引科技创新。军用纺织品的需求体现在个四方面：一是需要各种功能的材料，适用性要强；二是需要集多功能于一体的材料；三是需要智能化材料；四是实现材料的快速迭代，从供应端推动需求，提升材料适应性。我国高性能纤维材料的民用多于国防应用，需借鉴国外军民融合纺织品的成功经验，制定适宜我国国情的发展规划，同时结合我国军民两用纤维高效化、高性价比、绿色化、轻质化、系统化、标准化的发展趋势，引领纤维新材料的发展方向，使高性能纤维进入快速发展阶段，以应用需求牵引纤维开发，创建产学研用结合的研发系统，以实现可持续发展。

同步练习

一、单选题

1. 2020年,我国化纤产量占世界总产量的比重超过(　　　)。
   A:40%　　　　　　B:50%　　　　　　C:60%　　　　　　D:70%
2. 2020年,中国的纤维加工量占世界的比重是(　　　)。
   A:二分之一　　　　　　　　　　　B:三分之一
   C:四分之一　　　　　　　　　　　D:五分之一
3. 服装材料根据其在服装上的用途可分为(　　　)和辅料。
   A:面料　　　　　　　　　　　　　B:纤维制品
   C:里料　　　　　　　　　　　　　D:非纤维制品
4. 全世界最全的纺织服装产业链在哪个国家?(　　　)
   A:美国　　　　　　B:日本　　　　　　C:中国　　　　　　D:英国
5. 按照中国的产业用纺织品分类方法,可分为(　　　)。
   A:16类　　　　　　B:14类　　　　　　C:12类　　　　　　D:6类

二、多选题

1. 纺织行业按其产品终端用途可以分为(　　　)。
   A:服装用纺织品业　B:家用纺织品业　C:产业用纺织品业　D:工业用纺织品业
2. 结构增强用纺织品可用于(　　　)。
   A:航空航天　　　　　　　　　　　B:国防军工
   C:建筑　　　　　　　　　　　　　D:交通
3. 智能制造正在走向(　　　)。
   A:数字化　　　　　　　　　　　　B:网络化
   C:智能化　　　　　　　　　　　　D:经验化
4. 未来军民融合纺织品重点工作包括(　　　)。
   A:整合纺织行业军民融合创新资源
   B:壮大纺织军民融合产业链
   C:推动纺织标准的军民融合
   D:强化纺织行业军民融合的宏观统筹
5. 家用纺织品的按加工手段可分为(　　　)。
   A:机织类　　　　　　　　　　　　B:针织类
   C:编织类　　　　　　　　　　　　D:非织造类

6. 下列属于家用纺织品应用领域的是( )。
   A:地毯　　　　　B:服装　　　　　C:墙布　　　　　D:土工布
7. 纺织智能制造包含( )。
   A:纺织智能制造技术
   B:纺织智能制造系统
   C:纺织智能制造人才
   D:纺织智能制造资金
8. 军用纺织品分为( )两大类。
   A:军需用品　　　　　　　　　B:军用装备
   C:军用被服　　　　　　　　　D:军用武器

三、讨论题

中国现代纺织工业从纺织大国向纺织强国转变,其机遇和挑战分别是什么?

走进纺织

第三讲　丰富多彩的纺织纤维

知识目标：

1. 能根据来源分类纤维；
2. 能阐述常见纤维的性能。

能力目标：

能用手感、目测、燃烧等方法区分常见纤维。

扫码可浏览本讲彩图

素质目标：

通过学习丰富多彩的纺织纤维的相关知识，了解用在纺织上的纤维被不断发现和创新的过程，积极养成科学精神，树立绿色、科技理念。

本讲内容简介：

主要介绍纺织纤维的概念、分类及常见的天然纤维和化学纤维品种。

第三讲　丰富多彩的纺织纤维

思维导图：

纺织纤维

- **应具备的性能**
  - 具有一定的细度和长度
    - 定长制：特克斯、旦尼尔
    - 定重制：公制支数、英制支数
  - 具有一定的力学性能
    - 强度和模量
    - 耐磨性
    - 延伸性和弹性
    - 摩擦力和抱合力
  - 具有一定的吸湿性
  - 具有一定的热学性能
    - 导热性
    - 耐热性
    - 热定形性
    - 燃烧性
  - 具有一定的耐化学性能

- **分类**
  - **天然纤维**
    - 纤维素纤维
      - 种子纤维：棉纤维
        - 长绒棉
        - 细绒棉
        - 粗绒棉
      - 韧皮纤维
        - 苎麻
        - 亚麻
        - 大麻
        - 黄麻
        - 罗布麻
      - 叶纤维：剑麻
    - 蛋白质纤维
      - 毛发
        - 羊毛
        - 山羊绒
        - 马海毛
        - 兔毛
        - 羊驼毛
        - 牦牛毛
      - 腺分泌物
        - 桑蚕丝
        - 野蚕丝（柞蚕丝、蓖麻蚕丝、木薯蚕丝、柳蚕丝、天蚕丝等）
    - 矿物纤维：石棉
  - **化学纤维**
    - 再生纤维
      - 再生纤维素纤维
        - 黏胶纤维
          - 普通型
          - 强力型
          - 富强型
        - 醋酯纤维
          - 二醋纤
          - 三醋纤
        - 铜氨纤维
        - 竹浆纤维
        - Modal纤维
        - Lyocell纤维
      - 再生蛋白质纤维
        - 牛奶蛋白纤维
        - 大豆蛋白纤维
      - 其他
        - 甲壳素纤维
        - 壳聚糖纤维
    - 合成纤维
      - 根据化学成分分
        - 涤纶
        - 锦纶
        - 腈纶
        - 维纶
        - 丙纶
        - 氯纶
        - 氨纶
      - 根据外观特征分
        - 长丝
          - 单丝
          - 复丝
          - 帘线丝
        - 短纤
          - 棉型
          - 毛型
          - 中长型
        - 粗细节丝
        - 变形纱
          - 弹力丝
          - 膨体纱
      - 根据差别化要求分
        - 异形纤维
        - 复合纤维
        - 超细纤维
        - 新合纤
          - 超蓬松型
          - 超细型
          - 超悬垂型
        - 易染合成纤维
        - 高性能纤维
          - 芳纶
          - 超高相对分子质量聚乙烯纤维
          - 碳纤维
        - 纳米纤维

第一节　纺织纤维的概念与性质

纤维是指直径为几微米到几十微米、长度比直径大上百倍到上千倍的细长物质。但不是所有的纤维都能用于纺织。只有具有一定的长度和细度、一定的强度、可纺性能和服用性能或工业、产业用性能、可生产纺织制品的纤维，才能称为纺织纤维。因此，纺织纤维应具备以下性能：

一、具有一定的细度和长度

纤维的细度是指纤维的粗细程度，纤维的长度是指纤维的长短程度。纺织纤维必须具有一定的细度和长度，纤维间才能相互抱合，并依赖纤维之间的摩擦力纺制成纱。

（一）细度

细度是纺织纤维很重要的物理特性和几何特征之一。纺织纤维的细度与纺织加工和制成的纱线及织物的性能密切相关。一般情况下，纤维细度较低、均匀度较好，有利于纺织加工和产品质量。在纤维细度对织物服用性能的影响中，较细的纤维制成的织物较柔软，光泽较柔和，用较细的纤维可以制得较轻薄的织物，也可制造透气性较好和仿丝绸效果较好的服装面料。但细纤维制成的织物易起毛起球，而粗纤维可以织造较硬挺、粗犷和厚实的织物。

纤维和纱线的细度有多种表示形式，一般采用与纤维或纱线截面积成比例的间接指标表示，常用指标的单位有特克斯（tex）、旦尼尔（den）等。

◎ 特克斯（对应指标线密度 T_t）是指公定回潮率时，长度为 1000 m 的纤维或纱线的质量克数，属于定长制单位。

◎ 旦尼尔（对应指标纤度 N_d）是指公定回潮率时，长度为 9000 m 的纤维或纱线的质量克数，属于定长制单位。

◎ 公支（对应指标公制支数 N_m）是指公定回潮率时，质量为 1 g 的纤维或纱线所具有的长度米数，属于定重制单位。

◎ 英支（对应指标英制支数 N_e）是指公定回潮率时，质量为 1 lb（0.453 6 kg）的纤维或纱线所具有的长度为 840 yd（0.914 4 m）的倍数，属于定重制单位。

回潮率是指纤维或纱线中所含的水分与纤维或纱线干燥质量的百分比。鉴于计重和核价的需要，必须对各种纺织材料的回潮率做统一规定，称之为公定回潮率。各种纤维及其制品的实际回潮率随温湿度条件变化而变化。为了比较它们的吸湿能力，往往须把它们放置在统一的标准大气条件下，停留一定时间后，回潮率会达到稳定，这个回潮率称之为对标准回潮率。

（二）长度

纺织纤维的长度与纺织加工和产品质量的关系密切。纤维长度较长、长度整齐度高、短纤维含量少，对纺织加工和产品质量有利。在相同条件下，纤维长，则成纱强度高，条干均匀，表面光洁，制成的织物牢度高，外观光洁，不易起毛起球。此外，在保证一定成纱质量的前提下，纤维越长，则可纺的纱越细，可用来织造较轻薄的织物。对于长度较短的纤维而言，其长度比细度更重要，例如在棉花的品级和定价上，长度是最重要的指标。

在纺织纤维中，天然纤维的细度和长度是不均一的，有时差异较大，由于纤维品种、生长条件等不同而不同，而化学纤维是人工制造的，纤维细度和长度可根据纤维加工和使用要求加以控制。

二、具有一定的力学性能

纺织纤维的力学性能包括纤维的强度和模量、延伸性和弹性、耐磨性等。

◎ **强度和模量**：纤维的强度是指纤维抵抗外力破坏的能力，它在很大程度上决定了纺织商品的耐用程度。模量是指纤维发生变形难易程度的指标，有时也叫刚度。

◎ **延伸性和弹性**：延伸性是指纤维在外力作用下，能够发生一定程度的伸长变形。弹性是指纤维在外力作用下发生形变，当外力去除后能回复原来形状的性质。

◎ **耐磨性**：纤维及其制品在加工和使用过程中，会经受摩擦，从而发生磨损。纤维的耐磨性就是指纤维耐受外力磨损的性能。纤维的耐磨性与其纺织制品的坚牢度密切相关。耐磨性是衣着用织物服用性能的一项重要指标。纤维的耐磨性与纤维的大分子结构、超分子结构、断裂伸长率、弹性等因素有关。

◎ **摩擦力和抱合力**：摩擦力是指纤维之间相对运动时保持相对位置稳定的能力，而抱合力是指纤维之间相对静止时保持相对位置稳定的能力。

三、具有一定的吸湿性

纺织纤维在空气中会和空气进行水汽的交换，即纺织纤维不断地吸收空气中的水汽，同时不断地向空气中放出水汽。纺织纤维吸收或放出水汽的性能称为纤维的吸湿性。纺织纤维的吸湿性对纺织纤维的形态尺寸、质量、物理和力学性能都有一定的影响，从而影响其加工和使用性能。纺织纤维的吸湿能力还直接影响服用织物的穿着舒适程度。吸湿能力大的纤维易吸收人体排出的汗液，调节体温，解除湿闷感，从而使穿着者感到舒适。因此，在商业贸易、纤维性能测试、纺织加工及纺织品的选择中，都要注意纤维的吸湿性能。

在常见的纺织纤维中，羊毛、麻、黏胶纤维、蚕丝、棉等的吸湿能力较强，合成纤维的吸湿能力普遍较差，其中维纶和锦纶的吸湿能力稍好，腈纶差些，涤纶更差，丙纶和氯纶则几乎不吸湿。目前，常将吸湿能力差的合成纤维与吸湿能力较强的天然纤维或黏胶纤维混纺，以改善纺织品的吸湿能力。另外，纤维的吸水性也与服用织物的穿着舒适性密切相关。纤维的吸水性是指纤维吸着液体水的性能。

四、具有一定的热学性能

纤维的热学性能包括导热性、耐热性、热定形性、燃烧性等。

(1) 纤维传导热量的能力,称之为导热性,它直接影响最终产品的保暖性和触感。导热性好的纤维,其织物手感凉爽,保暖性差;反之,织物手感温暖,保暖性好。一般来说,空气的导热性小于纤维,水的导热性大于纤维。因此,材料内部增加静止空气,会增加保温性。服装淋湿后,保温性会降低,服装有凉感。

(2) 纤维的耐热性指纤维抵抗高温的能力。纤维在过高温度环境中,会出现强度下降、弹性消失甚至熔化等现象,尤其是合成纤维,其受热后会收缩。因此,对服装进行热湿加工时要注意温度,避免产生不必要的热收缩。

(3) 热定形性指纤维在热及外力的作用下产生变形并使其形态固定下来的性能。定形得当会改善服装的尺寸稳定性、弹性、抗皱性等。

(4) 纺织纤维大多可燃,各种纤维的燃烧性能差异较大,按燃烧难易可分为易燃纤维、可燃纤维和难燃纤维。

五、具有一定的耐化学性能

纤维的耐化学性能是指纤维抵抗各种化学物质破坏的能力。纤维在纺织染整加工中会不同程度地接触水、酸、碱、盐和其他的化学物质,同时,纤维制品在使用过程中会接触各种化学品,如洗涤剂、整理剂等。所以,纺织纤维必须具备一定的耐化学性能,才能满足纺织染整加工和产品使用的要求。此外,只有了解各种纺织纤维的耐化学性能,才能合理地选择适当的加工条件,正确使用各种纤维制品。如纤维素纤维对碱的抵抗能力较强,而对酸的抵抗能力很弱;蛋白质纤维对酸的抵抗能力较其对碱的抵抗能力强,无论在强碱还是弱碱中,都会受到不同程度的损坏,甚至发生分解;合成纤维的耐化学性能比天然纤维强,如丙纶和氯纶的耐酸、耐碱性能都非常优良。

第二节 纺织纤维的种类

纺织纤维习惯上按照来源分为天然纤维和化学纤维两大类,这两大类又可以细分。

一、天然纤维

(一)天然纤维的主要品种

天然纤维根据其生物属性可分为植物纤维、动物纤维和矿物纤维,其中长期大量用于纺织的有棉、麻、毛、丝四种,棉、麻属于植物纤维,而丝、毛属于动物纤维。

植物纤维是从植物上获得的纤维的总称。植物纤维的主要组成物质是纤维素,因此又称为天然纤维素纤维。根据植物上的生长部位不同,植物纤维可分为种子纤维、韧皮纤维和叶纤维等。

◎ 种子纤维:棉、木棉等。

◎ 叶纤维:剑麻、蕉麻等。

◎ 韧皮纤维:苎麻、亚麻、大麻、黄麻等。

动物纤维的主要组成物质是蛋白质,又称为天然蛋白质纤维,分为毛发和腺分泌物两类。

◎ 毛发:绵羊毛、山羊毛、骆驼毛、兔毛、牦牛毛等。

◎ 腺分泌物:桑蚕丝、柞蚕丝等。

1. 棉纤维

棉纤维是棉花种子上覆盖的纤维(图 3-1),属种子纤维,简称"棉"。棉纤维在使用前,要把纤维和棉籽分开,得到的纤维叫作原棉或皮棉。根据纤维的长度和细度,可把棉纤维分为细绒棉、长绒棉、粗绒棉三类。

图 3-1　棉花

(1) 细绒棉:属陆地棉。这种纤维的长度和细度中等,长度在 25~35 mm,直径在 18~20 μm,色洁白或乳白,有丝光。可按成熟度、色泽和轧工质量分为七个等级,其中 1 或 2 级可用作精梳棉织品,也可像其他等级那样用作粗梳棉织品或絮棉。

(2) 长绒棉:属海岛棉,原产于美洲西印度群岛,现主要产于埃及、苏丹、美国、摩洛哥等。我国长绒棉主要种植于新疆,纤维品质优良,仅次于埃及的长绒棉,优于美国的 Pima棉。长绒棉长度在 35~60 mm,直径在 13~17 μm,色泽乳白或淡棕黄,富有丝光,强度较高。长绒棉是高档棉纺产品的原料。

(3) 粗绒棉:又称亚洲棉。粗绒棉生长期短,长度在 20 mm 以下,直径在 20~30 μm,纤维粗短,色泽呆白,少丝光。粗绒棉只适合纺中特、粗特纱,用于织制绒布类织物或用作絮棉。粗绒棉由于产量低,纺织价值也低,现趋于淘汰。

知识拓展

新疆棉主要分细绒棉和长绒棉。新疆棉因为天气条件优和产区集中,和国内其他产区的棉相比,色泽、长度、异纤、强度都较好。用新疆棉纺纱织造的面料具有吸湿透气、光泽好、强度高等特点,而且面料上的纱疵较少,是目前国内纯棉面料品质的代表。阿克苏是新疆棉的主要产地,也是长绒棉生产基地,目前已成为新疆棉花交易集散地、轻纺工业聚集地。阿克苏生产的棉花色泽洁白,强度高,是极具潜力的新辟棉区。

在显微镜下可以看到棉纤维呈细而长的扁平带状物,具有天然转曲(图 3-2),它的纵向呈不规则且沿纤维长度不断改变方向的螺旋形转曲。正常成熟的棉纤维上,天然转曲最多。未成熟棉纤维呈薄壁管状,转曲少。过成熟棉纤维呈棒状,转曲也少。棉纤维的截面结构与成熟度有关,正常成熟的棉纤维截面呈不规则的腰圆形,有中腔(图 3-3)。未成熟棉纤维的截面形态极扁,中腔很大。过成熟棉纤维的截面呈圆形,中腔很小。棉纤维由于天然转曲的存在,光泽暗淡,棉织物外观自然朴实。由于棉的吸湿性能较好,易于染色,棉质服装穿着时有很好的吸湿透气性,不易产生静电。另外,棉织物手感柔软,保暖性能良好,可做贴身服装及保暖絮料。棉的弹性差,其织物在穿着过程中易起皱,可利用后整理加以改善。

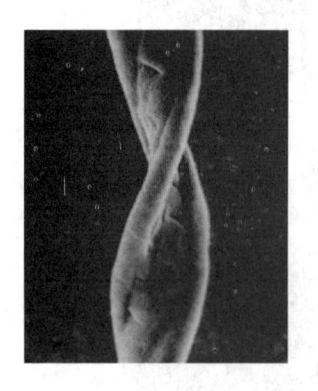

图 3-2 棉纤维纵向形态　　图 3-3 棉纤维横向形态

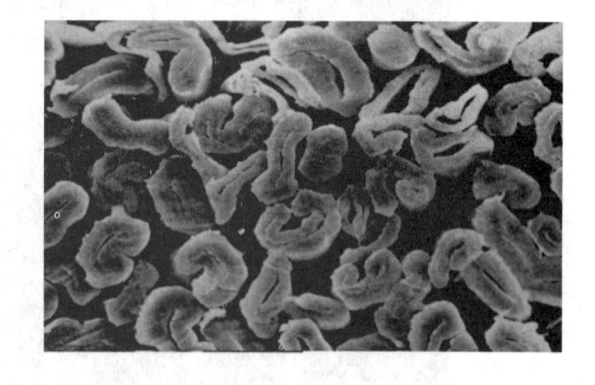

棉纤维耐碱而不耐酸,其制品可用碱性洗涤剂水洗。将棉织物在一定浓度的氢氧化钠溶液或液氨中处理,棉纤维横向会发生膨化,截面变圆,天然转曲消失,纤维呈现丝一般的光泽,如果给织物施加一定的张力,则纤维强度增加,织物也变得平整光滑,而且可改善染色性能和光泽,这一加工叫作丝光,针织物、机织物都可进行。如果不施加张力,织物长度方向会收缩,织物变得丰厚紧密,富有弹性,保形性好,这一加工叫作碱缩,主要用于针织物。

2. 麻纤维

麻纤维是从各种麻类植物的茎或叶中取得的,从茎中取得的叫茎纤维(韧皮纤维),从叶中取得的叫叶纤维,目前服装上使用的大都是茎纤维。服装用麻纤维的品种主要有苎麻、亚麻、大麻等。

知 识 拓 展

《国风·王风·丘中有麻》是中国古代第一部诗歌总集《诗经》中的一首诗,其中有关于种麻的描述:

丘中有麻,彼留子嗟。彼留子嗟,将其来施施。

丘中有麦,彼留子国。彼留子国,将其来食。

丘中有李,彼留之子。彼留之子,贻我佩玖。

(1) 苎麻:原产于中国,通常称"中国草"。苎麻纤维的品质优良,有较好的光泽,呈青白色或黄白色。苎麻分白叶种(图3-4)和绿叶种两种。苎麻纤维长度比棉纤维长。苎麻纤维比亚麻、大麻纤维粗,而且纤维端呈尖锐状,接触皮肤有刺痒感。在日本,苎麻织物被称为"绢麻织物"。苎麻的染色性比亚麻好,易得到更丰富的颜色;苎麻纤维的强度很高(棉纤维的7~8倍),刚性很大,断裂伸长率小,为3%~4%;弹性回复率低,弹性差。麻纤维的吸湿、放湿性能很好,公定回潮率为12%,在饱和蒸汽中平均每小时吸湿率为9.9%(棉纤维为9.63%)。将苎麻织物浸水后经3.5 h即可阴干(棉织物需6 h)。苎麻可纯纺或与涤纶混纺,制成的织物手感硬挺,穿着凉爽透气,不贴身,是良好的夏季服装用料。著名的夏布就是以苎麻为原料的,它有上千年的历史。苎麻织物也可用于国防、工农业,如钢丝针布基布、过滤布、弹药带、水龙带等。此外,苎麻织物还可用作抛光轮布、书籍布、鞋帽衬、降落伞带、高强度缝纫线等。

图3-4 白叶种苎麻

(2) 亚麻。亚麻有油用型和纤维型(图3-5)之分。我国亚麻产区由黑龙江发展到西北及南方地区。亚麻喜凉爽、湿润的气候。亚麻纤维具有强度高、柔软、导电能力弱、吸湿散湿快、膨胀率大等特点,可纺高支纱,用于制作高级衣料。亚麻纤维具有良好的吸湿散湿能力和特有的低静电、低磁场效应;亚麻纤维平直光洁,不易累积细微尘埃或污物;亚麻纤维的横断面呈五角形,具有自然的光泽;亚麻纤维具有天然的抗菌性。亚麻纺织品用于衣着和装饰织物,也应用于水龙带、地毯基布、幕帘布、画布、贴墙布等领域。

(3) 大麻:又称汉麻、火麻、魁麻,俗称线麻(图3-6)。大麻由于含有大麻酚类物质,具有良好的防霉抑菌作用;又由于细长的空腔与纤维表面分布的许多裂纹和小孔相连,具有良好的吸声性和透气性;还由于横截面为不规则的三角形、多边形等,其制品对声波具有良好的消散作用和良好的抗紫外线性能。370 ℃时,大麻纤维颜色不改变,具有良好的耐热性。大麻纤维端部呈钝角形,无刺痒感。暴露在空气中的大麻纺织品,一般含水率在12%左右,在空气相对湿度为95%时,含水率可达30%,却无潮湿感。但是,大麻存在分裂度差(束纤维)、纤维短、加工困难、手感粗硬(木质素含量高)等不足。目前,大麻纤维广泛应用在服装、家居、军事等领域。

图 3-5　纤维型亚麻　　　　　　　　　　　图 3-6　大麻

◎ 其他麻纤维:除了苎麻、亚麻、大麻,用于服装的麻纤维还有罗布麻、洋麻、黄麻等多种。罗布麻属野生植物,纤维较柔软,表面光滑,有保健作用;洋麻及黄麻具有很好的吸湿透气性。

3. 毛纤维

天然动物毛的种类很多。服装上常用的毛纤维有绵羊毛、山羊绒、马海毛、兔毛、羊驼毛、牦牛毛(绒),其中使用最多的是绵羊毛。在纺织上所说的羊毛,狭义上专指绵羊毛。

(1)羊毛。羊毛属于多细胞纤维,其主要成分是蛋白质,通常按粗细分为细羊毛、半细羊毛、粗羊毛。细羊毛的细度最小,质量最好,以澳大利亚的美利奴羊毛为最好。羊毛纤维沿长度方向有天然的立体卷曲(图3-7),纤维表面有鳞片(图3-8)。

图 3-7 卷曲的羊毛　　　　　　　　　　图 3-8　羊毛鳞片

羊毛的截面近似圆形或椭圆形,由外到内,分为表皮层、皮质层和髓质层。不是所有的

羊毛纤维都有髓质层，它的存在会影响羊毛的质量。皮质层是羊毛的主要组成部分，它决定了羊毛的性质。表皮层又称鳞片层，像鱼鳞那样覆盖在羊毛的表面，它有两个作用：一是保护羊毛不受外界条件影响；二是使羊毛织品具有缩绒性。羊毛在热、湿和揉搓等机械外力的作用下，纤维发生滑移、纠缠、咬合，使织物发生毡缩而尺寸缩短且无法回复，这种现象叫缩绒。日常生活中，羊毛织品洗涤不当就会发生缩绒。利用羊毛的缩绒现象可制作缩绒织物，这些织物表面具有一层绒毛，比较厚实，手感柔软丰满，保暖性能良好。

羊毛纤维的强度较小，弹性和延伸性好，制成的织品有身骨且不易起皱，因为羊毛的弹性较好，其织物上的褶皱经悬挂会消失。但羊毛吸湿后弹性下降，衣服易变形起皱，所以羊毛织品应避免雨淋。羊毛光泽柔和，染色性能优良，是冬季内外衣的良好材料。羊毛纤维的吸湿能力较强，吸湿后不显潮，穿着舒适透气。羊毛纤维具有天然的卷曲，蓬松性好，所以非常保暖。但是低质羊毛因为刚度大，其服装穿着时有刺痒感。

（2）山羊绒。山羊绒又称羊绒。羊绒表面的鳞片呈环形排列，每个鳞片包围绒干一周，鳞片薄，边缘紧贴绒干，鳞片间距大，鳞脊低，边缘圆钝。羊毛纤维的鳞片覆盖不完全，鳞片厚，呈镶嵌状排列，鳞脊高，锯齿尖，鳞片密度大于羊绒的鳞片密度（图3-9）。因此，羊绒的光泽好，手感柔滑，这是细羊毛所不具备的。山羊绒纤维的保暖性比羊毛好，具有细腻、轻盈、柔软等优点。羊绒产量少，价格高，素有"软黄金"之称。又由于羊绒最早产于亚洲克什米尔地区，国际市场上习惯称山羊绒为"开司米"（cashmere的音译）。羊绒一般用于生产羊绒衫、围巾、手套等针织品和高档大衣呢等。羊绒根据色彩可分为白绒、青绒、紫绒三种。白绒色浅青并带灰白，呈冰糖色，纤维细长，净绒率高，不允许有杂色绒毛。青绒色浅青并带灰白，纤维长，但较粗，允许有少量黑丝毛。紫绒呈紫褐色，纤维细柔而长，允许有白绒、青绒夹入。由于白绒可以染成各种颜色，因此它的价格最高，但有时受市场供求关系影响，紫绒价格更高。

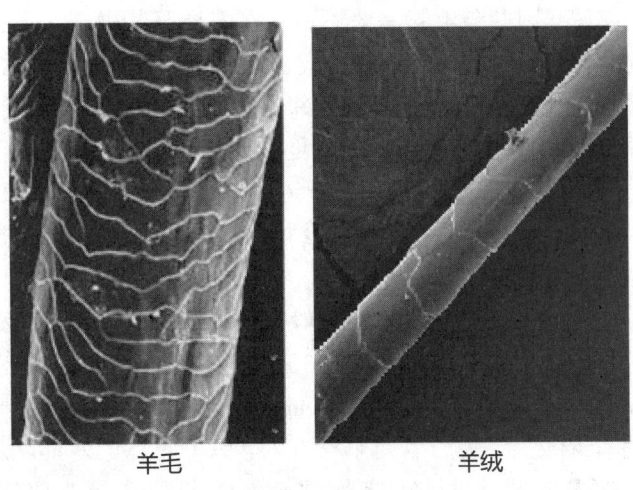

| 羊毛 | 羊绒 |

图3-9　羊绒和羊毛鳞片对比

（3）马海毛。马海毛又称安哥拉山羊毛，是安哥拉地区的山羊（图3-10）中的马海种所产的毛，它以纤维长度长和光泽亮为主要特征。马海毛纤维弹性足，强度高，不易收缩，也难毡缩，容易洗涤，对一些化学药剂的作用较羊毛敏感，有较好的染色性，吸湿性与羊毛近似。

马海毛的缺点是不适合贴身穿着。马海毛可纯纺也可混纺,适量掺入用于精纺呢绒,可增加织物竖挺感;适量掺入用于大衣呢,可生产银光闪闪的银枪大衣呢;适量掺入用于毛毯,可生产高级水纹羊毛毯。

图 3-10　安哥拉山羊

(4)兔毛。纺织用兔毛来源于安哥拉兔(图 3-11)和家兔(图 3-12)。安哥拉兔毛细长,品质优良;家兔毛品质较次。兔毛有绒毛和粗毛之分,其组成和结构与羊毛相似。兔毛的绒毛和粗毛都有髓质层,呈多列块状,含有空气,保暖性强。绒毛横截面呈近圆形或不规则四边形,粗毛截面为腰子形、椭圆形或哑铃形。兔毛密度小,纤维表面平滑,蓬松易伸直,长度也比羊毛短,所以纤维间的抱合作用稍差。兔毛织品穿着时如果与其他服装紧密接触和不断摩擦,就容易掉毛起球。因此兔毛衫一般不要夹在多层服装中穿。还有一点是易被人疏忽的,即兔毛衫不宜和化纤服装同时穿。因为化纤的吸湿性十分差,服装相互摩擦时,会产生静电。衣服带有静电,其纤维就易和其他相邻服装的纤维相互排斥或吸引,甚至发生缠附、黏合现象,这时抱合力稍差的兔毛衫就变得更容易掉毛起球。纺织用的兔毛颜色洁白如雪,光泽晶莹透亮,柔软膨松,保暖性强,是毛织品尤其是针织品的优等原料,做成的服装轻软柔和,保暖舒适。兔毛由于强度低,不宜单独纺纱,多与羊毛或其他纤维混纺,织造成针织品和女士呢、大衣呢等机织面料。

(5)羊驼毛。羊驼毛又称驼羊毛。羊驼一般生长在海拔 4 000 m 的高原上。羊驼品种可分为骆马(又叫大羊驼,英文 llama,图 3-13)、阿尔帕卡(又分为苏利和霍加耶,英文 alpaca,图 3-14)、维口纳(又称小羊驼,英文 vicuna,图 3-15)和干纳柯(英文 guanaco,图 3-16)。阿尔帕卡与骆马杂交后,又产生两个杂交种:华里查(英文 huarizo)、密司梯(英文 Misti)。比较而言,小羊驼毛的品质最好,其次是苏利毛、骆马毛,霍加耶毛的品质较差。

羊驼毛天生有颜色,由浅至深,分为白色、浅褐黄色、灰色、浅棕色、棕色、深棕色、黑色等 22 种。羊驼毛柔软、光滑、细腻。羊驼毛的中空度高,密度小于羊毛和羊绒,其保暖性优于羊毛,接近羊绒。羊驼毛由于不含有油脂,不容易沾灰。它有两个品种:一种是纤维卷曲,具有银色光泽;另一种是纤维平直,卷曲少,具有近似马海毛的光泽。羊驼毛常与其他纤维混纺,是制作高档服装的优质材料。

图 3-11 安哥拉兔

图 3-12 家兔

图 3-13 骆马

图 3-14 阿尔帕卡

图 3-15 维口纳

图 3-16 干纳柯

(6)牦牛绒。牦牛是我国青藏高原的一种珍奇物种(图 3-17)。牦牛的被毛由粗毛和绒毛构成,多为黑色、黑褐色或夹杂有白毛,这不利于染色。牦牛绒很细,有不规则弯曲,鳞片呈环状,边缘整齐,紧贴毛干。牦牛绒面料具有优良的保暖性,富有弹性,手感柔软、滑糯,光泽柔和,悬垂性能好。牦牛绒可与羊毛、化纤、绢丝等混纺用作精纺、粗纺原料。牦牛毛则粗长得多,有毛髓,纤维平直,表面光滑,毡缩性差,可用作衬垫、帐篷及毛毡等。

4. 蚕丝

蚕丝按蚕的品种可分为家蚕丝和野蚕丝。家蚕丝即桑蚕丝,主要产在我国。野蚕丝有柞蚕丝、蓖麻蚕丝、木薯蚕丝、柳蚕丝、天蚕丝等,其中柞蚕丝的品质最好,长度最长,可以进行缫丝,是野蚕丝中应用最广的一种。丝纤维细而柔软,光泽优雅,属于高档纺织服装原料。

丝绸产品具有华丽而富贵的风格。

桑蚕丝纤维来自人工以桑叶饲养的家蚕的腺体(图3-18),呈线状长丝,其主要成分是蛋白质。由于蚕有左右两个绢丝腺,所以同时吐出两股丝腺,形成两根单丝,其外面包覆丝胶。每根桑蚕丝的长度可达数百米到上千米,是唯一的天然长丝。蚕丝从蚕茧上分离下来后,经合并形成生丝。由于生丝外面包有丝胶,因此生丝的手感较硬,光泽较差,在后续加工中脱去大部分的丝胶,则得到柔软平滑、光泽悦目的熟丝。

图 3-17　牦牛

图 3-18　家蚕、家蚕茧及蚕蛹

每根茧丝由丝素与丝胶两部分组成,其中丝素是主体,丝胶包在丝素外面,起保护丝素的作用。桑蚕丝纵向平直光滑,富有光泽,截面呈不规则的三角形,其与丝织物的特殊光泽及丝鸣有关。柞蚕(图3-19)丝较为扁平,截面呈长椭圆形,似牛角,内部有细小的毛孔。

图 3-19　柞蚕和柞蚕茧

桑蚕丝未脱胶前为白色或淡黄色,脱胶后均为白色;柞蚕丝未脱胶前呈棕、黄、橙、绿等色，脱胶后为淡黄色。未脱胶的生丝较硬挺，光泽柔和，脱胶后变得柔软而有弹性，光泽变亮。蚕丝的染色性能好，其织物色泽鲜艳，手感柔软，悬垂性能好。

知识拓展

中国古代有关写蚕丝的诗有很多。

野蚕
唐·于濆
野蚕食青桑，吐丝亦成茧。
无功及生人，何异偷饱暖。
我愿均尔丝，化为寒者衣。

咏蚕
唐·蒋贻恭
辛勤得茧不盈筐，灯下缲丝恨更长。
著处不知来处苦，但贪衣上绣鸳鸯。

蚕作茧
元·王冕
老蚕欲作茧，吐丝净娟娟。周密已经化，去取随人便。
有为机中练，有为琴上弦。弦以和音律，练以事寒喧。
其功不为小，其用已为偏？作诗寄蚕姑，辛苦匪徒然。

蚕丝歌
南北朝·鲍令晖
春蚕不应老，昼夜常怀丝。
何惜微躯尽，缠绵自有时。

无题
唐·李商隐
相见时难别亦难，东风无力百花残。
春蚕到死丝方尽，蜡炬成灰泪始干。
晓镜但愁云鬓改，夜吟应觉月光寒。
蓬山此去无多路，青鸟殷勤为探看。

蚕妇
北宋·张俞
昨日入城市，归来泪满巾。
遍身罗绮者，不是养蚕人。

簇蚕辞
唐·王建
蚕欲老，箔头作茧丝皓皓。
场宽地高风日多，不向中庭燃蒿草。
神蚕急作莫悠扬，年来为尔祭神桑。
但得青天不下雨，上无苍蝇下无鼠。
新妇拜簇愿茧稠，女洒桃浆男打鼓。
三日开箔雪团团，先将新茧送县官。
已闻乡里催织作，去与谁人身上著。

◎ 蚕丝具有很好的保温性。蚕丝的导热系数低于涤纶、丙纶、锦纶、棉、黏胶纤维，与羊毛、醋酯纤维、腈纶相近，因而是保暖性良好的材料。蚕丝具有多孔性，有冬暖夏凉的特性。

◎ 蚕丝具有良好的吸湿和放湿性。试验结果表明，蚕丝的吸、放湿性均好，而棉是吸湿性好而放湿性差的纤维。锦纶的吸湿性在开始时胜过蚕丝，但随着时间的推移，却逊于蚕丝，而放湿性比蚕丝低得多。涤纶的吸、放湿性则远不如蚕丝。

◎ 家蚕丝触感柔软舒适，手感凉爽光滑，野蚕丝有温暖干爽的手感。丝织物都吸湿透气，有丝鸣。

◎ 蚕丝纤维强度接近棉纤维，弹性好，制成的织物抗皱性能较好。但在温度升高和含水量增加的情况下，蚕丝强度下降，变形能力增加，故丝织物湿态时易起皱，洗后免烫性差。

◎ 丝纤维耐弱酸不耐碱，遇到含氯的氧化剂时会发生氧化分解，所以洗涤时不能用碱性洗涤剂，也不能用含氯的漂白剂漂白和含漂白成分的洗涤剂洗涤。丝纤维经醋酸处理会变得更加柔软光滑，其制品保养可用白醋加水漂洗。丝纤维的耐热性在天然纤维中属较好，但耐光性较差，在日光照射下，蚕丝制品易发黄，强度下降。

◎ 丝纤维比任何纤维都娇嫩，主要表现为对盐的抵抗力差。若将蚕丝制品放在浓度为5%的食盐溶液中浸泡较长时间，其组织将受到破坏，严重影响使用寿命。人体的汗液含有盐的成分，所以夏天时丝绸服装被汗液浸湿后，应马上洗净，但不能浸泡。蚕丝和羊毛一样，容易被虫蛀，也易发霉，因此要做好丝织物的防蛀和防霉措施。

二、化学纤维

化学纤维是指以天然的或合成的高聚物为原料加工而成的纤维。

化学纤维按原料来源，可以分为再生纤维和合成纤维两大类。

(一)再生纤维

再生纤维包括再生纤维素纤维和再生蛋白质纤维,具体如下表:

大类	品种	细分品种
再生纤维素纤维	黏胶纤维	普通型、强力型、富强纤维
	Lyocell 纤维	—
	醋酯纤维	二醋纤、三醋纤
	铜氨纤维	
	莫代尔纤维	
	竹纤维	竹原纤维、竹浆纤维
再生蛋白质纤维	大豆蛋白纤维	—
	牛奶蛋白纤维	—
其他再生纤维	海藻纤维	
	甲壳素纤维	—

1. 黏胶纤维

黏胶纤维一般以木材、棉短绒、甘蔗渣、芦苇等为原料,经过一系列的化学和机械方法制成,其主要成分是纤维素。黏胶纤维具有优于棉纤维的吸湿、抗静电、柔软等性能,在悬垂性、染色性等上也更胜一筹,对棉纤维有很强的替代性。

◎ 分类
- 黏胶人造丝:普通黏胶长丝
- 黏胶强力丝:主要用来制作帘子线
- 黏胶短纤维:分为棉型、毛型和中长型
- 富强纤维:新型高强力黏胶纤维
- 高湿模量黏胶纤维:新型黏胶纤维,与富强纤维比,强度和湿模量降低,勾接强度和耐磨性能提高
- 其他:黏胶还可用来制作玻璃纸、海绵

◎ 性能
- 吸湿性和解湿性良好,织物透气吸汗,穿着舒适
- 染色性能良好
- 纤维强度和伸长可满足一般用途
- 热稳定性和光稳定性较高
- 不易沾污,织物不起球,不易起静电
- 无危害人体健康的棉尘
- 湿态下,强度下降一半
- 耐磨性、疲劳强度、抗折皱性和尺寸稳定性差
- 保水率高,不易干燥

◎ 应用

- 黏胶人造丝——可纯织,也可交织,主要用于制作服装、床上用品和装饰品等
- 黏胶短纤维——用途最广,可纯纺纯织,也可混纺交织,用于生产衣用织物
- 黏胶强力丝——用于轮胎、帘子线、运输带、胶管

2. 醋酯纤维

醋酯纤维俗称醋酸纤维,英文为 acetate fiber,因其光泽柔和,也被称为"珍珠丝"。但它与黏胶纤维、铜氨纤维、Lyocell 纤维不同,属于纤维素衍生物纤维。

◎ 醋酯纤维的常见品种有二醋酯纤维和三醋酯纤维。二醋酯纤维是由一型醋酯经部分水解形成的,其醋酯化程度较三醋酯纤维低,因此热性能不及三醋酯纤维,但染色性能优于三醋酯纤维,吸湿率较三醋酯纤维高。二醋酯纤维光泽酷似蚕丝,手感柔和,染色后色泽鲜艳、美观、耐日晒,但其强度低和耐磨性差,主要用于制作服装、家庭装饰品、工业用品(如汽车坐垫)。三醋酯纤维疏水,加热处理可以提高结晶度,织物容易整理,易干燥,形态稳定,其纺织性能近似合纤。概括起来,醋酯纤维具有以下特点:

◎ 醋酯纤维由于具有近似棉等天然纤维的无规截面和剩羟基,所以具备怡人的舒适感、良好的触感及适度的吸湿性。

◎ 醋酯纤维纵向表面有许多沟槽,它使反射光柔和,发出不闪烁的光泽,具有优良的发色性。

◎ 醋酯纤维产品抗虫、抗霉菌性强,可以长期储藏。

◎ 醋酯纤维不易起球,其制品能够保持不变的外观。

◎ 因为醋酯纤维分子中亲水性的羟基和疏水性的醋酸基平衡良好,醋酯纤维制品难以沾污且易去污。

◎ 醋酯纤维的强度偏低,断裂伸长率较大,湿强与干强的比值较低,但高于黏胶纤维,初始模量低,回潮率比黏胶纤维和桑蚕丝低,但比普通合成纤维高。

3. 铜氨纤维

将棉短绒等天然纤维素原料溶解在氢氧化铜或碱性铜盐的浓氨溶液中,配成纺丝液,其在凝固浴中分解再生出纤维素,生成的水合纤维素经后加工,即得到铜氨纤维。

◎ 铜氨纤维的截面呈圆形,无皮芯结构,纤维可承受高度拉伸。铜氨纤维面料手感柔软,光泽柔和,有真丝感。

◎ 铜氨纤维的吸湿性与黏胶纤维接近。在相同的染色加工条件下,铜氨纤维的染料亲和力较黏胶纤维大,上色较深。

◎ 铜氨纤维的干强与黏胶纤维接近,但湿强高于黏胶纤维,耐磨性也优于黏胶纤维。铜氨纤维细软,光泽适宜,常用作高档丝织或针织物。

◎ 铜氨纤维的服用性能较优良,吸湿性好,悬垂感优良。

◎ 目前,铜氨纤维面料已成为高级套装的原材料。它手感柔软、光泽柔和,符合环保服饰潮流,所以常用作高档织物原料。目前世界上有美国、英国、日本、德国、意大利等国家在生产铜氨纤维产品。

4. Lyocell 纤维

Lyocell 纤维是由国际人造丝及合成纤维标准局认定的一种新型再生纤维素纤维,在不同国家和地区有许多商标名称,如绿纤、天丝、瑛赛尔、元丝等。

◎ Lyocell纤维是采用溶剂法生产的绿色纤维。Lyocell纤维的生产过程使用的溶剂为有机溶剂,其无毒,可回收再利用,回收率达99.5%以上,而且整个过程几乎无污染物排放,对环境非常友好。

◎ Lyocell纤维的原料来源广泛。自然界中大量生长的树木、竹子、秸秆及废弃的棉短绒,都可以作为生产Lyocell纤维的原料。

◎ Lyocell纤维的力学性能优于其他纤维素纤维,具有较好的尺寸稳定性和良好的吸湿性能。

◎ Lyocell纤维的耐洗性好,手感和悬垂性好,可生物降解,具有珍珠般光泽,可通过常规方法漂白染色,染料吸收效果明显,呈现自然亮泽的颜色。

◎ Lyocell纤维可在较短的时间内生物降解,生成无机物CO_2和H_2O,重新参与自然界的生态系统循环,对环境无任何污染。

5. Modal纤维

Modal(莫代尔)纤维是采用高质量的原木浆提炼加工而形成的天然纤维素再生纤维。

◎ 莫代尔纤维在干湿状态下都具有比黏胶纤维大的拉伸强度和较低的溶胀量,它是棉纤维理想的混纺伙伴,使同色深浅效应的染色和丝光成为可能,水洗收缩率低,多次洗涤后仍保持柔软手感和光亮色泽,用来制成衣物,穿着感觉柔软、顺滑,有"真丝般"感受。

◎ 莫代尔纤维有超细、彩色、抗紫外线和强力等系列产品,其中一种质量非常轻的纤维,特别适合制作贴身衣物和夏季外套。

◎ 用Modal纤维制作的内衣,具有比纯棉织物高的吸湿性和柔软性及良好的透气性能,而且具有丝的光泽;穿着时,给人滑爽、柔软、轻松、舒适的感觉。

◎ Modal纤维为再生纤维,其产品给人以回归自然的感觉,对皮肤没有刺激性,所以被称为"人的第二皮肤"。

◎ 莫代尔纤维也有缺点,如挺括性差,容易变形,不适合要求挺括性高的外衣。

6. 竹纤维

竹纤维是以竹子为原料制成的新型纤维素纤维,包括竹原纤维和竹浆纤维。竹原纤维是通过对天然竹材进行类似麻脱胶工艺的处理,形成适合在棉纺和麻纺设备上加工的纤维,其织物具有竹子特有的风格与功能;竹浆纤维是以竹子为原料,通过黏胶法生产工艺制成的纤维,在显现黏胶纤维特性的同时,也体现出竹子的特点。竹纤维面料具有许多独特的优点。

◎ 光滑细腻。竹纤维面料具有精细的紧密度,再加上竹纤维天然的滑嫩性,摸起来非常柔滑、细腻,具有类似绸缎的手感。

◎ 透气吸湿。竹纤维具有良好的透气性,制作成面料后,其表面布满细密的小孔,这些小孔帮助面料呼吸、吸水,因此,竹纤维面料的透气吸湿性很强。

◎ 抑制细菌。竹纤维面料不仅不会滋生细菌,还能抑制细菌的传播,非常健康。

◎ 抵抗紫外线。竹纤维对紫外线有很强的抗御能力,严格控制紫外线的射入。

◎ 绿色环保。竹纤维是一种纯植物纤维,不涉及化学制品,绿色天然,竹子自身的生长速度很快,种植面积广,再生能力强,节能环保。

7. 大豆蛋白纤维

大豆蛋白纤维是以挤出油分后的大豆浆粕为原料,运用生物工程技术,将大豆浆粕中的球蛋白提纯,然后利用助剂、生物酶的作用,由湿法纺丝工艺形成丝束,再经卷曲、热定形、切断等工序而制成的。大豆蛋白纤维呈淡黄色,很像柞蚕丝。

◎ 大豆蛋白纤维面料具有真丝般的光泽,悬垂性佳,制成服装有飘逸感,用高支纱织成的织物表面纹路细洁、清晰,是高档的衬衣面料。

◎ 大豆蛋白纤维的强度比羊毛、棉和蚕丝高,仅次于涤纶等高强度纤维,而单纤线密度可达到 0.9 dtex。

◎ 由于大豆蛋白纤维的初始模量高,而沸水收缩率低,其面料的尺寸稳定性好。

8. 牛奶蛋白纤维

牛奶蛋白纤维是以牛乳作为原料,经过脱水、脱油、脱脂、分离、提纯,形成具有线型大分子结构的乳酪蛋白,其与聚丙烯腈共混、交联、接枝,制备成纺丝原液,再通过湿法纺丝成纤,然后经固化、牵伸、干燥、卷曲、定形、短纤维切断(长丝卷绕)而成的,又叫牛奶丝、牛奶纤维。

采用牛奶蛋白纤维制成的面料,柔软性、亲肤性等同或优于羊绒制品,透气、导湿性好,保暖性接近羊绒制品,具有良好的耐磨性、抗起球性,着色性、强度均优于羊绒。由于牛奶蛋白纤维分子中含有氨基酸,其面料对人体皮肤具有养护作用。

9. 甲壳素纤维

甲壳素是从虾、蟹等甲壳类动物的外壳及菌类、藻类的细胞壁中提炼出来的一种类似纤维素的天然高聚糖。甲壳素纤维是由甲壳素或甲壳胺溶液纺制而成的。

◎ 甲壳素纤维不但具有良好的物理力学性能,而且具有优良的生物活性。甲壳素纤维无毒,能被人体内的溶菌酶降解,进而被人体完全吸收,它对人体的免疫抗原性小,而且具有消炎、止痛及促进伤口愈合等作用,因此在手术缝合线、医用敷料、人工皮肤、硬组织修复材料、人工肾膜、抗菌材料、保健内衣面料、药物缓释材料等方面得到了广泛的应用。

◎ 甲壳素纤维较粗,自身携带正电荷。甲壳素纤维可作为抗菌型纺织面料的原料。

◎ 甲壳素纤维有良好的亲水性和较高的吸湿性,其平衡回潮率一般在 12%~16%。

◎ 甲壳素纤维具有较好的可纺性。与棉纤维相比,甲壳素纤维的细度偏大,强度偏低,这在一定程度上影响了甲壳素纤维的成纱强度。在一般条件下,用甲壳素纤维进行纯纺有一定困难,通常将甲壳素纤维与棉纤维或其他纤维混纺以改善其可纺性。随着甲壳素原料及纺丝工艺的不断改进,甲壳素纤维的线密度和强度会提高,可开发出各种甲壳素纤维纯纺或混纺产品。

◎ 甲壳素纤维由于吸湿性良好,具有优良的染色性能,可采用直接、活性、还原、碱性及硫化等多种染料进行染色,且色泽鲜艳。

(二)合成纤维

合成纤维是以石油、煤、天然气及农副产品中提取的小分子物为原料,经人工合成得到高聚物,再经溶解或熔融形成纺丝液,最后经喷丝孔喷出凝固而形成的,可以根据其化学成分、外观特征、差别化特征等进行分类。

1. 根据化学成分分

合成纤维根据其化学成分可分为涤纶、腈纶、锦纶、丙纶、维纶、氯纶、氨纶等常见品种,其性能见表 3-1。

表 3-1 常见合成纤维的性能

品种	英文缩写	缩写代号	力学性能	吸湿性	热学性能	化学性能	耐光性
涤纶	PET	T	强度高,是黏胶纤维的 20 倍,耐磨,织物挺括,弹性足	差,标准回潮率为 0.4%,易产生静电,不易染色	导热性差,耐热性好,热定性良好,熨烫温度在 140~150 ℃	较为稳定,耐酸,不耐浓碱长时间作用,利用碱减量加工可获得仿真丝风格	好,仅次于腈纶
锦纶	PA	N	耐磨性居各种纤维之首;织物弹性好,刚性小,与涤纶织物相比,保形性差,在很小的拉伸力下就变形	标准回潮率为 4%,易起静电,舒适性较差	不如涤纶,熨烫温度在 120~130 ℃	耐碱不耐酸	差,阳光下易泛黄
腈纶	PAN	A	强度比涤纶、锦纶低,断裂伸长率和它们相似,弹性低于涤纶、锦纶,织物尺寸稳定性差,是合纤中耐用性较差的	标准回潮率为 1.5%~2%	熨烫温度在 130~140 ℃	较稳定,但不耐浓酸、浓碱	在所有纤维中为最好
维纶	PVA	V	强度和弹性高于棉,耐磨性是棉的 5 倍	居于合成纤维之首,标准回潮率 4.5%~5%	耐干热性能较强,接近涤纶,熨烫温度在 120~140 ℃,耐湿热性较差	耐碱性优良,但不耐强酸	较好
丙纶	PP	O	强伸性、弹性、耐磨性较好,与涤纶接近	不吸湿,标准回潮率为 0,但具有较强的芯吸作用,能传递水分,保持皮肤干燥	差,熨烫温度在 90~100 ℃	酸碱抵抗力强	在所有纤维中为最差
氨纶	PU	SP（美国）EL（西欧）OP（日本）	强度较低,但具有高弹性回复性	较差,标准回潮率 0.4%~1.3%	差,熨烫温度在 90~110 ℃	较好,但在氯化物和强碱作用下会受到损伤	较好
氯纶	PVC	L	强度接近棉,弹性和耐磨性比棉好,但比其他合纤差	不吸湿,标准回潮率为 0	差,70 ℃ 以上会收缩,一般在 30~40 ℃ 水中洗涤	较好	较好

2. 根据外观特征分

(1)长丝。在合成纤维的制造过程中,纺丝流体(熔体或溶液)经纺丝成形和后加工得到的长度以千米计的纤维,称为长丝。长丝包括单丝、复丝和帘线丝。

◎ 单丝:原指用单孔喷丝头纺制而成的一根连续单纤维,但在实际应用中,往往也包括由 3~6 孔喷丝头纺成的 3~6 根单纤维组成的少孔丝。如较粗的合成纤维单丝(直径为 0.08~2 mm)称为鬃丝,用于制作绳索、毛刷、日用网袋、渔网或工业滤布;较细的锦纶单丝用于制作透明袜或其他高级针织品。

◎ 复丝:由数十根单纤维组成的丝条。合成纤维的复丝一般由 8~100 根单纤维组成。绝大多数服用织物采用复丝织造,因为复丝比同样直径的单丝的柔顺性好。

◎ 帘线丝:由 100 多根至几百根单纤维组成的用于制造轮胎帘子布的丝条。

(2)短纤维。化学纤维可经切断加工形成长度在几厘米至十几厘米的纤维,称为短纤维。根据切断长度的不同,短纤维可分为棉型短纤维、毛型短纤维、中长型短纤维。

◎ 棉型短纤维:长度为 25~38 mm,纤维较细(线密度为 1.3~1.7 dtex),类似棉纤维,主要用于与棉纤维混纺,如用棉型聚酯短纤维与棉纤维混纺。

◎ 毛型短纤维:长度为 70~150 mm,纤维较粗(线密度为 3.3~7.7 dtex),类似羊毛,主要用于与羊毛混纺,如用毛型聚酯短纤维与羊毛混纺。

◎ 中长纤维:长度为 51~76 mm,纤维的粗细介于棉型和毛型之间(线密度为 2.2~3.3 dtex),主要用于织造中长纤维织物。

短纤维除了可与天然纤维混纺,还可与其他合成纤维或再生纤维的短纤维混纺,由此得到的混纺织物具有良好的综合性能。另外,短纤维可进行纯纺。在目前的合成纤维生产中,短纤维的产量高于长丝的产量。根据纤维特点,有些品种(如锦纶)以长丝生产为主,有些品种(如腈纶)以短纤维生产为主,而有些品种(如涤纶)则两者的生产比例接近。

(3)粗细节丝。粗细节丝简称 T&T 丝,从其外形上能看到交替出现的粗节和细节部分,丝条染色后能产生深浅色交替的变化效果。粗细节丝是采用纺丝成形后经不均匀牵伸技术而制成的,所产生的粗节和细节部分呈无规律分布。粗细节丝具有较高的断裂伸长率和沸水收缩率及较低的断裂强度和屈服应力。较强的收缩性能使粗细节丝可以与其他丝混合,制成异收缩混纤丝。最初的粗细节丝为圆形丝。随着粗细节丝生产技术的发展,一些特殊的粗细节丝相继出现,如异形粗细节丝、混纤粗细节丝、微多孔粗细节丝及细旦化粗细节丝等,它们具有特殊的手感和风格,多用于开发高档织物。

(4)变形纱。经过变形加工的丝和纱,如弹力丝和膨体纱,都属于变形纱。

◎ 弹力丝。弹力丝以弹性为主,其特征是伸长后能快速回弹,可分为高弹丝和低弹丝两种。高弹丝以锦纶为主,用于制作弹力衫裤、袜类等;低弹丝有涤纶、丙纶、锦纶等,涤纶低弹丝多用于制作外衣和室内装饰布,锦纶、丙纶低弹性丝多用于制作家具织物和地毯。

◎ 膨体纱。它是利用高分子化合物的热塑性,将两种收缩性能不同的合成纤维丝条混合,经热处理后,高收缩组分迫使低收缩组分卷曲而形成的,具有类似毛线的伸缩性和蓬松性。目前,腈纶膨体纱的产量最大,用于制作针织外衣、内衣、毛毯等。

3. 根据差别化要求分

差别化纤维是指通过化学或物理改性,使常规化学纤维的形态结构、组织结构发生变化而形成的,纤维的物理、化学性能提高,具有某种特定性能和风格。目前,差别化纤维主要有异形纤维、复合纤维、超细纤维、高收缩纤维等。

(1) 异形纤维。在合成纤维纺丝加工中,采用异形喷丝孔纺制的具有非圆形横截面的纤维或中空纤维,称为异形截面纤维,简称异形纤维(图 3-20)。

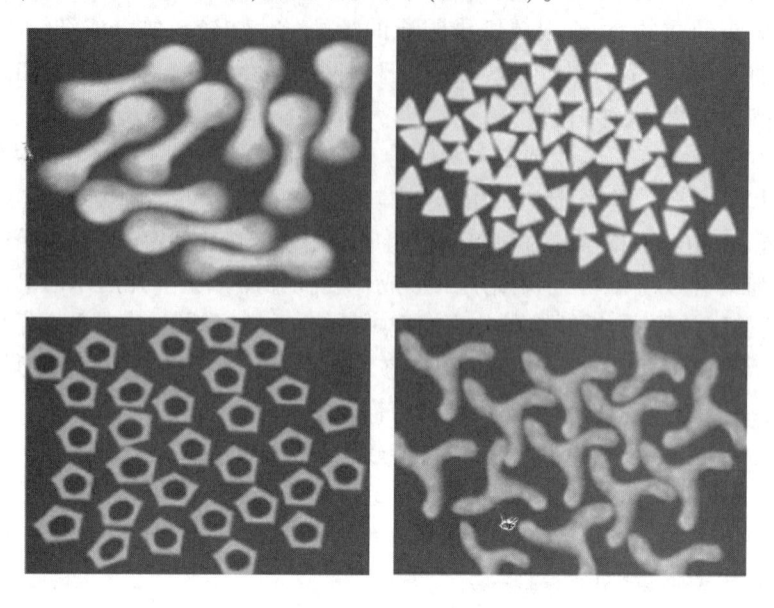

图 3-20 异形纤维

目前,异形纤维已有数十种,市场上的聚酯纤维、聚酰胺纤维及聚丙烯腈纤维,大约 50% 为异形纤维。需要说明的是,采用圆形喷丝孔湿纺所得的纤维(如黏胶纤维和聚丙烯腈纤维)的横截面也并非圆形,而可能呈锯齿形、腰子形或哑铃形等,但它们不能称为异形纤维。不同截面的异形纤维,其性能各异,在纺织品开发中的作用也不一样。与普通圆形纤维相比,异形纤维有如下特性:

◎ 光泽和手感。纤维的光泽与纤维的截面形状有关。三角形截面纤维和三叶形截面纤维具有闪耀的光泽,而圆形纤维一般存在"极光"现象。三角形横截面的聚酯纤维或聚酰胺纤维与其他纤维的混纺织物具有闪光效应,适用于开发仿丝绸织物、仿毛织物及多种绒类织物。五叶形横截面的聚酯长丝有类似真丝的光泽,同时抗起球性、手感和覆盖性良好。多角形截面纤维具有闪光效应,覆盖力强,手感柔软,多制成变形丝,用于制作针织物和袜子,其短纤维用于混纺,制成多种仿毛织物和毯类产品。矩形截面长丝光泽柔和,与蚕丝的光泽接近,其短纤维与棉纤维的混纺品具有毛料风格,与毛混纺则可得到光泽别致的织物。

◎ 力学性能、吸水性和染色性。异形纤维的刚性较强,回弹性与覆盖性也较好,强度较低。另外,异形纤维具有较大的表面积,传递水分和水汽的能力较强,而且干燥速度快,染色性好。

◎ 抗起球性、蓬松性和透气性。具有扁平截面形状的纤维能够显著改善织物的起毛起球现象,而且扁平度越大,效果越好。如扁平截面聚酯和聚酰胺纤维与毛混纺,其织物不易起毛起球。异形纤维通常具有良好的蓬松性,织物手感丰满,保暖性强,又因孔隙增加,透气性好。

◎ 中空纤维的特异性。中空纤维的保暖性和蓬松性优良,某些中空纤维还具有特殊用途,如用于反渗透膜、人工肾脏、海水淡化、污水处理、硬水软化、溶液浓缩等方面。

(2)复合纤维。纤维横截面上出现两种或两种以上不相混合的聚合物,这种化学纤维称为复合纤维(图3-21)。由于纤维中两种或两种以上组分相互补充,因此复合纤维的性能通常优于常规合成纤维。复合纤维的品种很多,按形态可分为两大类,即双层型和多层型:双层型包括并列型和皮芯型;多层型包括并列型、皮芯型、海岛型和裂片型等。

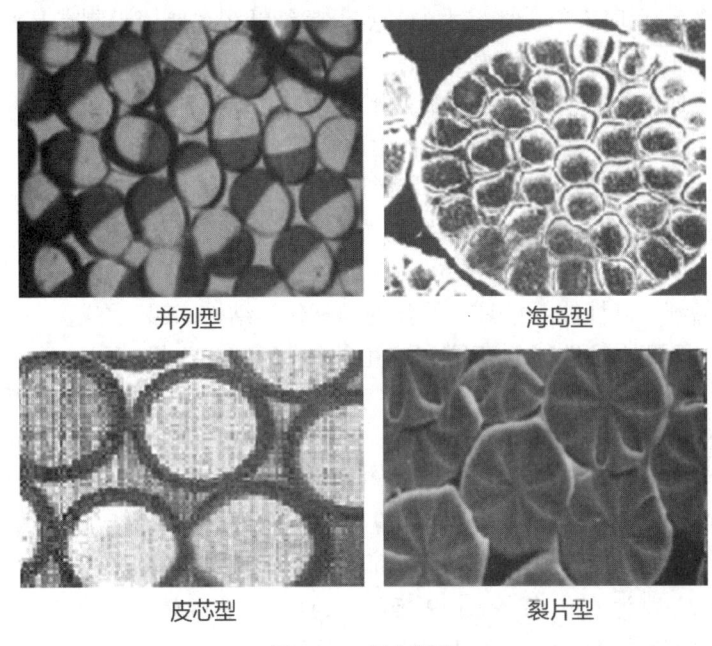

并列型　　　　　　　　海岛型

皮芯型　　　　　　　　裂片型

图3-21　复合纤维

◎ 并列型复合纤维的主要特性是高卷曲性,其织物蓬松、柔软、保暖,具有仿毛风格,主要应用于膨体毛线、针织物、袜类和毯类制品。其原理是两种聚合物的热塑性不同或在纤维横截面上以不对称分布,在后处理过程中产生收缩差异,从而使纤维产生螺旋状卷曲。

◎ 皮芯型复合纤维分为偏皮芯型和同心皮芯型两种。前一种具有立体卷曲,但卷曲程度不如并列型复合纤维。皮芯型复合纤维是兼有两种聚合物特性或突出一种聚合物特性的纤维。如将锦纶做皮层、涤纶做芯层,可制得染色性好、手感柔中有刚的复合纤维;利用高折射率的芯层和低折射率的皮层,可制成光导纤维。

◎ 海岛型复合纤维是利用岛组分连续分散于海组分中,再用溶剂溶解去除海组分,剩下连续的岛组分而制成的极细纤维。

◎ 裂片型复合纤维在纺丝和后加工过程中均以较粗的长丝形态出现,而在织造加工中,特别是在织物后整理和磨毛过程中,由于两组分的相容性和界面黏结性差,一根较粗的长丝分裂成多根较细的丝。复合形式不同,裂离后纤维的截面形状和粗细不同,如橘瓣型复合纤维裂离后纤维横截面为三角形,裂片型复合纤维裂离后成为扁丝。裂片型复合纤维生产技术在超细纤维的制造中已被广泛采用。

(3)超细纤维。由于单纤维的粗细对织物性能的影响很大,所以合成纤维也可按单纤维的粗细(细度)分类,一般分为常规纤维、细旦纤维、超细纤维和极细纤维。

◎ 常规纤维的单丝线密度为 1.5~4 dtex。

◎ 细旦纤维的单丝线密度为 0.55~1.4 dtex。

◎ 超细纤维的单丝线密度为 0.11~0.55 dtex。

◎ 极细纤维的单丝线密度在 0.11 dtex 以下。

与常规合成纤维相比,超细纤维具有手感柔软滑糯、光泽柔和、织物服用舒适性好等优点,也有抗皱性差、染色时染料消耗较大的缺点。超细纤维主要用于制造高密度防水透气织物、人造皮革、仿麂皮、仿桃皮绒、仿丝绸织物、高性能擦布等。

(4)易染性合成纤维。合成纤维尤其是聚酯纤维的可染性差,而且难以染深色。通过化学改性使合成纤维的可染性和染深性改善,由此得到的合成纤维就称为易染性合成纤维,主要包括阳离子可染聚酯纤维、阳离子深染聚酰胺纤维,以及酸性可染的聚丙烯腈纤维和聚丙烯纤维。易染性合成纤维不仅扩大了纤维的可染范围,降低了染色难度,而且增加了纺织品的花色品种。

(5)高性能纤维。高性能纤维具有特殊的物理化学结构,其某项或多项性能指标明显高于普通合成纤维,而且这些性能的获得和应用往往与宇航、飞机、海洋、医学、军事、光纤通信、生物工程、机器人和大规模集成电路等高新技术领域有关,因此高性能纤维又被称为高技术纤维。高性能纤维通常按其具有的特殊性能区分,如高强高模纤维、高吸附纤维、高弹纤维、耐高温纤维、阻燃纤维、光导纤维、导电纤维、高效分离纤维、防辐射纤维、反渗透纤维、耐腐蚀纤维、医用和药物纤维等。高性能纤维主要用于产业用纺织品的制造,但某些品种也可以用于开发装饰用纺织品和服用纺织品,而且能明显改善和提高两类纺织品的性能。高性能纤维的主要品种为对位芳纶(简称芳纶1414)、超高相对分子质量聚乙烯(简称UHMWPE)纤维、聚苯并双噁唑(简称PBO)纤维及碳纤维。

(6)纳米纤维。通常把直径小于 100 nm 的纤维称为纳米纤维(1 nm 相当于 10 个氢原子排列形成的长度),目前也有人将添加了纳米级(即粒径小于 100 nm)粉末的纤维称为纳米纤维,严格意义上,前者才是纳米纤维。

◎ 纳米纤维具有孔隙率高,比表面积大,长径比大,表面能和活性高,纤维精细程度和均一性高等特点。同时,纳米纤维还具有一些特殊性质,如由量子尺寸效应和宏观量子隧道效应带来的特殊的光学、电学、磁学性质。纳米纤维主要应用在防护、过滤、生物、医疗、电子、光学等领域。如将纳米纤维植入织物表面,可形成一层稳定的气体薄膜,制成双疏性界面织物,既可防水,又可防油、防污;用纳米纤维制成的高级防护服,其上的织物多孔且有膜,不仅能透过空气,具可呼吸性,还能挡风和过滤微细粒子,对气溶胶也有阻挡性,可防生化武器及抗细菌和病毒。

同步练习

一、单选题

1. 下列属于合成纤维的是(　　　)。
   A:棉　　　　　　B:涤纶　　　　　　C:亚麻　　　　　　D:黏胶
2. 耐光性最好的纤维是(　　　)。
   A:涤纶　　　　　B:锦纶　　　　　　C:腈纶　　　　　　D:丙纶
3. 密度最小的纤维是(　　　)。
   A:涤纶　　　　　B:锦纶　　　　　　C:腈纶　　　　　　D:丙纶
4. 耐磨性最好的纤维是(　　　)。
   A:涤纶　　　　　B:锦纶　　　　　　C:丙纶　　　　　　D:腈纶
5. 在显微镜下观察,纤维纵向有鳞片的是(　　　)。
   A:蚕毛　　　　　B:蚕丝　　　　　　C:棉　　　　　　　D:麻
6. 常见的天然纤维有(　　　)。
   A:棉、麻、蚕丝、毛　　　　　　　　B:棉、麻、蚕丝、黏胶纤维
   C:棉、涤纶、蚕丝、黏胶纤维　　　　D:毛、蚕丝、锦纶、玻璃纤维
7. 棉纤维是从植物的哪个部位获取的?(　　　)
   A:根茎　　　　　B:树皮　　　　　　C:树叶　　　　　　D:种子
8. 毛纤维的外观形状有何特征?(　　　)
   A:光滑圆润　　　　　　　　　　　　B:扁平扭曲
   C:龟裂状或瓦状鳞片　　　　　　　　D:不规则凹槽
9. 将(1)棉纤维、(2)毛纤维、(3)丝纤维、(4)麻纤维,按其组成成分进行分类,归类正确的是(　　　)。
   A:(1)(2);(3)(4)　　　　　　　　　B:(1)(3);(2)(4)
   C:(1)(4);(2)(3)　　　　　　　　　D:(1)(2)(3)(4)
10. 以下各种纤维中,其组成成分与棉纤维一样的是(　　　)。
    A:麻纤维　　　　B:毛纤维　　　　　C:碳纤维　　　　　D:金属纤维
11. 以下哪个选项,对于毛纤维来说是错误的(　　　)。
    A:天然纤维　　　B:合成纤维　　　　C:蛋白质纤维　　　D:动物纤维

二、多选题

1. 下列属于天然纤维的是(　　　)。
   A:黏胶纤维　　　B:天丝　　　　　　C:棉　　　　　　　D:蚕丝

2. 下列属于定长制单位,表示纤维细度的是(　　　　)。
   A:特克斯　　　　B:公支　　　　C:旦尼尔　　　　D:英支
3. 下列属于定重制单位,表示纤维细度的是(　　　　)。
   A:特克斯　　　　B:公支　　　　C:旦尼尔　　　　D:英支
4. 下列属于再生纤维的是(　　　　)。
   A:黏胶纤维　　　　B:涤纶　　　　C:莫代尔纤维　　　　D:铜氨纤维
5. 下列属于合成纤维的是(　　　　)。
   A:涤纶　　　　B:聚乳酸纤维　　　　C:锦纶　　　　D:天丝
6. 下列属于高性能纤维的是(　　　　)。
   A:对位芳纶　　　　　　　　　　B:超高相对分子质量聚乙烯纤维
   C:碳纤维　　　　　　　　　　　D:氨纶

三、讨论题

1. 化学纤维和天然纤维在结构和性能上有什么不同点?
2. 纶、纤、丝作为化学纤维的商品名,其应用范围分别是什么?
3. 比较羊毛、蚕丝纤维结构及性能的异同点。
4. 比较棉、麻纤维结构及性能的异同点。
5. 为什么很多细长的物体(比如人的头发、电线等)不能作为纺织纤维?
6. 化学纤维有哪七大纶?它们各自的特色和优势是什么?

第四讲　纤维变成纱的奥秘

知识目标：
1. 能阐述纱线的分类方法、细度表达方式；
2. 能解释纺纱基本原理；
3. 准确解释纱线捻向和捻度定义；
4. 准确阐述棉纺、毛纺、绢纺、麻纺的生产工艺流程及各工序作用。

扫码可浏览本讲彩图

能力目标：
1. 能根据纱线的细度表达方式书写纱线细度；
2. 能利用比较的方法区分棉纺、毛纺、麻纺、绢纺的主要加工工艺。

素质目标：
深刻理解纺纱加工工艺的复杂性和技术性要求，形成热爱工作岗位、具有一定钻研能力和技艺水平的工匠精神。同时理解纺纱工艺不断创新的过程，形成时代精神，勇于创新。

本讲内容简介：
主要介绍纱线的基本概念，纺纱加工原理，棉纺、毛纺、绢纺、麻纺加工系统，新型纺纱加工工艺。

走进纺织

🍃 思维导图：

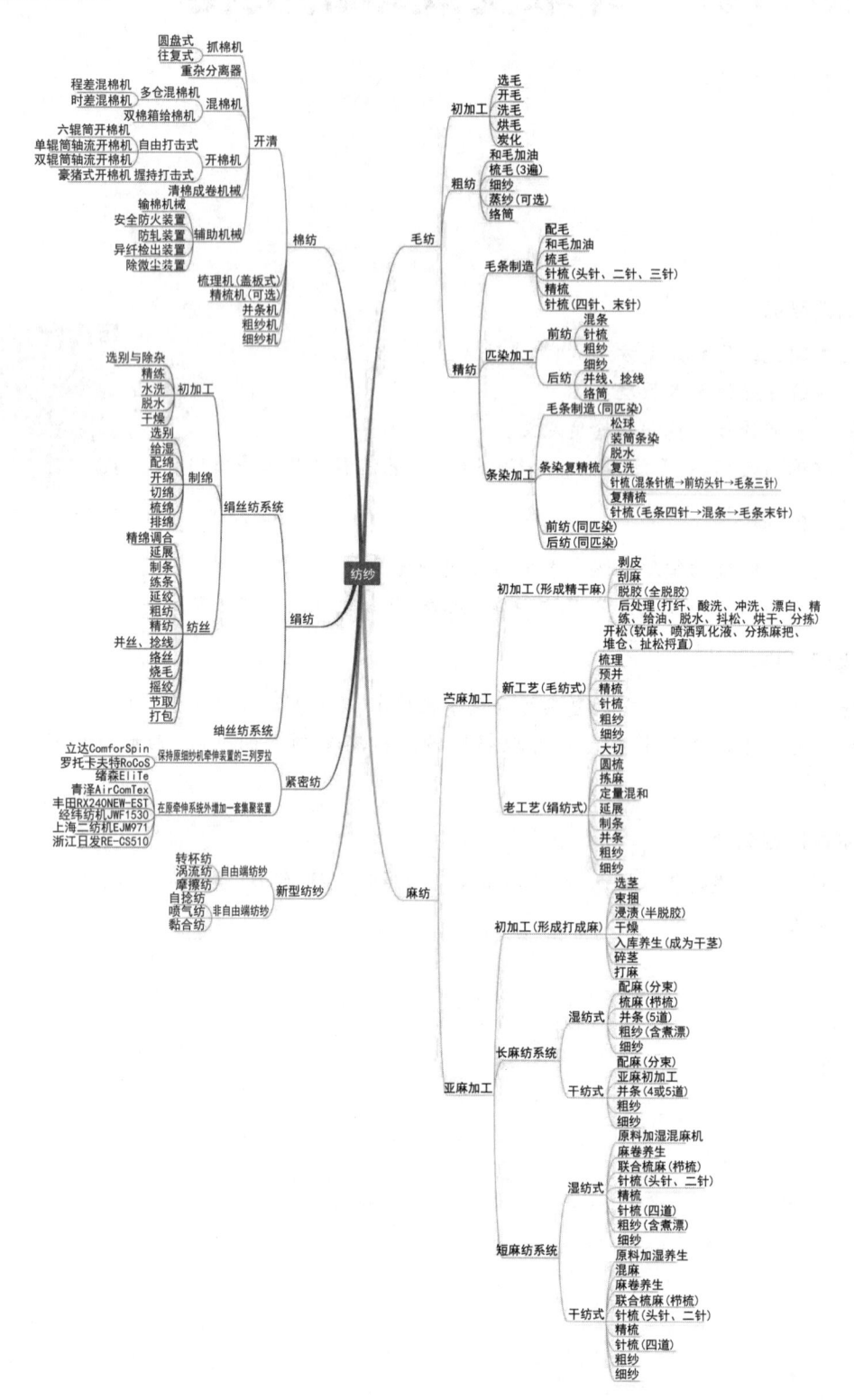

- 纺纱
  - 棉纺
    - 开清
      - 抓棉机
        - 圆盘式
        - 往复式
      - 重杂分离器
      - 混棉机
        - 程差混棉机
        - 时差混棉机
        - 多仓混棉机
        - 双棉箱给棉机
      - 开棉机
        - 六辊筒轴流开棉机
        - 单辊筒轴流开棉机
        - 双辊筒轴流开棉机
        - 豪猪式开棉机
        - 自由打击式
        - 握持打击式
      - 清棉成卷机械
      - 辅助机械
        - 输棉机械
        - 安全防火装置
        - 防轧装置
        - 异纤检出装置
        - 除微尘装置
    - 梳理机（盖板式）
    - 精梳机（可选）
    - 并条机
    - 粗纱机
    - 细纱机
  - 毛纺
    - 初加工
      - 选毛
      - 开毛
      - 洗毛
      - 烘毛
      - 炭化
    - 粗纺
      - 和毛加油
      - 梳毛（3遍）
      - 细纱
      - 蒸纱（可选）
      - 络筒
    - 精纺
      - 毛条制造
        - 配毛
        - 和毛加油
        - 梳毛
        - 针梳（头针、二针、三针）
        - 精梳
        - 针梳（四针、末针）
      - 匹染加工
        - 前纺
          - 混条
          - 针梳
          - 粗纱
          - 细纱
        - 后纺
          - 并线、捻线
          - 络筒
      - 条染加工
        - 毛条制造（同匹染）
        - 松球
        - 装筒条染
        - 脱水
        - 复洗
        - 条染复精梳
          - 针梳（混条针梳→前纺头针→毛条三针）
          - 复精梳
          - 针梳（毛条四针→混条→毛条末针）
        - 前纺（同匹染）
        - 后纺（同匹染）
  - 绢纺
    - 绢丝纺系统
      - 初加工
        - 选别与除杂
        - 精练
        - 水洗
        - 脱水
        - 干燥
      - 制绵
        - 选别
        - 给湿
        - 配绵
        - 开绵
        - 切绵
        - 梳绵
        - 排绵
        - 精绵调合
        - 延展
        - 制条
        - 练条
        - 延纱
        - 粗纱
        - 精纺
      - 纺丝
        - 并丝、捻线
        - 络丝
        - 烧毛
        - 摇纹
        - 节取
        - 打包
    - 紬丝纺系统
  - 紧密纺
    - 保持原细纱机牵伸装置的三列罗拉
      - 立达ComforSpin
      - 罗托卡夫特RoCoS
      - 绪森EliTe
      - 青泽AirComTex
    - 在原牵伸系统外增加一套集聚装置
      - 丰田RX240NEW-EST
      - 经纬纺机JWF1530
      - 上海二纺机EJM971
      - 浙江日发RE-CS510
  - 新型纺纱
    - 自由端纺纱
      - 转杯纺
      - 涡流纺
      - 摩擦纺
    - 非自由端纺纱
      - 自捻纺
      - 喷气纺
      - 黏合纺
  - 麻纺
    - 苎麻加工
      - 初加工（形成精干麻）
        - 剥皮
        - 刮麻
        - 脱胶（全脱胶）
        - 后处理（打纤、酸洗、冲洗、漂白、精练、给油、脱水、抖松、烘干、分拣）
        - 开松（软麻、喷洒乳化液、分拣麻把、堆仓、扯松捋直）
      - 新工艺（毛纺式）
        - 梳理
        - 预并
        - 精梳
        - 针梳
        - 粗纱
        - 细纱
      - 老工艺（绢纺式）
        - 大切
        - 圆梳
        - 拣麻
        - 定量混和
        - 延展
        - 制条
        - 并条
        - 粗纱
        - 细纱
    - 亚麻加工
      - 初加工（形成打成麻）
        - 选茎
        - 束捆
        - 浸渍（半脱胶）
        - 干燥
        - 入库养生（成为干茎）
        - 碎茎
        - 打麻
      - 长麻纺系统
        - 湿纺式
          - 配麻（分束）
          - 梳麻（栉梳）
          - 并条（5道）
          - 粗纱（含煮漂）
          - 细纱
        - 干纺式
          - 配麻（分束）
          - 亚麻初加工
          - 并条（4或5道）
          - 粗纱
          - 细纱
      - 短麻纺系统
        - 湿纺式
          - 原料加湿混麻机
          - 麻卷养生
          - 联合梳麻（栉梳）
          - 针梳（头针、二针）
          - 精梳
          - 针梳（四道）
          - 粗纱（含煮漂）
          - 细纱
        - 干纺式
          - 原料加湿养生
          - 混麻
          - 麻卷养生
          - 联合梳麻（栉梳）
          - 针梳（头针、二针）
          - 精梳
          - 针梳（四道）
          - 粗纱
          - 细纱

第一节 纱线概述

纱线是由纤维经纺纱加工而形成的具有一定粗细的细长物体,是机织、针织、缝纫、刺绣等加工工艺使用的线材。纱线的形态结构和性能为衣料创造各类花色品种,并在很大程度上决定着织物和服装的表面特征、风格和性能,如织物表面的光滑性、粗糙性及织物的保暖性、透气性、丰满性、柔软性、弹性、耐磨性、起毛起球性等。此外,缝纫线、装饰线和绣花线的品质还会影响服装的装饰效果,以及缝纫、刺绣加工的难易程度和生产效率。

一、纱线的分类

纱线的分类方法很多,下面按照纱线的形态结构、原料、用途、粗细和长短分别介绍。

(一)按形态结构分

◎ 短纤维纱:指由短纤维经纺纱加工而成的纱线,其中,由几十根或上百根短纤维经加捻而组成的连续纤维束称为单纱,简称纱;由两根或两根以上的单纱合并加捻则成为股线,简称线。纱线是纱和线的总称。

◎ 长丝纱:指连续长度很长的丝条,它包含单丝、复丝、捻丝等。单丝指长度很长的连续单根纤维,如化纤加工中由单孔喷丝板形成的单丝。复丝指两根或两根以上的单丝并合而构成的丝束,如化纤加工中多孔喷丝板形成的多根单丝组成的长丝纱,以及几根茧丝经缫丝并合得到的生丝。捻丝指复丝经过加捻而制成的丝。

◎ 特种纱线:指在纺纱和制线过程中采用特种原料、特种设备或特种工艺得到的具有特殊的结构和外观效应的纱线,是纱线产品中具有装饰作用的一种纱线,如变形纱、花式纱线、包芯纱等。

变形纱是由合成纤维在热和机械或高压喷射作用下,形成具有相当程度的伸缩性、膨体性的丝条(图 4-1),其外形和某些性能犹如短纤维。变形纱包括高弹丝、低弹丝、空气变形丝、网络丝等。

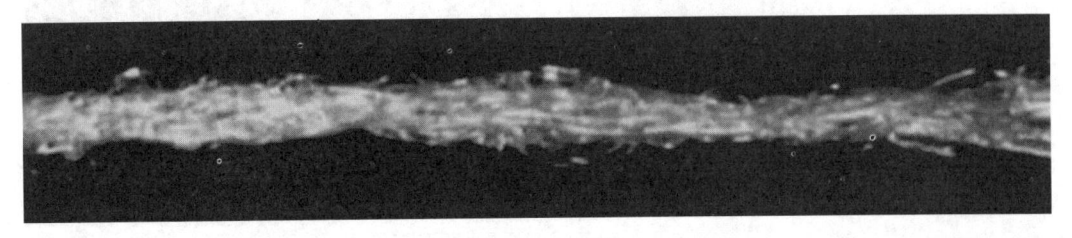

图 4-1 变形纱

花式纱线(图 4-2)有三种类型:花色线、花式线、特殊花式线。花色线是指按一定比例将彩色纤维混入基纱纤维中,从而呈现鲜明的长短、大小不一的彩段、彩点的纱线,如彩点线、彩虹线等,多用于女装和男夹克衫。花式线是利用超喂原理得到的具有各种外观特征的纱线,如圈圈线、竹节线、螺旋线、结子线等。由花式纱线织成的织物手感蓬松、柔软,保暖性好,且外观风格别致,立体感强,既可做衣着面料,又可做装饰材料,既可用于轻薄的夏季服装,又可用于厚重的冬季服装。特殊花式线主要指金银丝、雪尼尔线等。金银丝主要指将铝片夹在涤纶薄膜片之间或附着在涤纶薄膜上得到的金银线,它既可用于织物,也可用作装饰缝纫线,使织物表面光泽明亮。雪尼尔线是一种特制的花式纱线,即将纤维握持于合股的芯纱上,状如瓶刷,其手感柔软,广泛用于植绒织物和穗饰织物。

图 4-2 花式纱线

包芯纱是指以长丝或短纤维纱为纱芯,外包其他纤维一起加捻而制成的纱(图 4-3)。通常,纱芯为强度和弹性较好的合成纤维长丝(涤纶或锦纶丝),外包棉、毛等短纤维或长丝纱,这使得包芯纱既具有天然纤维的良好外观、手感、吸湿性和染色性,同时具有长丝的强度、弹性和尺寸稳定性。

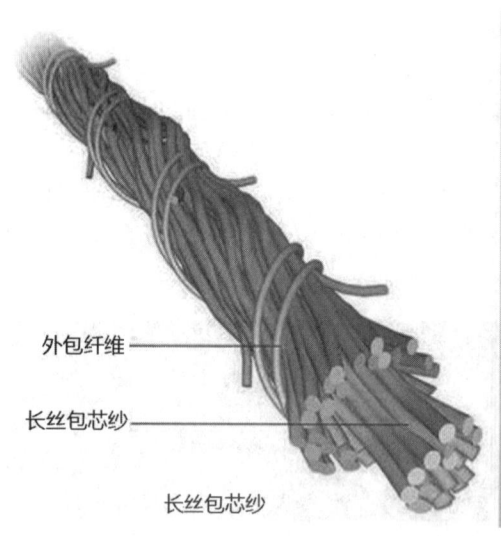

图 4-3 包芯纱

(二)按原料分

按照构成纱线的原料,可将纱线分为棉纱线、毛纱线、蚕丝线、化纤纱线、金银丝、混纺纱线。

◎ 棉纱线可按纺纱、整理等加工工艺分为普梳纱、半精梳纱、精梳纱、废纺纱、气流纺纱、环锭纺纱、烧毛纱、丝光纱等。

◎ 毛纱线按纺纱工艺分为精纺纱线和粗纺纱线。

◎ 蚕丝线俗称丝线,其产品有生丝、熟丝、厂丝、土丝、绢丝等。

生丝是经过缫丝工艺直接从蚕茧的茧衣中抽取的丝,其光泽较暗,手感生硬。

生丝经精练加工去除丝胶后成为熟丝或练丝,其光泽优雅,色泽白净,手感柔顺。

厂丝是指用完善的机械设备和工艺缫制而成的蚕丝,由白色蚕茧缫制的丝叫白厂丝。厂丝品质细洁,条干均匀,粗节少,一般用于织制高档绸缎。

土丝是指用手工缫制的蚕丝,其光泽柔润,但糙节较多,条干不均匀,品质远不及厂丝,用于织制较粗犷的丝绸。

绢丝是指由茧与丝的下脚料经纺纱加工而得到的纱线。

◎ 化纤纱线有长丝、短纤纱之分。长丝由单丝和复丝之别,服装面料大多采用复丝。短纤纱有棉型、毛型、中长型三种,主要用于织制仿棉、仿毛类衣料。

◎ 金银丝大多采用涤纶薄膜,其上镀一层铝箔,外涂透明树脂保护层,经切割而成。如铝箔上涂金黄涂层的为金丝,涂无色透明层的为银丝,涂彩色涂层的为彩丝。但金银丝产品要注意用中性洗涤剂和适当的力水洗,因为碱性物质容易使铝变质、脱落。由于金银丝的耐热性差,其产品应低温熨烫。金银丝产品一旦起皱,很难回复原状,因此要注意织物中其他纤维吸收水分或遇热产生收缩的匹配性。

◎ 混纺纱线是指利用两种或两种以上的纤维经混合纺纱加工而形成的纱线。混纺的目的是降低成本,取长补短,增加品种,获得特殊风格。

(三) 按用途分

◎ 机织用纱:使用纱线范围广泛,由于织造加工的需要,要求经纱品质较高,特别是强度高和耐磨性好,纬纱要求相对较低。

◎ 针织用纱:与机织用纱性比,针织用纱的捻度略低,这是因为针织用纱的强度、柔软性、延伸性、条干均匀度等指标要适应弯曲成圈的要求,同时使织物具有结构较松、手感柔软、保温等特点。

◎ 缝纫线:指服装加工中主要用于缝合衣片、连接各部件的纱线。缝纫线可以做成套结等形式,用在服装的开衩处或作用力较大处,起加固作用。利用美观的针迹、漂亮的缝纫线,可以对服装进行装饰。

◎ 刺绣线:指供刺绣加工的工艺装饰线。一般要求外观质量较高,尤其是光泽要好,色花色差要小。成形方式有小支、线球、宝塔形等,以适应手绣和机绣的不同要求。最早使用的刺绣线是蚕丝线,后来欧美开始使用精梳棉纱,特别是在丝光工艺产生和发展后,丝光棉刺绣线逐渐成为主要的刺绣材料,目前还有毛、腈纶、人造丝、涤纶等材质的刺绣线。

◎ 编结线:指供手工编结装饰品和实用工艺品的纱线。

(四) 按粗细分

按纱线的粗细,可将纱线分为特细特纱(≤10 tex)、细特纱(11~20 tex)、中特纱(21~31 tex)、粗特纱(≥32 tex)。

(五)按纤维长度分

按组成纱线的纤维长度,分为棉型纱线、毛型纱线、中长纤维纱线。

◎ 棉型纱线指由原棉或长度、细度类似棉纤维的短纤维在棉纺设备上加工而成的纱线。

◎ 毛型纱线指由羊毛或长度、细度类似羊毛的短纤维在毛纺设备上加工而成的纱线。

◎ 中长纤维纱线指由长度、细度介于棉、毛,长度为 51~65 mm,细度为 2.78~3.33 dtex 的纤维在棉纺设备或中长纤维专用设备上加工而成,具有一定毛型感的纱线。

(六)按纱线的卷装形式分

按纱线的卷装形式,可以分为管纱(图 4-4)、筒子纱(图 4-5)、绞纱(图 4-6)。

| 图 4-4 管纱 | 图 4-5 筒子纱 | 图 4-6 绞纱 |

◎ 管纱为细纱或粗纱在筒管上卷绕成形后得到的管状纱线体。

◎ 筒子纱是从络筒机上下来后出厂的筒子,供织造用。

◎ 绞纱是将筒子纱或管纱按规定长度和圈数,经摇纱工序成绞后出厂的纱线。

二、纱线细度的表达

(一)单纱细度的表达

直接用数字+单位表示,如 32 公支、17 tex 等。

(二)股线细度的表达

$$\begin{cases} \text{特克斯} \begin{cases} \text{相同:数字(+单位)×股数 如 21 tex×2} \\ \text{不同:数字(+单位)+数字(+单位)+… 如 21 tex+19 tex} \end{cases} \\ \text{公支} \begin{cases} \text{相同:数字(+单位)/股数 如 32 公支/3} \\ \text{不同:数字(+单位)/数字(+单位) 如 32 公支/26 公支/27 公支} \end{cases} \\ \text{英支} \begin{cases} \text{相同:数字(+单位)/股数 如 32}^s\text{/3} \\ \text{不同:数字(+单元)/数字(+单位) 如 32}^s\text{/26}^s\text{/27}^s \end{cases} \end{cases}$$

◎ 旦尼尔主要用于表示蚕丝和化纤的细度,目前蚕丝常用股数/D1/D2 表示,如 2/20/22 表示 2 根 20~22 旦尼尔家蚕丝并合而成的复合丝。

◎ 化纤复丝常用 D/F 表示,如 120D/30F 表示由 30 根单丝并合而成的细度为 120 旦尼尔的复合化纤丝。

三、纱线捻向和捻度

(一)捻向

捻向是指纱线加捻时旋转的方向。加捻是有方向的(图 4-7):一种是从下往上,从左到右,称之为反手捻、左手捻,又叫 Z 向捻;另一种是从下往上,从右到左,称之为顺手捻、右手捻,又叫 S 向捻。单纱大多采用 Z 捻。股线捻向的表示方法是第一个字母表示单纱的捻向,第二个字母表示股线的捻向。双股线的捻向分为单纱与股线异向和同向两种,两者性能不同。复捻股线则用第一个字母表示单纱捻向,第二个字母表示初捻捻向,第三个字母表示复捻捻向,如 ZSZ 捻。纱线的捻向对织物的光泽、厚度和手感都有一定影响。

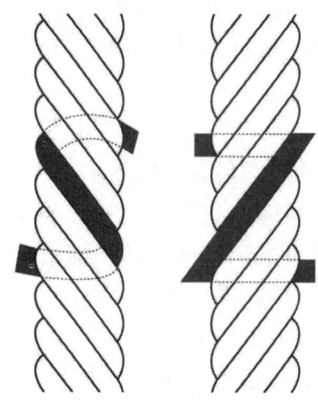

图 4-7 纱线捻向

(二)捻度

纱线单位长度内的捻回数称为捻度,用 T 表示,其单位常用 r/m、r/(10 cm)或 r/cm,通常化纤长丝的长度单位取 m,短纤维纱线的单位取 10 cm,蚕丝的单位取 cm。

纱线按其加捻程度的不同分为弱捻、中捻和强捻等。纱线的加捻程度对织物厚度、强度、耐磨性及手感、风格甚至外观都有影响。弱捻的主要作用是增加纱线的强度,削弱纱线的光泽;强捻的主要作用是使织物表面皱缩,产生皱效应或高花效果,增加织物的强度和弹性。值得注意的是,由于纱线的粗细不同,其加捻程度不能单纯由捻度衡量,而要用捻系数表示,它是结合捻度和细度的一个指标,可比较不同粗细纱线的加捻程度。捻系数可根据纱线的捻度和纱线的细度计算得到。

知 识 拓 展

中国古代就发明了打线车(土法捻线机),根据纱线加捻后缩短的原理,以缩短量判定加捻程度。

四、纺纱加工

纺纱是纺织生产全过程的一个中间环节,它是非常重要的,它是产品开发的重要基础,为最终产品的日新月异提供了广阔的天地。

(一)纺纱加工原理

纱线除了由很长的连续单丝黏合而构成外,一般是由许多长度不等的短纤维通过捻接的方法制成的。纺纱是采用一定的系统、流程、设备和工艺技术,将短纤维加工成满足一定要求的纱线的过程。这个过程需要对纤维进行松解和集合。

◎ 松解

纤维的松解就是彻底解除纤维与纤维之间存在的横向联系，但是必须尽可能地减少对纤维的损伤，因此，从块状纤维加工成单根纤维的松解过程不是一次完成的，而要经过反复的开松、梳理、牵伸才能够完成。开松是松解的初步，梳理是松解的继续，牵伸是松解的彻底完成。

◎ 集合

纤维的集合是使松解加工后的纤维重新建立起排列有序的纵向联系，这种联系是连续的，而且应使集合体内的纤维分布均匀，同时要具有一定的细度和强度。为了满足细度要求，可以采用将梳理的纤维集合体进行牵伸的方法完成。为了满足强度的要求，加工后的纤维集合体还需要加上一定的捻度。集合过程也不是一次完成的，要经过梳理、牵伸及加捻等多次加工才能够完成。梳理是集合的初步，牵伸是集合的继续，加捻则是集合的最后完成。

关于纺纱的基本原理，其实质性的重点是对纤维集合体进行开松、梳理、牵伸、加捻和卷绕。

◎ 开松

开松是把大块纤维撕扯成为小块、小纤维束。从广义上讲，麻的脱胶也是一种开松。随着开松作用的进行，纤维和杂质之间的联系力减弱，从而使杂质得到清除，同时使纤维之间得到混合。开松作用和杂质的去除并不是一次完成的，而是经过撕扯、打击及分割等作用的合理配置渐进实现的。

◎ 梳理

经过开松的纤维呈小块或小束状，其中的大部分杂质已经被清除，但要达到单根纤维状及混合均匀还需要进一步加工。梳理是在梳理机上，通过大量密集梳针，把纤维小块、小束松解成单根状态，从而进一步完善纤维的松解程度。梳理后，纤维间的横向联系基本解除，除杂和混合作用更加充分。梳理后被松解的纤维呈网状，并且被集聚成或者被分割成细长的条子，逐渐使纤维沿纵向顺序排列。

经过普通梳理的纤维集合体中仍有大量的纤维呈弯曲状且有弯钩，每根纤维之间仍有一定的横向联系。如果要生产高品质的纱线，还需要经过精梳工序。当加工线密度低、品质要求高或者特殊用途的纱线时，需要经过精梳机或复精梳机的加工，才能保证成纱质量。精梳机的梳理就是利用梳针对纤维的两端在握持状态下进行更细致的梳理，能够排除一定长度下的短纤维和细小杂疵，促使纤维更加平行、顺直。化学纤维由于长度整齐、杂质少，伸直平行状态好，一般不经过精梳机的加工。

◎ 牵伸

将梳理后的条子抽长拉细，逐渐达到预定粗细，这个过程叫作牵伸（图 4-8）。牵伸时，快速纤维被一根根地从慢速纤维束中抽引出来，由于彼此之间的摩擦作用，纤维的弯钩逐渐消除，卷曲逐步顺直，使纤维之间残留的横向联系可能得到彻底去除，并且沿纱条轴向更加平行顺直，为纤维之间建立有规律的首尾衔接关系奠定了基础。但是，牵伸会导致纱条短片段不匀，因此需要配置合理的牵伸装置和工艺参数。

◎ 加捻

经过牵伸的纱条越来越细，截面内的纤维根数越来越少，相互之间更加平行顺直，但轴向联系越来越弱,强度降低,这容易引起纤维集合体(须条)产生意外伸长,甚至断头,因此需要施加一定的捻度,增加纤维之间的横向抱合,提高其强度。加捻是将须条围绕其轴线扭转,使平行于须条轴向的纤维呈螺旋状,从而产生经向压力将纤维间的纵向联系固定下来。

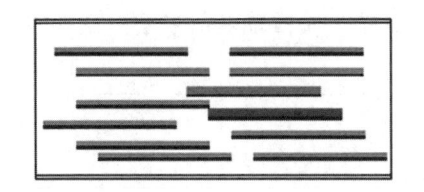

图 4-8　牵伸原理

◎ 卷绕

完成以上任务的各工序之间的衔接,还需要将半成品或者成品卷绕成一定的形式,以便于存储、运输和下一道工序的加工。卷绕过程应该在不影响产品质量、产量的基础上连续进行。为了尽可能减少卷绕过程造成的质量问题,提高产量,应该尽可能实现工序之间的连续化生产,如清梳联、清梳并联、细络联等。在连续化尚不能实现时,卷绕过程是不可缺少的。在连续化实现的纺纱加工过程中,通过卷装自动搬运的工序连接,仍然需要将半成品卷装成为一定的形式。

(二) 纺纱加工系统

纺织纤维原料经过初步加工,就可以进入纺纱厂进行纺纱加工。为了获得符合不同品质标准的纱线,对于不同的纤维材料,应采取不同的纺纱方法和纺纱系统。纺纱系统是指各种原料在纺纱加工时所采用的纺纱机械和加工工艺体系。根据纤维的长度及性质不同,一般分为棉纺系统、毛纺系统、麻纺系统和绢麻纺系统。

◎ 棉纺系统。棉纺生产使用的原料有棉纤维和棉型化纤,其产品有纯棉纱、纯化纤纱和各种混纺纱等。棉纺系统根据原料品质和成纱质量要求,主要分为普梳系统、精梳系统和废纺系统。另外还有棉与化纤混纺系统和废纺系统。

◎ 毛纺系统。毛纺系统以羊毛纤维和毛型化纤为原料,在毛纺设备上纺制毛纱、毛与化纤混纺纱和化纤纯纺纱。根据原料品质和成纱质量要求,毛纺系统又分为粗梳毛纺系统和精梳毛纺系统。

◎ 麻纺系统。麻纺系统主要有苎麻、亚麻两种纺纱系统。苎麻纺纱系统一般借用精梳毛纺或绢纺系统,只是在设备上做局部改进。原麻先经预处理加工成精干麻,而短苎麻、落麻一般可用棉纺系统进行加工。亚麻纺纱系统的原料是打成麻,利用亚麻长麻纺纱系统加工,其中,长麻纺的粗纱要经过煮练再进行细纱加工,长麻纺的落麻、回麻则进入短麻纺纱系统。

黄道婆三锭纺纱

◎ 绢纺系统。绢纺系统利用不能缫丝的疵茧和废丝加工形成的绢丝进行纺纱,根据原料质量又可分为绢丝纺系统和䌷丝纺系统。䌷丝纺利用绢丝纺系统的落绵为原料,可采用棉纺普梳纺纱系统或棉纺转杯纺纱系统或粗梳毛纺系统进行。

> **知识拓展**
>
> 古代三锭纺纱:它是黄道婆棉纺织技艺的核心,她把原来的手摇式纺车改为脚踏式,解放双手用于拉线,纺纱效率一下子提高了两三倍。我国著名的农学家王祯在他所著的《农书》中介绍了这种纺车。

第二节 棉纺系统

棉型纺纱系统是将棉纤维、棉型化纤纱、中长纤维纱及棉与其他纤维的混纺纱等,通过棉纺机械加工成棉型纱线的系统。棉纺系统比较简单,在纺织工业中占重要地位。

一、普梳系统

普梳系统一般用于纺制粗、中特纱,供织造棉型普通织物,其工艺流程一般包括:

工序	原棉	开清	梳棉	头道并条	二道并条	粗纱	细纱
产品		棉卷	生条	半熟条	熟条	粗纱	细纱

(一)开清棉

开清棉主要任务:
◎ 开棉:将紧压的原棉松解成较小的棉块或棉束,以利于混合、除杂加工的顺利进行。
◎ 清棉:清除原棉中的大部分杂质、疵点及不宜纺纱的短纤维。
◎ 混棉:将不同成分的原棉进行充分而均匀的混合,以利于棉纱质量的稳定。
◎ 成卷:制成一定质量、长度、厚薄均匀、外形良好的棉卷。
开清棉加工机械包括抓棉机、混棉机、开棉机、辅助机械(如梳棉管道、安全防火、防轧装置和异纤检出装置)等。

(二)梳棉工序

梳棉主要任务:
◎ 分梳:将棉块分解成单纤维状态,改善纤维伸直平行状态。
◎ 除杂:清除棉卷中的细小杂质及短绒。
◎ 混合:使纤维进一步均匀混合。
◎ 成条:制成符合要求的棉条。
梳棉加工机械就是梳棉机。

(三)并条工序

并条主要任务:

◎ 并合:一般采用6~8根棉条进行并合,改善棉条长片段不匀。
◎ 牵伸:把棉条拉长抽细到规定质量,进一步提高纤维的伸直平行程度。
◎ 混合:利用并合与牵伸,使纤维进一步均匀混合。不同唛头及不同工艺处理的棉条,以及棉与化纤混纺等,可采用棉条混纺方式,在并条机上进行混合。
◎ 成条:做成圈条成形良好的熟条,有规则地盘放在棉条桶内,供后工序使用。

并条加工机械是并条机。

(四)粗纱工序

粗纱主要任务:

◎ 牵伸:将熟条均匀地拉长抽细,使纤维进一步伸直平行。
◎ 加捻:将牵伸后的须条施加适当的捻回,使纱条具有一定的强度,以利于粗纱卷绕和细纱机上的退绕。

粗纱加工机械是粗纱机。

(五)细纱工序

细纱主要任务:

◎ 牵伸:将粗纱拉细到所需细度,使纤维伸直平行。
◎ 加捻:对须条施加捻回,成为具有一定捻度、一定强度的细纱。
◎ 卷绕:将加捻后的细纱卷绕在筒管上。
◎ 成形:制成一定大小和形状的管纱,便于搬运及后工序加工。

细纱加工机械是细纱机。

| 立达公司的开清棉机械 | 梳棉机 | 并条机 | 粗纱机 |

二、精梳系统

精梳系统用以纺制高档棉纱、特种用纱或棉与化纤混纺纱,是将普梳(粗梳)加工后的纤维条,用针排或梳针等机件对纤维丛的两端交替进行梳理,将纤维开松、伸直、平行,并除去较短纤维、杂质、纤维粒结等,制成粗细均匀的精梳纤维条。精梳是纺纱过程中的梳理工艺之一,如果说普梳的梳理特点是柔性握持梳理,那么精梳的特点是强制握持梳理,即对纤维束采用"一端握持,一端梳理"的方式,显然,这样的梳理方式对纤维的作用更剧烈。因此,精梳必须安排在普梳工序之后,遵循"逐渐开展"的原则,以最大程度地减少对纤维的损伤。

精梳工艺流程一般包括:

工序	原棉	开清	梳棉	精梳前准备	精梳	头道并条	二道并条	粗纱	细纱
产品			棉卷	生条	条卷	精梳条	半熟条	熟条	粗纱	细纱

精梳的主要目的和任务：
◎ 去除不符合精梳制品要求的短纤维。
◎ 进一步梳理纤维，提高其平行伸直度。
◎ 较彻底地清除纤维中的各种杂质。
◎ 改善纤维的均匀混合程度。
◎ 制成符合后道要求的精梳条。

一般而言，精梳属于插入工序，是在普梳基础上增加的工序，即增加了精梳前准备和精梳两道工序。

细纱机

立达精梳机

三、废纺系统

废纺系统用于加工价格低廉的粗特棉纱，其工艺流程一般包括：

工序	原棉	开清	梳棉	粗纱	细纱
产品		棉卷	生条	粗纱	细纱

四、棉与化纤混纺系统

棉与化学纤维混纺时，因两种纤维的性能及含杂情况不同，不能在清梳工序混合，需各自制成条子，再在头道并条机（混并）上混合，为保证混合均匀，需采用三道并条。其工艺也按照产品需要分为普梳系统和精梳系统。

◎ 普梳系统工艺流程：

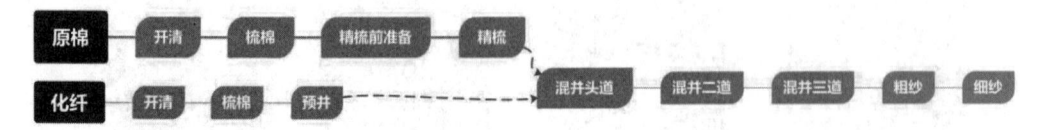

原棉 → 开清 → 梳棉 → 精梳前准备 → 精梳 ⟶ 混并头道 → 混并二道 → 混并三道 → 粗纱 → 细纱
化纤 → 开清 → 梳棉 → 预并 ⟶

◎ 精梳系统工艺流程：

原棉 → 开清 → 梳棉 → 预并 ⟶ 混并头道 → 混并二道 → 混并三道 → 粗纱 → 细纱
化纤 → 开清 → 梳棉 → 预并 ⟶

五、色纺纱系统

所谓色纺纱，就是先将纤维染成有色纤维，然后将两种或两种以上不同颜色的纤维（不同染色纤维、染色纤维和本色纤维）充分混合，再纺制成具有独特混色效果的纱线。色纺一般不是纺纯色纱，而是将数种不同颜色的纯色纤维在开棉之前或开棉之后一直到细纱工序，不断地进行混合，形成具有特殊视觉效果的细纱。有色纤维混合均匀是普通色纺加工的基本目标。但是也有例外，竹节段彩纱、彩丝纱、雨线纱追求细纱的特殊颜色风格，在整个细纱长度上,特殊颜色的纤维分段出现,这是另一种工艺。色纺产品近年来越来越受到人们的青睐,许多色纺企业在大环境并不有利的情况下仍然保持良好的利润。色纺纱的优势主要有以下方面:

◎ 色彩独特。色纺纱的颜色是纤维混色风格,不同于本色纱或本色布的纯染色。色纺纱原料中至少含一种有色纤维,由不同颜色的纤维纺纱过程充分混合形成。所以,色纺纱织成的织物能呈现出"空间混合"的效果,并且有层次变化。

◎ 低碳环保。色纺颠倒了先纺后染的传统工艺流程,它先将纤维染色,再将有色纤维混合纺纱。但是大部分色纺产品不全用染色纤维,色纺纱有40%~50%的原料是本色纤维,只有部分染色,所以相对更节能、环保。本色纤维作为色纺原料有两个作用:一是提供一种颜色(白色);二是调节颜色深浅。比如常见的浅色棉麻灰纱,一般染色棉仅占10%左右,也就是说,约90%的棉纤维是不染色的,是纯天然的。特别说明一点,如果色纺产品中的有色纤维是化学纤维,那么其生产过程可以是完全没有污染物排放的。如一些彩色化纤采用原液着色技术,在纺丝过程中添加色母粒,生产过程是无污染、零排放的。

◎ 染色优势。传统的"先纺后染"工艺,因为化学特性的不同,纤维染色性能也不同,这给混纺之后的纱、面料的染色带来了麻烦。色纺采用"先染色、后纺纱"的工艺,恰好化解了异性纤维混纺的套色难题。因为将染色环节提到纺纱之前,无论何种材质纤维(天然的、再生的、合成的),无论需要何种染色工艺(高温高压染色或常温常压染色),无论何种染料(活性的、分散的、直接的、还原的……),都可各个击破,分别染色后再进行完美结合。因此,多原料混纺产品的染色不再困难。

◎ 产品开发优势。本色纱线的产品开发主要基于纤维材料和纺纱技术。比如新型纤维原料有竹纤维、大豆纤维、牛奶纤维、甲壳素纤维,功能性有抗紫外线、抗菌防臭、吸湿排汗、防火阻燃、防水、防油、易去污、远红外、抗静电、防电磁辐射等,纺纱新技术有紧密纺、赛络纺(纱线更光洁)、喷气涡流纺(纱线吸湿快干,不容易起毛起球)等。

普通色纺工艺流程和普通棉纺基本一样,不同的是有染色过程。色纺要特别注意粗纱流程前的混棉混色过程。

色纺纱系统工艺流程:

染色棉 → 开清 → 梳棉 → 初并条 → (条并卷) → (精梳) → 末并条 → 粗纱 → 细纱

第三节 毛纺系统

毛纺系统以羊毛纤维和毛型化纤为原料,在毛纺设备上纺制毛纱、毛与化纤混纺纱和化纤纯纺纱。羊毛原料在纺纱之前要进行初加工,其主要任务是将不同质量的原毛进行区分,再采用一系列机械与化学的方法,除去原毛中的生理性杂质(如羊脂、羊汗及羊排泄物等)和生活环境夹杂物(如草刺、茎叶、砂土及寄生虫、细菌等)。羊毛原料经过初加工,成为符合毛纺生产要求的比较纯净的羊毛纤维,成为毛纺系统的原料。毛纺系统可分为粗梳毛纺系统、精梳毛纺系统和半精纺系统。

一、粗梳毛纺系统

经过粗梳毛纺系统的毛织物称为粗纺呢绒或粗梳呢绒。粗梳毛纱中纤维粗细、长短不一,伸直平行度不高,排列不整齐,捻度也较小,因此毛纱表面毛羽多,纱线也较粗,手感丰满蓬松。粗梳毛纺系统的原料品级范围广,粗细和长短差异大,从高贵的山羊绒到精梳落毛和最低廉的再生毛,一般经缩绒和起毛加工,表面有绒毛覆盖,不露或半露地纹。粗纺呢绒织物质地紧密,柔软厚实,呢面丰满,身骨挺实,保暖性好。粗梳毛织物一般较厚重(约180~840 g/m^2),适宜制作秋冬季外套和大衣。粗梳毛纺系统工艺其加工流程:

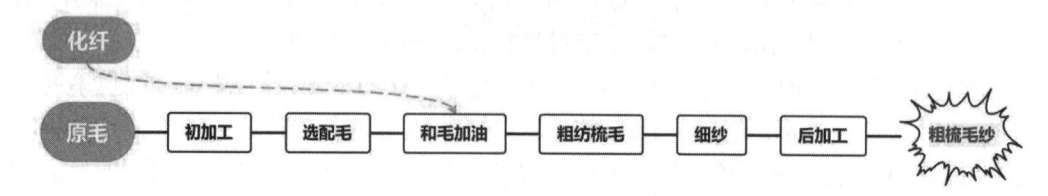

化纤 → 原毛 → 初加工 → 选配毛 → 和毛加油 → 粗纺梳毛 → 细纱 → 后加工 → 粗梳毛纱

◎ 选配毛。指搭配毛纺纤维原料的工艺过程。根据拟纺制的毛纱或精梳毛条的品种和品质要求,选用几种品质相近的毛型纤维原料(羊毛、其他动物毛或化学纤维),确定其混用比例,进行搭配。可充分发挥各成分纤维的特点,达到合理使用、优势互补、稳定生产、提高成品品质和降低成本的目的。在粗梳毛纺中,采用散毛搭配,即将几种原料进行适当比例的混合,以达到增加花色品种和保证产品质量的要求。

◎ 和毛是利用若干性质不同的原料在混毛机上混合,使之成为性质均匀的混料。混料的各部分所含原料成分应一致,并具有一定的回潮和含油,以适应下一道工序即梳毛的需要。在混料混合前,需要经过开毛机,将原料撕成小块,再通过管道输送到混毛机械。

◎ 加油的目的有四个方面的作用:一是润滑作用,以减少纤维之间、纤维与机件之间的摩擦系数,减少纤维的损伤;二是收敛作用,即增加纤维之间的抱合力;三是防静电作用,和毛油中的水分可增加纤维回潮率;四是润滑作用,使纤维有较好的柔软性和韧性,不易被拉断。

和毛加油和梳理

◎ 粗纺梳毛的主要任务是彻底梳松混料,使混料中的各种纤维进一步混合,尽可能去除羊毛中的草杂、死毛及粗硬纤维,使纤维逐步伸直平行,具有一定的方向性,最终将毛网制成粗纱。

◎ 细纱的主要任务包括三个方面:

第一是牵伸,即将小毛条抽长拉细到一定的线密度。

第二是加捻,对牵伸后的须条加上一定的捻度,以提高细纱的强度。

第三是卷绕成形,即将经过牵伸、加捻形成的细纱卷绕成一定形状,以便搬运和继续加工。

二、精梳毛纺系统

经过精梳毛纺系统的毛织物称为精纺呢绒或精梳呢绒,以精梳毛纱织制而成。用毛品质要求高,经精梳机梳理,纱中纤维细而长,伸直平行,排列整齐,因此毛纱表面光洁,毛羽少,纱线也较细。精梳呢绒大多表面光洁,织纹清晰,手感柔软,富有弹性,平整挺括,坚牢耐穿,不易变形。织物一般较轻薄,约 $100\sim380\ g/m^2$,现在越来越向轻薄型发展,适宜制作春、夏、秋、冬各季服装。精梳毛纺系统工序多、流程长,可分为制条和纺纱两大部分,其工艺流程:

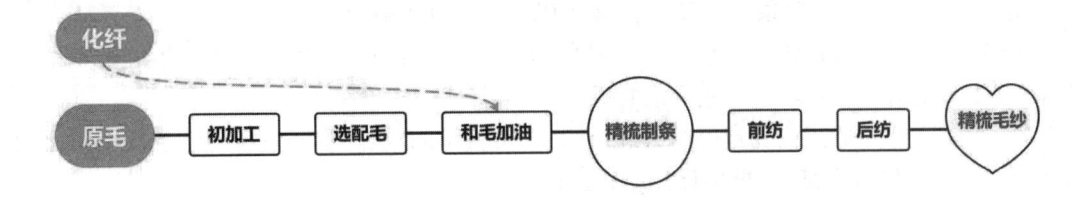

化纤→原毛→初加工→选配毛→和毛加油→精梳制条→前纺→后纺→精梳毛纱

(一)选配毛

在精梳毛纺中,原料搭配有散毛搭配和毛条搭配两种。散毛搭配又叫梳条配毛,是将几种不同原料进行适当搭配,以保证毛条成品的质量;毛条搭配又叫混条配毛,是将不同颜色、不同性质的毛条进行均匀的混合,以达到增加花色品种和保证产品质量的要求。

毛纺末道针梳机

(二)精梳制条

精梳制条也叫毛条制造,可单独设立工厂,产品(精梳毛条)可作为商品出售,其任务是把各种品质支数的洗净毛、化学短纤维加工制成具有一定单位质量、结构均匀、品质一致的精梳毛条。毛条制造有英式制条和法式制条两种,前者适合加工长而粗的原料,后者适合加工细而短的原料。国内主流的毛条制造工艺流程:

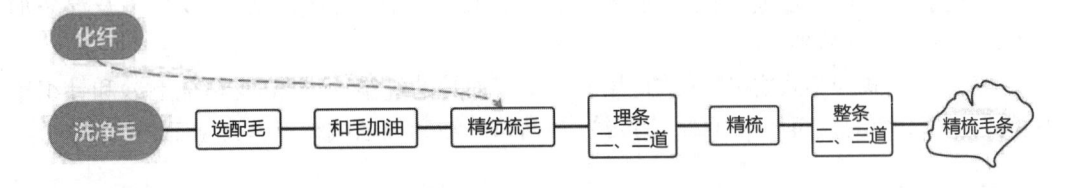

化纤→洗净毛→选配毛→和毛加油→精纺梳毛→理条二、三道→精梳→整条二、三道→精梳毛条

1. 精纺梳毛

精纺梳毛的主要任务是开松、除杂、混合和制条。精纺梳毛加工力求使纤维平行顺直,尽量避免纤维方向紊乱,但对纤维间的混合均匀作用要求一般,因为纤维在后续加工中还有很多混合机会。精纺梳毛要注意纤维长度损伤,增强除草功能。

2. 针梳

针梳的主要任务是将毛条内的纤维理直,使其平行排列,改善和提高毛条的均匀度。

◎ 针梳机按针板的安装排列形式分为开式、交叉式和半交叉式三种:开式仅用于加工粗长羊毛;交叉式多用于加工细而卷曲多的细羊毛;半交叉式是在下针排区接近前罗拉的一段长度上配置了上针排区而形成的。

◎ 针梳机根据在工艺流程中的位置分为理条针梳机和整条针梳机。在精梳机之前的称为理条针梳机,一般为二、三道,主要作用是使毛条中的纤维伸直平行,消除弯钩,混合纤维,提高均匀度,制成具有一定强度的毛条,为精梳做准备;在精梳机之后的称为整条针梳机,一般也为二、三道,主要作用是消除精梳机下机毛条中纤维头端纠集的结构,提高毛条均匀度,使纤维进一步平行伸直,制成单位质量合乎要求的成品毛条。

3. 条染复精梳

这个工序主要是针对条染产品的,放在前纺之前,但匹染产品不需要。

◎ 匹染的工艺流程较短,成本低,效率高,但由于是成品染色,因此染色产生的疵点不易弥补,并且颜色单一,只适合单色产品生产。

◎ 条染适合加工多色混合产品或混纺产品,可将不同成分、不同色泽的毛条按不同比例混合搭配,纺制色彩丰富、品种多样的精纺产品。

◎ 为了能适应品种多样化的市场需求,大多数精梳毛纺厂配备了条染复精梳车间。精梳毛纺织物采用毛条或化纤条染色时,高温染液长时间的循环冲击或染色处理不当会导致条子纤维黏并、散乱或成为纤维束,所以染色后的毛条需再次经过精梳,以除去毛粒、黏并纤维、短纤维及其他疵点,使纺纱时不会产生毛粒、粗节纱等。同时,条染复精梳还有提高纤维混合均匀程度的作用,因而可以改善条干,为提高纺纱性能打下基础。条染的成纱条干均匀,疵点少,制成品混色均匀,光泽柔和,手感及内在质量都较好。因此,纺制多色纱或色光要求严格的高档产品时,均采用条染复精梳工艺。它的缺点是加工流程长,消耗较大,生产成本较高。其工艺流程:

毛条 → 松球 → 装筒 → 条染 → 脱水 → 复洗 → 混条 → 针梳三道 → 复精梳 → 针梳二道 → 精梳毛条

4. 前纺

前纺的主要任务有四个:通过牵伸,减小毛条定量,以适应细纱机的加工;进一步伸直平行纤维,改善毛条均匀度;使不同品质、不同颜色纤维充分混合;通过条染、复精梳及混条加工,增加产品的花色品种。

前纺也有法式和英式之分:法式适用于加工细而短的纤维,生产高支精梳毛纱和针织用纱;英式适用于加工粗而长的纤维,生产绒线、精纺毛纱和长毛绒纱。其典型工艺流程:

精梳毛条 → 前纺头针 → 前纺二针 → 前纺三针 → 前纺四针 → 粗纱

◎ 混条的作用:一是混合,将不同额色、不同性质的毛条,按照工艺设计比例进行混合;二是改善条干均匀度和降低支数不匀率。由于混条机的并合根数多,混条加工在改善条干均匀度及降低支数不匀率方面的效果显著,对于扩大批量与稳定质量有一定作用。同时,混条机可配合头道针梳机的自调匀整装置,提高自调匀整效果。此外,可在混条时加入一定量的和毛油,以适应前纺各工序顺利加工的要求。

◎ 针梳的作用:经过多道针梳机对喂入毛条进行并合、牵伸、梳理,制成条干均匀、纤维伸直平行、质量逐道减小、符合纺制粗纱要求的毛条,并除去杂质。通常,头道针梳机还配有自调匀整装置。

◎ 粗纱机的作用:将针梳出来的毛条制成粗纱,质量和质量不匀率符合细纱工序的要求,短片段不匀率降低到最低限度,以假捻或真捻的形式卷绕成一定的形状,具有良好的抱合力,供细纱工序加工。粗纱机类型有无捻(假捻)粗纱机(用于法式前纺系统)和有捻粗纱机(用于英式前纺系统)之分。

有些精梳毛纺厂没有制条工序,用精梳毛条作为原料,生产工艺流程包括前纺、后纺;多数毛纺厂还没有毛条染色和复精梳的条染复精梳工序。另外,还有一种介于精梳和粗梳之间的半精梳纺纱系统。复精梳是指毛条染色后的第二次精梳。复精梳工序流程和制条工序相似。不带复精梳的精梳毛纺系统工艺流程:

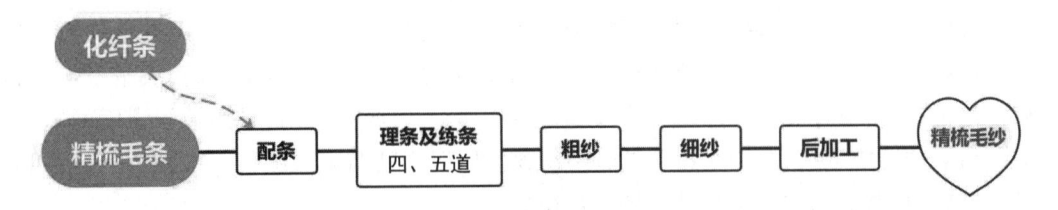

化纤条 ┈┈→ 精梳毛条 → 配条 → 理条及练条 四、五道 → 粗纱 → 细纱 → 后加工 → 精梳毛纱

5. 后纺

后纺工序的主要任务:将粗纱纺成一定细度和捻度的细纱;将细纱合股加捻成为股线;改善纱线的外观质量,去除杂质、飞毛、粗节等疵点;形成稳定的捻回;制成适当的卷装。其工艺流程:

细纱 → 并线 → 捻线 → (蒸纱) → 络筒 → (自动络筒→电子并线→倍捻)

细纱工程的任务:在细纱机上,将前纺工序加工的粗纱纺成条干均匀、细度及捻度符合产品设计要求的细纱。细纱是纺纱加工的最后一道工序,细纱质量基本定形。细纱工序的生产能力代表一个工厂的纺纱能力,锭数决定规模。精梳毛纺工程采用的细纱机分环锭细纱机、翼锭细纱机、帽锭细纱机、走锭细纱机。这四类细纱机在加捻和牵伸机构上有不同的特点,所以其性能也各不相同。

◎ 环锭细纱机:锭速高,卷装较大,成纱较光洁,强度较高,纺纱细度和使用原料适应范围大,是精梳毛纺生产中应用最广的一种。

◎ 翼锭细纱机:用于纺制低支针织纱和编织用绒线。采用翼锭细纱机纺纱时,因毛纱经翼臂导向木管,毛纱受到的张力较小,与空气及机件的摩擦作用也小,所以成纱柔软、丰满、表面光洁、美观,这是翼锭细纱机的优点。其缺点是锭速低。

◎ 帽锭细纱机:常用油梳毛条、有捻粗纱纺制中、高支(中、低线密度)纱。优点是纺成的管纱较松,断头率低,能纺较高纱支(较细的纱)。但因毛纱和锭帽间的摩擦作用大,成纱发毛,强度较低,卷装也小,加上锭速不能适应高速要求,国内已淘汰。

◎ 走锭细纱机:与环锭、翼锭、帽锭等连续动作的细纱机不同,它的动作是间歇式的。这种细纱机多用于粗梳毛纺。

三、半精纺系统

半精纺与传统毛精纺、粗纺工艺的最大区别在于,它将棉纺技术与毛纺技术融为一体,形成一种多组分混合工艺,其前道为粗纺和毛设备及棉纺的梳棉机、并条机、粗纱机、细纱机,后道为精纺的络筒、并线、倍捻设备。

装备及工艺的改变解决了原有毛纺设备不能解决的问题。半精纺可实现棉、毛、丝、麻等天然纤维原料与再生纤维、合成纤维的混纺。毛纺半精纺的原料涵盖山羊绒、羊毛、绢丝、兔绒、棉、苎麻等天然纤维,大豆蛋白纤维、牛奶蛋白纤维、天丝、莫代尔、竹纤维、黏胶纤维等再生纤维,以及腈纶、涤纶、锦纶等合成纤维,产品结构异常丰富。

国内已经出现的羊绒高支纱生产线,有半精纺和精纺两种。半精纺不经过精梳除去短纤维,可以纺 16.67 tex 以下,已能适应一般轻薄织物的需要,且成纱率较高,成本较低。精纺要经过精梳除去短纤维,纺纱线密度可以达到 10 tex,但成本较高,且因纱线强度问题,往往需要与其他纤维混纺,适用于特殊的轻薄织物。所以半精纺羊绒纱的开发及生产,继粗纺羊绒纱之后,日益被国内外羊绒纱市场所重视。

第四节 麻纺系统

麻纺系统利用麻类纤维为原料,把麻纤维加工成纱线。麻类纤维品种繁多,不同的品种要使用不同的系统,目前主流的是苎麻、亚麻和黄麻三种麻纺系统。这里主要介绍苎麻和亚麻纺纱系统。麻类纤维在正式纺纱之前要进行初加工,苎麻经过全脱胶初步加工形成的叫作精干麻,亚麻经过半脱胶初步加工形成的叫作打成麻,它们作为下一步麻纺系统加工的原料。

一、苎麻纺纱系统

苎麻纺纱系统分为新工艺和老工艺两种。
◎ 新工艺采用毛纺工艺,其工艺流程:

精干麻 → 梳前准备(软麻、喷洒乳化液、分拣麻把、堆仓、扯松抖直)→ 梳理 → 预并 → 精梳 → 针梳 → 粗纱 → 细纱

新工艺中,设备机械化程度较高,劳动强度低,生产率高,但梳成长纤维的平均长度较短,纤维集束现象较少,成纱中麻粒较多,采用复精梳工艺可减少麻粒。

◎ 老工艺采用绢纺工艺,其工艺流程:

精干麻 → 梳前准备(软麻、喷酒乳化液、分拣麻疵、堆仓、抖松捋顺) → 大切 → 圆梳 → 拣麻 → 定量混和 → 延展 → 制条 → 并条 → 粗纱 → 细纱

老工艺中,手工操作多,劳动强度大,生产率低,易发生工伤事故,但梳成纤维平均长度较长,成纱中大小节疵点较多,麻粒等较少。

◎ 短苎麻、落麻一般用棉纺系统进行加工。

二、亚麻纺纱系统

将亚麻纤维纺制成纱的工艺过程,可分为长麻纺纱系统和短麻纺纱系统两种。

打成麻 → 配麻(分束) → 梳麻(栉梳) → 成条 → 预并 → 并条4道 → 粗纱 → 煮漂 → 细纱 → 干燥 → 络筒

(一)长麻纺纱系统

亚麻打成麻经给乳加湿、养生、分束(梳前准备工序),在栉梳机上梳理成梳成麻,再经成条、预并、并条(三、四道)、粗纱、细纱等工序,纺制出一定细度的细纱。

细纱工序又分为湿纺和干纺两种。

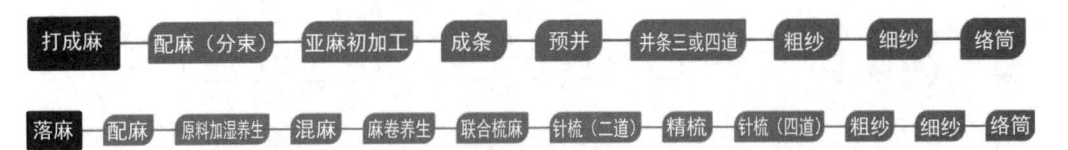

打成麻 → 配麻(分束) → 亚麻初加工 → 成条 → 预并 → 并条三或四道 → 粗纱 → 细纱 → 络筒

落麻 → 配麻 → 原料加湿养生 → 混麻 → 麻卷养生 → 联合梳麻 → 针梳(二道) → 精梳 → 针梳(四道) → 粗纱 → 细纱 → 络筒

◎ 湿纺:由粗纱经煮漂工序后在湿纺细纱机上以湿润状态进行牵伸、分裂纤维束、加捻卷绕成细纱,再经干燥机烘干得到湿纺细纱,然后络成筒子。

苎麻纺纱加工　　亚麻长纤维湿纺　　亚麻短纤维湿纺

◎ 干纺:由粗纱直接经干纺细纱机纺制成细纱。还有用麻条直接纺制细纱的干纺长麻纺新工艺。湿纺细纱的条干、光洁度等物理力学性能指标都较好,且可纺较细的细纱。

(二)短麻纺纱系统

该系统使用的原料主要是栉梳机梳理打成麻时得到的机器短麻,以及经过处理的降级麻、粗麻及各工序产生的回麻。经梳前准备工序处理,由联合梳麻、针梳、精梳、并条、粗纱工序加工,可采用湿纺或干纺工艺纺纱,得到湿纺细纱或干纺细纱。

第五节　绢纺系统

绢纺加工使用的原料有桑蚕丝和柞蚕丝,工艺流程基本相同。但柞蚕丝粗硬,生产上略有差异。桑蚕丝占绝大多数,这里主要介绍桑蚕丝生产。绢纺系统主要有绢丝纺和䌷丝纺两种：前者纺纱细度小,用于织造薄型高档绢绸;后者纺纱细度大,成纱疏松且有毛茸,风格独特。

绢纺加工是将绢纺原料经化学和机械加工纺成绢丝的过程。蚕茧中有许多不能作为制丝原料的废茧,在制丝生产及丝织生产过程中又会产生一定量的下脚料。这些原料同样具有天然蚕丝的优良特性,通过一系列工序把它们加工成各种规格的丝纱,即绢丝。绢丝纺工艺依顺序分为精练、制绵和纺纱三个阶段。

一、精练

精练的目的是在纺纱加工前,去除原料上的大部分丝胶、油脂与其他污染物,制成精干绵。它决定着丝纤维的品质和进一步加工的难易程度。

废茧及下脚料 → 选别与除杂 → 精练 → 水洗 → 脱水 → 干燥 → 精干绵

精练工艺流程：
◎ 选别：选别是按照原料的种类、含胶量、含油量、色泽、强力、茧层厚薄等进行分类。
◎ 除杂：利用手工或机械方法打击原料,使杂质落下,或用化学方法对植物性杂质进行炭化处理。
◎ 精练：将原料投入到加有化工料和助剂的练桶或煮练机内,进行脱胶、脱脂、去污物。
◎ 水洗、脱水、干燥：原料精练后,丝纤维上残留着较多的练液和浮渣等杂质,需要在水洗机内用清水和温水浸洗,然后利用离心式脱水机脱水,最后经干燥机由热空气进行干燥,制成精干绵。

二、制绵

制绵的目的是通过选别、混合、开松、除杂、梳理等作用,将精干绵纺制成符合工艺要求的绵片。它有圆梳和精梳两种工艺。

1. 圆梳工艺

传统的绢丝纺采用切绵、圆梳的方法制取精绵,称为圆梳工艺。该工艺制得的精绵中,

绵粒少,由此纺制的绢丝外观光洁。但这种制绵工艺的机械化程度低,工人劳动强度高,劳动生产率低。其工艺流程:

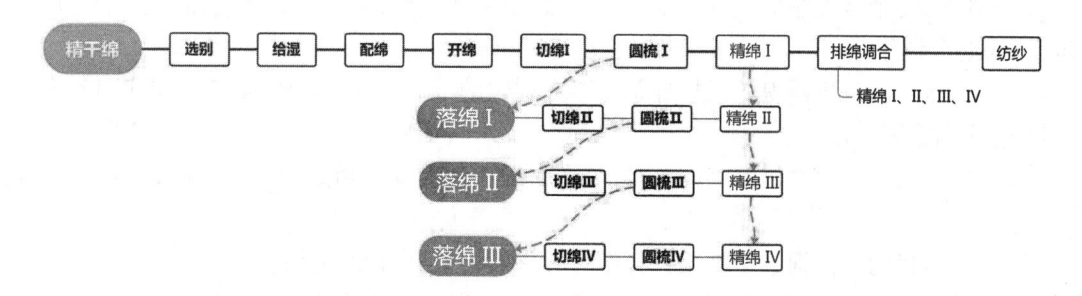

精干绵 → 选别 → 给湿 → 配绵 → 开绵 → 切绵Ⅰ → 圆梳Ⅰ → 精绵Ⅰ → 排绵调合 → 纺纱
　　　　　　　　　　　　　　　　　　　　　　　　　　　　　　　　　└ 精绵Ⅰ、Ⅱ、Ⅲ、Ⅳ
落绵Ⅰ → 切绵Ⅱ → 圆梳Ⅱ → 精绵Ⅱ
落绵Ⅱ → 切绵Ⅲ → 圆梳Ⅲ → 精绵Ⅲ
落绵Ⅲ → 切绵Ⅳ → 圆梳Ⅳ → 精绵Ⅳ

◎ 选别:需要拣去脱胶不良的原料和杂质,并进行扯松,为制绵做好准备。

◎ 给湿:精练烘干后,虽经养生和自然吸湿,但还不能满足梳绵工艺对回潮率的要求。因此,在开绵前要用给湿液进行给湿处理,目的是提高纤维的柔软性,减少后道加工中纤维间的摩擦和纤维的损伤,同时减少静电现象,有利于纤维梳理,提高制成率。

◎ 配绵:根据绢丝生产的要求,将各种精干绵按一定比例排绵调合,形成综合指标稳定的混合绵。

◎ 开绵:将精干绵扯松、混合、除杂,使纤维初步伸直,并制成大小和质量一定且厚薄均匀的绵张。

◎ 切绵:开绵中的丝纤维很长,必须切断后才能进行纺纱加工。切绵工序的作用除了切断纤维,还有扯松、除杂、梳理、混合等。切绵在切绵机上进行,半成品为棒绵。

◎ 梳绵:目的是将束状或块状纤维梳理成单纤维状态,使纤维进一步平行伸直,同时去除短纤维和彻底清除夹附在纤维中的杂质。梳绵一般在圆型梳绵机上进行,经过上、下、正、反四次梳理,制成精梳绵。

2. 精梳工艺

采用直型精梳机代替圆梳机的制绵,称为精梳工艺。把经过开绵机处理的绵张喂入罗拉梳绵机制成绵条,用针梳机进行二次理条,送入直型精梳机做成精梳绵条,再经一道针梳机整条,然后进行纺纱加工。这种加工方法的劳动强度较低,用人少,制品中短纤维束较少,但绵结较多,上等原料制成率较低,工艺上还有待改进。

(三) 纺纱

纺纱是将绵片连接起来加以并合、牵伸、梳理,先制成纤维伸直平行、条干均匀的粗纱,然后在精纺机上纺成具有一定细度、相当强度和适当捻度的细纱,再经并、捻、烧毛等工序,加工成符合规定品质指标的绢纺纱。其工艺流程:

精绵 → 调合 → 延展 → 制条 → 练条 → 延绞 → 粗纺 → 精纺 → 并丝 → 捻丝 → 络丝 → 烧毛 → 摇绞 → 节取 → 打包

◎ 精绵调合:根据所设计的绢丝细度要求,对精梳绵片进行搭配,按一定比例形成等质量的绵把,以减少质量波动,保持生产的稳定性。

◎ 延展：目的是通过针排式牵伸机构，使纤维伸直平行、绵片变薄，并在规定周长的木滚筒上多层叠合，获得一定长度和一定质量的绵带。

◎ 制条：将延展工序形成的定重、定长的绵带制成连续的绵条，以改善绵条的条干均匀度，并起混合作用。

◎ 练条：将制条机制得的很粗且条干不太均匀的绵条并合、牵伸，加工成较细和条干均匀度有明显改善的条子。

◎ 延绞：为减轻粗纺机的牵伸负担，可在粗纺工序前加一道延绞工序，对绵条进行分梳和牵伸。

◎ 粗纺：目的是把绵条纺制成符合设计要求的粗纱，供精纺使用。

◎ 精纺：目的是将粗纱在精纺机上抽长拉细，加以一定的捻度，纺成规定细度的细纱，即单股绢丝。

◎ 并丝和捻丝：并丝是将两根或两根以上的绢丝细纱通过并丝机并合起来，一般以两根线密度相同的细纱并合为多。并合后的绢丝再在捻丝机上加捻，以提高绢丝线的强度、均匀度、弹性和光泽等。

◎ 络丝：除去绢丝表面的疵点及粗细节，提高表面光洁度，同时增加卷装容量，以提高后道烧毛机的生产效率。

◎ 烧毛：目的是烧去绢丝表面的毛茸、小糙粒和其他附杂物，使绢丝表面光滑洁净，增加光泽。烧毛后卷绕成有边筒子。

◎ 摇绞：为便于染色或出售，将烧毛筒子的绢丝在摇绞机上制成圈长为 1.25 m、每绞质量为 100 g 的绞丝。

◎ 节取：通过人工检查剔除疵点。这是绢丝出厂或出口的最后一道。

◎ 打包：为便于运输，将每 50 绞绢丝打成一小包，每一小包重 5 kg。每 10 小包分为一件。

第六节　现代纺纱技术

现代纺纱技术主要包含基于环锭纺改革技术的纺纱新技术及新型纺纱技术。前者是在传统的环锭纺细纱机的基础上进行革新而产生的，但其成纱机理和环锭纺相同，如赛络纺、赛络菲尔纺、缆型纺、紧密纺等，它们也可以说是环锭纺纱技术的新进展；后者是成纱机理和环锭纺完全不同的成纱方法，如转杯纺、喷气纺、喷气涡流纺、摩擦纺、涡流纺和自捻纺等，它们按纺纱原理可分为自由端纺纱和非自由端纺纱两大类。

一、基于环锭纺改革的纺纱新技术

（一）赛络纺

赛络纺又名并捻纺，国内曾称其制品为 AB 纱（图 4-9）。赛络纺是在环锭纺技术的基础上发展而来的,它在粗纱至细纱的工艺过程中采用两根粗纱平行喂入,两根粗纱保持一定间距并受到牵伸,各自加捻后合股,再经加捻,所纺纱线具有接近股线的风格。

赛络纺最初应用在毛纺上,后逐渐应用于棉纺。

(二)赛络菲尔纺

赛络菲尔纺和赛络纺类似,只是它将赛络纺的一根粗纱换成长丝,即在传统环锭细纱机上加装一个长丝喂入装置,使长丝在前罗拉处喂入时和通过正常牵伸的须条保持一定间距,并在前罗拉钳口下游汇合,再加捻成纱。

(三)缆型纺

图4-9 赛络纺

在纺纱工程的细纱工序中,一般以一根粗纱经牵伸成为一股细纱。缆型纺和传统纺纱不同,当牵伸后的须条在走出细纱机前钳口时,有一个分割轮将其分割成两股以上的纤维束。这些纤维束在纺纱张力的作用下进入分割轮的分割槽,槽内的纤维束又在加捻力的作用下围绕自身的捻心回转,从而产生一定的捻度;同时,这些带有一定捻度的纤维束随着纱线的卷绕运动向下移动,各纤维束汇交于一点并围绕整根纱线的捻心回转,最后形成一种不同于传统纱线结构,类似电缆线结构的纱线——缆型纺纱线。

(四)紧密纺

传统纺纱一般采用环锭纺纱,它是牵伸、加捻和卷绕同时进行的一种纺纱方法,粗纱在牵伸系统内被牵伸至所要求细度的须条,再经钢领、钢丝圈的加捻和卷绕形成一根纱线。由于牵伸作用,主牵伸区内的须条宽度是所纺纱线直径的数倍,此时各根纤维抵达前钳口线时呈自由状态。这些纤维一离开前钳口线即被捻合在一起,这样就形成一个纺纱加捻三角区。此纺纱加捻三角区阻止了边缘纤维完全进入纱体,部分边缘纤维脱离主体形成飞花,较多的边缘纤维则一端被捻入纱体,而另一端形成毛羽。这些纤维不但对纱线的均匀度、弹性等有消极作

紧密纺

用,而且对纱线的强度极其不利。另外,在加捻时处于三角区外侧的纤维受到的张力最大,而在三角区中心的纤维受到的张力最小,故成纱时这些纤维的初始张力不等,从而影响成纱的强度。这些都是传统环锭纺纺纱三角区造成的缺陷。

如图4-10所示,紧密纺纱系统中,在牵伸部位和纱线形成部位之间加装一个凝聚装置,利用气流或机械装置对牵伸后的须条进行横向凝聚,使得须条宽度减小。传统纺纱中的三角区被消除或基本不存在,在纱线加捻前,纤维之间尽可能平行并靠近,从而使所有纤维被紧密地加捻到纱体中,这大大减少了成纱的毛羽,并提高了纱的强度,纱体光滑、紧密。紧密纺纱不仅保持了传统环锭纱的特点,而且纱线质量大大提高,毛羽减少,强度增加,可替代股线和烧毛纱。另外,紧密纱条干均匀,纱疵少,纤维在纱线中排列有序,因此也可替代精梳纱。这些特性给紧密纺的发展带来无限的商机。

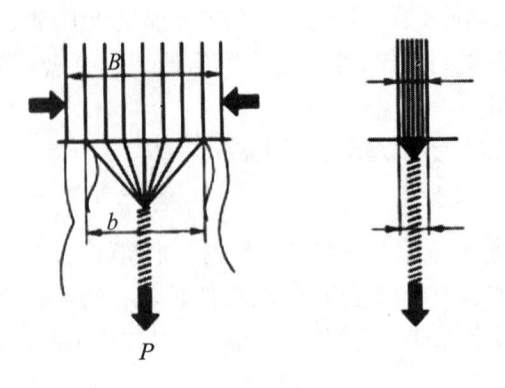

图 4-10　紧密纺原理

二、新型纺纱

（一）自由端纺纱

自由端纺纱的原理是在纺纱过程中，使连续的喂入须条产生断裂点，形成自由端，并使自由端随加捻器一起回转，达到使纱条获得真捻的目的（图 4-11）。

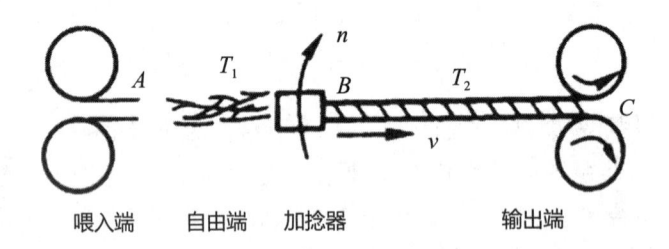

图 4-11　自由端纺纱原理

自由端纺纱方法有转杯纺、摩擦纺、涡流纺、静电纺、搓捻纺、捏锭纺等。非自由端纺纱和自由端纺纱的主要不同点在于纺纱过程中，喂入品没有产生断裂点，须条两端被握持，借助假捻、包缠、黏合等方法将纤维抱合在一起，使纱条获得强度。

1. 转杯纺

转杯纺又称气流纺，纱条的一端被握持（引纱罗拉），另一端随假捻器（以同方向、同转速）绕握持点回转而加捻。转杯纺不采用锭子，主要靠分梳辊、纺杯、假捻装置等部件实现纺纱。分梳辊用来抓取和分梳喂入的棉条纤维，同时，它的高速回转所产生的离心力可把抓取的纤维甩出。纺杯是小小的金属杯子，它的旋转速度比分梳辊高出 10 倍以上，由此产生的离心作用可把杯子里的空气向外排，根据流体压强的原理，使棉纤维进入气流杯并形成纤维流，其沿着杯的内壁不断运动。这时，杯子外有一根纱头，把杯子内壁的纤维引出并连接起来，再加上杯子带着纱尾高速旋转所产生的加捻作用，好像一边"喂"棉纤维，一边将纱线搓捻，使纱线与杯子内壁的纤维连接，在纱筒的旋转、卷绕和拉伸作用下进行牵伸，连续不断地输出纱线，完成纺纱过程。

转杯纺纱有速度大、纱卷大、适应性广、机构简单及不用锭子、钢领和钢丝圈的优点，可成倍地提高细纱的产量。环锭纺是机械纺纱，而转杯纺为气流纺纱。环锭纺由锭子和钢领、钢丝圈进行加捻，由罗拉进行牵伸。转杯纺则由气流输送纤维，由一端握持加捻。一般来说，环锭纱毛羽较少，强度较高，品质较好。转杯纺工序短，原料短绒较多，纱线毛羽多，支数和捻度不能很高，价格也较低。从纱体结构上看，环锭纱比较紧密，而转杯纱比较蓬松，风格粗犷，适合做牛仔面料。转杯纱一般较粗。

2. 涡流纺

涡流纺纱利用固定不动的涡流管代替高速回转的纺纱杯进行纺纱，其主要特点是省去了高速回转的纺纱部件，采用气流加捻，摆脱了高速加捻部件引起的转动惯性问题和轴承负荷问题。纤维条由给棉罗拉喂入，经过刺辊开松成单纤维，借气流的作用，从输棉管道高速喂入涡流管内。涡流管由芯管和外管两部分组成。外管上开有三个切向的进风口，下端与鼓风机相连，风机不断地从管中抽取空气，外面的空气沿进风口进入涡流管，产生旋涡状气流。当旋转向上的气流到达芯管时，与输棉管道进入的纤维汇合，沿涡流管内壁形成一个凝聚纤维环，稳定地围绕涡流管轴线高速回转，将纤维加捻成纱。纱从导纱孔中连续不断地由引出罗拉引出，卷绕成筒子。

涡流纺的优点：加工速度快，产量高（涡流纺纱速度为 100~200 m/min，相当于环锭纺纱的 4~5 倍），工艺流程短，制成率高，适纺性强，所纺纱线宜做起绒产品。

然而，涡流纺的成纱结构松弛，不能解决自由端纱尾在涡流管内高速回转所形成的纱臂，从而导致较大的离心力和张力，造成纺纱速度无法突破。

尽管如此，以棉条喂入直接成纱的涡流纺，具有实现全自动化连续生产线的条件和可能性。由于取消了粗纱机、细纱机及自动络纱机，涡流纺系统的占地面积及用工和投资减少，在针织用纱领域可取代环锭纱和气流纱。

3. 摩擦纺

摩擦纺以 6~8 根条子并列喂入，经三罗拉牵伸装置低倍牵伸，呈张紧的薄纤维层喂入分梳辊。分梳辊对纤维条进行开松后，在吹风管和一对尘笼气流的共同作用下，被输送到两尘笼组成的楔形区内。尘笼的吸气作用会在楔形区形成负压，纤维紧贴于楔形区尘笼表面，两尘笼同向回转的摩擦力矩作用下，纱条绕自身轴线回转而加捻成纱。这种方法属于自由端搓捻纺纱。

(二) 非自由端纺纱

1. 喷气纺

喷气纺主要利用高速旋转气流，将纤维条加捻成纱。

喷气纺采用棉条喂入，以四罗拉双短胶圈进行超大牵伸，当棉条被牵伸成一定细度（定量）后，须条进入位于前罗拉钳口处的喷嘴假捻器吸口。加捻器由两个喷嘴串联组成，喷出的气流旋转方向相反,第二喷嘴气压大于第一喷嘴,两者相互作用完成加捻成纱,并经引纱罗拉输出。纱条引出后,通过清纱器卷绕到纱筒上,直接绕成筒子纱(图4-12)。

喷气纺适宜纺制中、高支纱。喷气纱的品质除了与环锭纱类似,还有其独特性。喷气纱的摩擦系数较大,纱线具有方向性,其摩擦性能也具有方向性,耐磨性能优于环锭纱,但手感较硬。喷气纺系统附加一些装置,还可以开发特殊品种的纱线,如花色纱、包芯纱、混合纱等。喷气纺纱及其产品的特点:

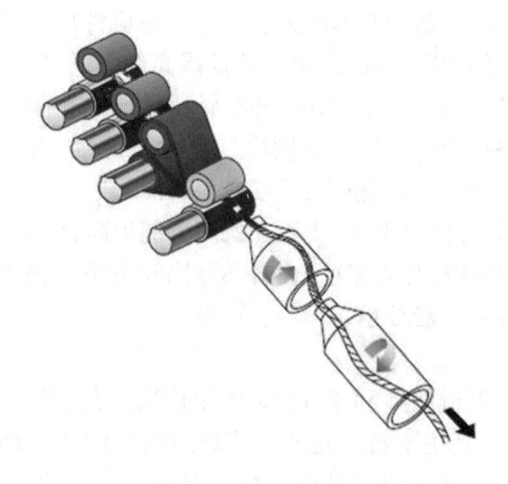

图 4-12　喷气纺

◎ 纺纱速度高,纺纱速度可达 300 m/min,产量是环锭纺的 15 倍、转杯纺的 2~3 倍。

◎ 工艺流程短。喷气纺较环锭纺减少了粗纱、筒子两道工序,节约厂房面积 30% 左右。与环锭纺比较,喷气纺万锭用工 90 人,减少约 60%,机物料消耗低约 30%,平时维修费用及维修工作量也减少。

◎ 产品质量好,有特色。喷气纱质量的综合评价较好,除了成纱强度比环锭纱低 5%~20%,其他质量指标均优于环锭纱。

◎ 品种适应性广。喷气纱既能做针织产品,又能做机织产品,还可以开发仿麻类织物、绉织物、仿毛产品等。

喷气涡流纺也是将制成的条子直接喂入,棉条同样经过高速超大拉伸,从前罗拉输出,须条进入涡流加捻器进行加捻。在整个工艺流程中,除了加捻器与喷气纺完全不同,其他基本相同。喷气涡流纺的加捻原理:四个喷射孔喷射气流与涡流室相切,形成的涡流在圆锥形涡流室内旋转并沿空心锭顶端的锥形通道下滑排出;前罗拉输出的须条在引导针棒的引导下与空心锭中的引纱尾搭接,另一端则被旋转气流吹散呈伞形,经空心锭的顶端旋转加捻后,由空心锭顶端引出。喷气涡流纺曾创造了纺纱速度的最高纪录,最高可达 450 m/min,同时改变了喷气纺不适应纯棉纺纱的局面。

喷气涡流纺

2. 自捻纺

自捻纺是将两根须条两端握持,对其中间部分加捻,形成两根正、反捻交替的假捻单纱,再将两根纱条平行紧靠在一起,依靠两根纱条的抗扭力矩自行捻合,形成具有自捻捻度的双股自捻纱。自捻纺具有卷装大、用人少、低速高产的特点,它大大降低了生产成本和能耗。自捻纺的最高纺纱速度可达 250 m/min,可一次性生产不同股数纱线,适纺长度在 50~220 mm 的长丝纤维及其混合纤维。自捻纺一般适宜纺制高、中线密度的纱线。与其他新型纺纱相比,自捻纺的生产能力紧随摩擦纺。摩擦纺由于工艺流程简短,其纱线强度是新型纺纱中最低的。摩擦纺纱线外松内紧的纱线结构,使其应用范围受到限制。自捻纺纱线的外观结构更接近环锭纺纱线,较高的加捻速度、纺纱速度、单体产量等都优于其他纺纱方法,仅次于摩擦纺。

　　不同的纺纱方法会产生不同的成纱结构和纱线特性。每种纺纱方法均有其特点,成纱结构各具特色,若合理发挥其优势而克服其劣势,可供开发的产品种类会很多。要使某种纺纱方法得到普及应用,关键看能否开发出有特色、有市场、有生命力的产品。不同纺纱方法的前景如何,要根据市场对织物风格的需求分析,即取决于不同结构特性纱线的应用领域。未来的纺纱市场将呈现多种纺纱方法并存、产品结构多样化的态势。随着科技的发展,各种纺纱方法会互相渗透,互相补充,各种纱线特性也会进一步融合和发展,这给纱线产品的应用开发带来了巨大的空间。

同步练习

一、单选题

1. 纺出的纱抗起球性较好的是（　　　）。
   A：环锭纺　　　　B：转杯纺　　　　C：涡流纺　　　　D：摩擦纺

2. 可以纺包芯纱的纺纱方法是（　　　）。
   A：环锭纺　　　　B：转杯纺　　　　C：涡流纺　　　　D：摩擦纺

3. 减少毛羽数较好的新型纺纱方式是（　　　）。
   A：紧密纺　　　　B：转杯纺　　　　C：涡流纺　　　　D：摩擦纺

4. 喂入纤维条分解成单根纤维状态后通过带抽吸装置的筛网实现加捻，筛网可以是大直径的尘笼，也可以是扁平连续的网状带的新型纺纱方法是（　　　）。
   A：转杯纺　　　　B：涡流纺　　　　C：赛络纺　　　　D：摩擦纺

5. 又名并捻纺，国内称其产品为 AB 纱的新型纺纱方法是（　　　）。
   A：摩擦纺　　　　B：赛络纺　　　　C：转杯纺　　　　D：涡流纺

6. 利用固定不动的涡流管代替高速回转的纺纱杯进行纺纱的新型纺纱方法是（　　　）。
   A：转杯纺　　　　B：摩擦纺　　　　C：涡流纺　　　　D：赛络纺

7. 利用纺杯的高速回转产生加捻作用的是（　　　）。
   A：转杯纺　　　　B：摩擦纺　　　　C：涡流纺　　　　D：赛络纺

8. 与传统环锭纺相比，新型纺纱省去了（　　　）工序。
   A：梳理　　　　　B：并条　　　　　C：粗纱　　　　　D：精梳

9. 与环锭纺相比，紧密纺最明显的优势是（　　　）。
   A：提升纱线强力　　　　　　　B：大幅减少纱线毛羽
   C：增加纱线细度　　　　　　　D：易于清洁

10. 毛纺中采用条染的原因是（　　　）。
    A：减少成品的色花、色差，花色品种丰富，色泽立体朦胧感强
    B：去除杂质　　　C：降低成本　　　D：加长工艺流程

11. 毛纤维加工中的针梳机和棉纤维加工中功能类似的（　　　）。
    A：梳棉机　　　　B：并条机　　　　C：精梳机　　　　D：粗纱机

12. 绵绸是由（　　　）纤维为原料织造的。
    A：棉　　　　　　B：毛　　　　　　C：丝　　　　　　D：麻

13. 绢纺的梳绵工序主要是在（　　　）上完成的。
    A：直型精梳机　　B：栉梳机　　　　C：圆形精梳机　　D：盖板式梳棉机

14. 䌷丝纺采用的原料是（　　　）。

A:干下脚料　　　　B:湿下脚料　　　　C:废茧　　　　　　D:落绵

15. 夏布是由下列哪种麻纤维为原料手工织造的？(　　　)
   A:苎麻　　　　　B:亚麻　　　　　　C:大麻　　　　　　D:黄麻

16. 亚麻湿纺系统中在粗纱之后安排煮漂工序的作用是(　　　)。
   A:洗去灰尘　　　　　　　　　　B:进一步去除胶质
   C:提高纤维的回潮率　　　　　　D:去除应力

17. 苎麻的落麻加工一般采用(　　　)。
   A:毛纺纺纱系统　　　　　　　　B:绢纺纺纱系统
   C:棉纺纺纱系统　　　　　　　　D:湿纺系统

18. 采用全脱胶工艺的是下列哪种麻？(　　　)
   A:苎麻　　　　　B:亚麻　　　　　　C:汉麻　　　　　　D:黄麻

19. 生产中常用单位长度纱条上的捻回数表示捻度,其中特克斯制捻度的单位长度是(　　　)。
   A:1 m　　　　　B:10 m　　　　　　C:10 cm　　　　　　D:1 cm

20. 棉纺中增加精梳工序的主要目的是(　　　)。
   A:纺低支纱　　　　　　　　　　B:纺高品质纱
   C:纺价格高的纱　　　　　　　　D:纺变形纱

21. 毛纺系统中针梳机按其在工艺流程中的位置不同而有不同的名称。在精梳机之前的称为(　　　)。
   A:理条针梳机　　　　　　　　　B:整条针梳机
   C:前条针梳机　　　　　　　　　D:后条针梳机

22. 毛纺系统前纺有法式和英式之分,其中法式适加工(　　　)。
   A:细而短的纤维　　　　　　　　B:粗而长的纤维
   C:细而长的纤维　　　　　　　　D:粗而短的纤维

23. 苎麻经过全脱胶初步加工形成的叫作(　　　)。
   A:精干麻　　　　B:精细麻　　　　　C:打成麻　　　　　D:锤成麻

24. 亚麻经过半脱胶初步加工形成的叫作(　　　)。
   A:精干麻　　　　B:精细麻　　　　　C:打成麻　　　　　D:锤成麻

二、多选题

1. 纱线的捻向有(　　　)。
   A:A捻　　　　　B:B捻　　　　　　C:S捻　　　　　　　D:Z捻

2. 为了获得符合不同品质标准的纱线,对于不同的纤维材料,应采取不同的纺纱方法和纺纱系统,根据纤维的长度及性质不同,一般分为(　　　)。
   A:棉纺系统　　　　　　　　　　B:毛纺系统

C:绢纺系统　　　　　　　　　　　　D:麻纺系统

3. 在棉纺系统中,根据原料品质和成纱质量要求,主要可分为(　　　)。
　　A:普梳系统　　　　　　　　　　　B:精梳系统
　　C:废纺系统　　　　　　　　　　　D:粗纺系统

4. 棉纺系统中开清棉的主要作用是(　　　)。
　　A:开棉　　　　B:清棉　　　　C:混棉　　　　D:成卷

5. 棉纺系统中梳棉的主要作用是(　　　)。
　　A:分梳　　　　B:除杂　　　　C:混合　　　　D:成条

6. 棉纺系统中并条的主要作用是(　　　)。
　　A:并合　　　　B:牵伸　　　　C:混合　　　　D:成条

7. 毛纺系统可分为(　　　)。
　　A:普梳毛纺系统　　　　　　　　　B:粗梳毛纺系统
　　C:细纺毛纺系统　　　　　　　　　D:精梳毛纺系统

8. 苎麻纺纱系统分为(　　　)。
　　A:棉纺工艺　　　　　　　　　　　B:毛纺工艺
　　C:绢纺工艺　　　　　　　　　　　D:精纺工艺

9. 亚麻纺纱系统分为(　　　)。
　　A:长麻纺湿纺纱系统　　　　　　　B:长麻纺干纺纱系统
　　C:短麻纺湿纺纱系统　　　　　　　D:短麻纺干纺纱系统

10. 绢纺制绵工艺有(　　　)。
　　A:圆梳　　　B:直梳(精梳)　　C:普梳　　　D:弯梳

11. 下列属于基于环锭纺改革的纺纱新技术的是(　　　)。
　　A:赛络纺　　B:赛络菲尔纺　　C:缆型纺　　D:紧密纺

12. 下列属于自由端纺纱新技术的是(　　　)。
　　A:转杯纺　　B:涡流纺　　　　C:喷气纺　　D:摩擦纺

13. 下列属于非自由端纺纱新技术的是(　　　)。
　　A:转杯纺　　B:涡流纺　　　　C:喷气纺　　D:自捻纺

14. 纱线按卷装形式可分为(　　　)。
　　A:管纱　　　B:绞纱　　　　　C:筒子纱　　D:花式纱

三、讨论题

1. 对比棉、麻、毛、绢的纺纱工艺。
2. 为什么会出现新型纺纱？请简述每一种新型纺纱产生的背景及意义。

第五讲　经纬交错的机织

📖 知识目标：
1. 能阐述表征机织物的主要规格指标及含义；
2. 能准确说出机织准备工序及其作用；
3. 能解释机织五大运动及其作用。

📖 能力目标：
1. 能区分出常见机织物的种类；
2. 能根据图片或实物区分出常见机织设备名称。

📖 素质目标：
能从中国古代的先进纺织技术中树立爱国主义精神和文化自信，从织机"五大运动"的配合中理解团队合作的重要性，同时了解我们的有些机织设备与国外相比还有一定的差距，需要树立不断奋斗和埋头苦干的科研精神。

📖 本讲内容简介：
本章主要介绍机织物的分类与形成、主要的生产工序及设备。

扫码可浏览本讲彩图

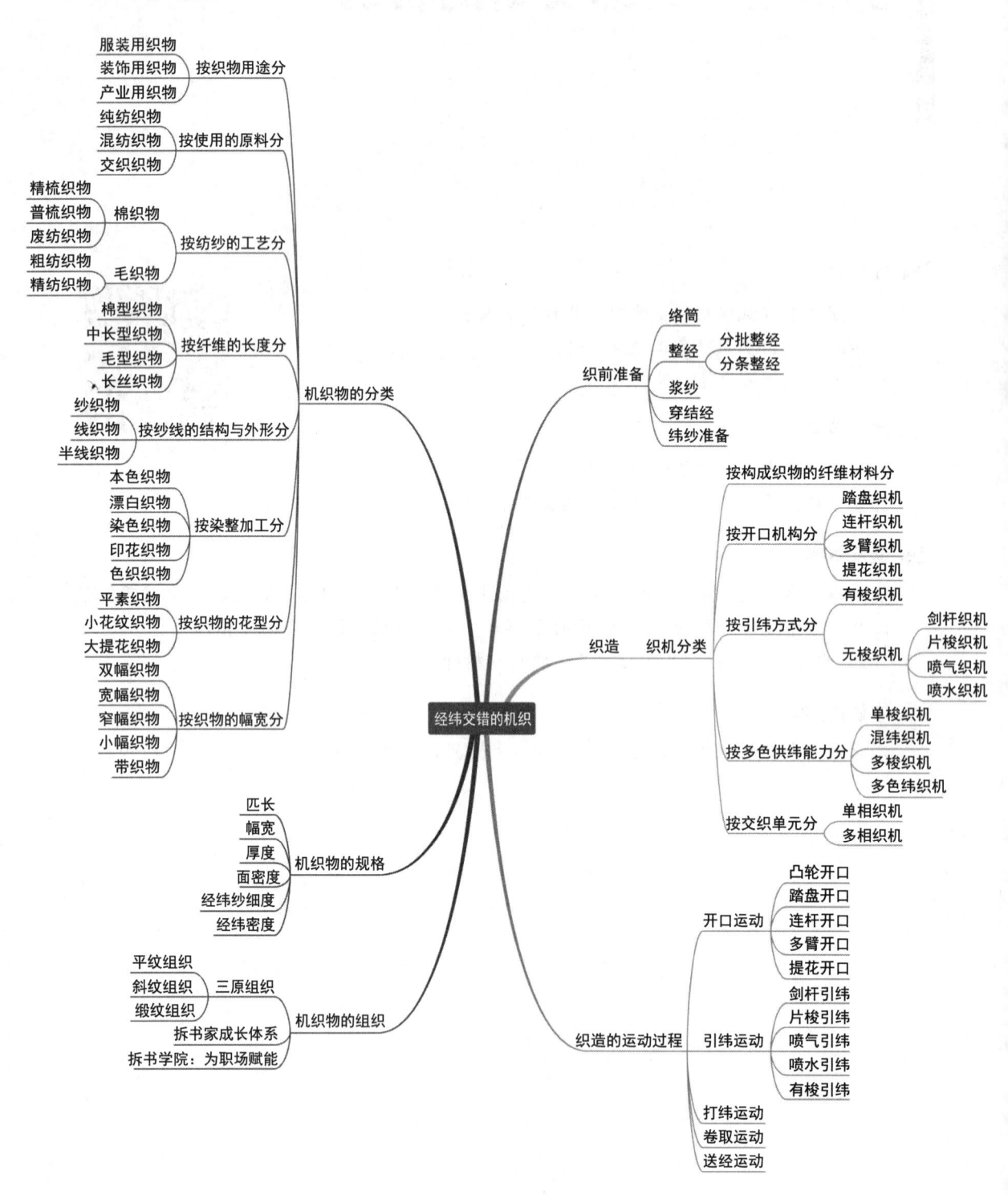

走进纺织

思维导图：

- 经纬交错的机织
  - 机织物的分类
    - 按织物用途分
      - 服装用织物
      - 装饰用织物
      - 产业用织物
    - 按使用的原料分
      - 纯纺织物
      - 混纺织物
      - 交织织物
    - 按纺纱的工艺分
      - 棉织物
        - 精梳织物
        - 普梳织物
        - 废纺织物
      - 毛织物
        - 粗纺织物
        - 精纺织物
    - 按纤维的长度分
      - 棉型织物
      - 中长型织物
      - 毛型织物
      - 长丝织物
    - 按纱线的结构与外形分
      - 纱织物
      - 线织物
      - 半线织物
    - 按染整加工分
      - 本色织物
      - 漂白织物
      - 染色织物
      - 印花织物
      - 色织织物
    - 按织物的花型分
      - 平素织物
      - 小花纹织物
      - 大提花织物
    - 按织物的幅宽分
      - 双幅织物
      - 宽幅织物
      - 窄幅织物
      - 小幅织物
      - 带织物
  - 机织物的规格
    - 匹长
    - 幅宽
    - 厚度
    - 面密度
    - 经纬纱细度
    - 经纬密度
  - 机织物的组织
    - 三原组织
      - 平纹组织
      - 斜纹组织
      - 缎纹组织
    - 拆书家成长体系
    - 拆书学院：为职场赋能
  - 织造
    - 织前准备
      - 络筒
      - 整经
        - 分批整经
        - 分条整经
      - 浆纱
      - 穿结经
      - 纬纱准备
    - 织机分类
      - 按构成织物的纤维材料分
      - 按开口机构分
        - 踏盘织机
        - 连杆织机
        - 多臂织机
        - 提花织机
      - 按引纬方式分
        - 有梭织机
        - 无梭织机
          - 剑杆织机
          - 片梭织机
          - 喷气织机
          - 喷水织机
      - 按多色供纬能力分
        - 单梭织机
        - 混纬织机
        - 多梭织机
        - 多色纬织机
      - 按交织单元分
        - 单相织机
        - 多相织机
    - 织造的运动过程
      - 开口运动
        - 凸轮开口
        - 踏盘开口
        - 连杆开口
        - 多臂开口
        - 提花开口
      - 引纬运动
        - 剑杆引纬
        - 片梭引纬
        - 喷气引纬
        - 喷水引纬
        - 有梭引纬
      - 打纬运动
      - 卷取运动
      - 送经运动

第一节　机织物的概念与分类

人们通常把由纺织纤维和纱线制成的柔软而有一定力学性质和厚度的制品称为织物。纺织加工是把纤维加工成最终产品的过程。大多数的织物是纤维经过纺纱加工形成纱线，通过针织机将一组或多组纱线彼此成圈连接而形成针织物，而通过织机把相互垂直的纱线按一定的规律交织形成机织物。本节主要讲述机织物。

一、机织物的概念

机织物的种类有很多，可以按以下因素进行分类：

（一）按织物用途分

可分为服装用机织物、装饰用机织物、产业用机织物。

◎ 服装用织物，如用于制作外衣、衬衣、内衣、鞋帽等的织物。

◎ 装饰用织物，如用于制作床上用品、毛巾、窗帘、桌布、家具布、墙布、地毯等的织物。

◎ 产业用织物，如用于制作传送带、帘子布、篷布、包装布、过滤布、筛网、绝缘布、土工布、医药用布、降落伞、宇航用布等的织物。

（二）按使用的纤维原料分

分为纯纺织物、混纺织物、交织织物三类。这三类织物中，纤维原料的分布状态见图5-1。

图 5-1　织物中的纤维分布状态

◎纯纺织物：经纬纱为同一种纤维纺制的纱线织造而成的织物，如纯棉织物、纯涤纶织物等。

◎混纺织物：经纬纱为同一种混纺纱织造而成的织物，如经纬纱均采用T65/C35的涤棉布，经纬纱均采用W70/T30的毛涤华达呢等。混纺织物命名一般要求注明混纺纤维的种类及各种纤维的含量。

◎交织织物：采用两种及以上不同纤维原料的纱线或长丝分别做经纬织成的织物，如经纱采用纯棉纱、纬纱采用麻纱的棉麻交织物，经纱采用纯棉纱、纬纱采用涤纶长丝的纬长丝织物，经纱采用蚕丝、纬纱采用棉纱的绨类织物等。

(三）按纤维长度分

根据使用的纤维长度不同，织物可分为棉型织物、中长型织物、毛型织物和长丝织物。

◎棉型织物：以棉型纤维为原料纺制的纱线织成的织物，如棉府绸、涤棉布、维棉布、棉卡其等。

◎中长型织物：用中长型化纤为原料，经棉纺工艺加工的纱线所织造的织物，如涤黏中长华达呢、涤腈中长纤维织物等。

◎毛型织物：用毛型纱线织造的织物，如纯毛华达呢、毛涤粘哔叽、毛涤花呢等。

◎长丝织物：用长丝织造的织物，如美丽绸、富春纺、重磅双绉、尼龙绸等。

（四）按纺纱工艺分

按纺纱工艺的不同，棉织物可分为精梳织物、粗梳（普梳）织物和废纺织物；毛织物分为精纺织物（精纺呢绒）和粗纺织物（粗纺呢绒）。

（五）按纱线结构与外形分

按纱线结构与外形的不同，可分为纱织物、线织物和半线织物。

◎纱织物：经纬纱均为单纱织成的织物，如各种棉平布。

◎线织物：经纬纱均为股线织成的织物，如绝大多数的精纺呢绒（毛哔叽、毛华达呢等）。

◎半线织物：经纬纱中，一种采用股线，另一种采用单纱织造而成的织物。一般经纱为股线，如纯棉或涤棉半线卡其等。

按纱线结构与外形的不同，还可分为普通纱线织物、变形纱线织物和其他纱线织物。

（六）按染整加工分

织物按染整加工的不同分为本色织物、漂白织物、染色织物、印花织物、色织织物。

◎本色织物：具有纤维本来颜色的织物，即纤维、纱线及织物均未经练漂、染色和整理，也称为本色坯布、本白布、白布或白坯布。

◎漂白织物：经过漂白加工的织物，也称为漂白布。

◎染色织物：经过染色加工的织物，也称为匹染织物、色布、染色布。

◎印花织物：经过印花加工，表面印有花纹、图案的织物，也称为印花布、花布。

◎色织织物：以练漂、染色之后的纱线织造而成的织物。

知 识 拓 展

缂丝又称"刻丝"，是中国传统丝绸艺术品中的精华。它是中国丝织业中传统的一种挑经显纬，极具欣赏价值的装饰性丝织品。宋、元以来，缂丝一直是皇家御用织物之一。因织造过程极其细致，摹缂作品常胜于原作，而存世精品又极为稀少，是当今织绣收藏、拍卖的亮点，常有"一寸缂丝一寸金"和"织中之圣"的盛名。

（七）按织物花型分

织物按花型不同分为平素织物、小花纹织物及大提花织物。

◎平素织物：由平纹、斜纹、缎纹及变化组织织成的织物，织物表面素洁，无花纹。

◎小花纹织物:应用联合组织织成的织物,织物表面呈现细小花纹或条格。

◎大提花织物:简称纹织物,它应用某种组织为地,其上呈现出一种或多种不同组织、不同色彩、不同原料的花纹。纹织物一个花纹循环的经纬纱很多,可以是几百根甚至数千根,因此只能在提花织机上制织。

(八)按织物幅宽分

织物按幅宽的不同分为双幅织物、宽幅织物、窄幅织物、小幅织物和带织物。

◎双幅织物:织物的幅宽较大,一般在150 cm。

◎宽幅织物:织物的幅宽在90~120 cm。

◎窄幅织物:织物的幅宽在90 cm及以下。

◎小幅织物:织物的幅宽在40 cm左右。

◎带织物:属于织物幅宽最小的织物,幅宽在30 cm以下。

(九)按照经纬纱交错角度分

织物按照经纬纱交错角度的不同分为二相机织物和三相机织物。

总地来说,机织物就是由相互垂直排列的两个系统的纱线,按一定的组织规律,在织机上织成的织物。沿织物长度方向(纵向)排列的是经纱,沿宽度方向(横向)排列的是纬纱。这种机织物被称为二相机织物(图5-2)。

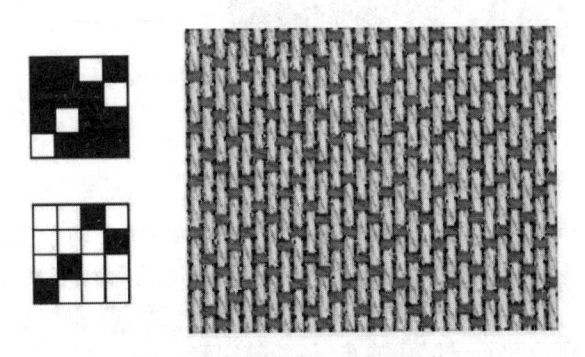

图5-2 二相机织物示意及织物

现在也有由三组纱线彼此交错60°形成的机织物,被称为三相机织物(图5-3)。

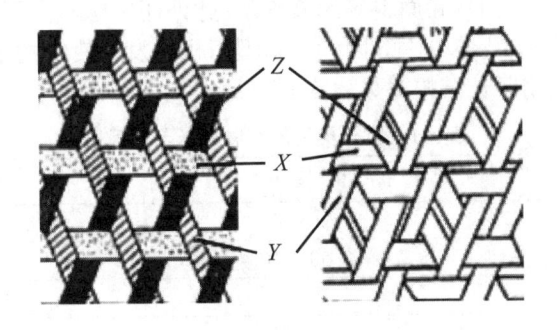

图5-3 三相机织物示意

三、机织物的规格

在生产与贸易中,会用到长、宽、厚、重、密这几种不同的名词与相应的度量来表示织物的外观尺寸及紧密程度。为方便商贸时对织物的结构与特征进行了解,会把织物的幅宽、织物经纬密度及织物中经纬纱细度等重要结构参数连乘,用以表示织物规格,如"119.5　JC13×JC13　523.5×283　全棉府绸",其表示:幅宽是119.5 cm,经纬纱都是线密度为13 tex的精梳棉纱,经密是523.5根/(10 cm),纬密是283根/(10 cm)的全棉府绸。在实际应用中,幅宽也可以放在织物经纬密度后面,如图5-4所示。

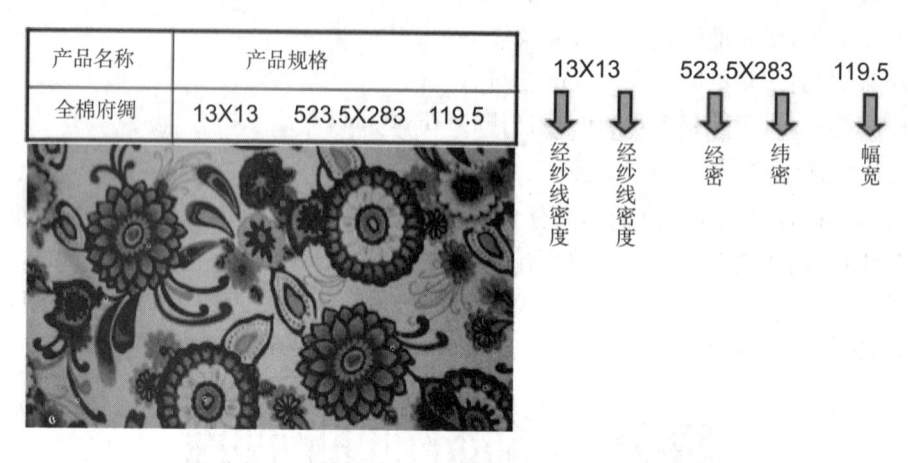

图 5-4 织物规格表示

(一)匹长与幅宽

织物的长度一般用匹长度量,指一匹织物纵向(长度方向)两端最外侧完整的纬纱之间的距离。织物的匹长通常用米(m)为单位,国际上也采用码(yd)度量,1 yd = 0.914 4 m。织物匹长主要依据织物的种类和用途确定,此外还考虑织机种类、单位长度质量、厚度、卷装容量、包装运输、印染后整理、制衣排料、铺布、裁剪等因素。

织物的宽度用幅宽度量,即织物横向(宽度方向)两端最外缘之间的距离。织物幅宽通常用厘米(cm)表示,国际上也采用英寸(in)度量,1 in = 2.54 cm。织物幅宽主要依据织物的种类、用途、生产设备条件、产量和原料等因素确定,此外还考虑不同国家和地区人们的生活习惯、体型,以及服装款式、裁剪方法等因素。新型织机的发展使织物幅宽改变,宽幅织物越来越多。常见类别的织物匹长与幅宽见表5-1。

表 5-1　常见类别的织物匹长与幅宽

织物类别	匹　长(m)	幅　宽(cm)
棉织物	30~60	80~120,127~168
精纺毛织物	50~70	144,149
粗纺毛织物	30~40	143,145,150
长毛绒、驼绒	25~35	124,137
丝织物	20~50	70~140
麻类夏布	16~35	40~75

(二)厚度

织物厚度指织物在一定压力下正反两面之间的垂直距离,以毫米(mm)为计量单位。织物按厚度的不同可分为薄型、中厚型和厚型三类。影响织物厚度的主要因素有经纬纱线的细度、织物组织和纱线在织物中的弯曲程度、试验时所用的压力和时间等。织物厚度对织物服用性能的影响很大,如影响织物的坚牢度、保暖性、透气性、防风性、刚柔性、悬垂性、压缩性等。表 5-2 所示为常见类别的织物厚度。

表 5-2 常见类别的织物厚度 (单位:mm)

织物类别	棉织物	毛织物		丝织物
		精梳毛织物	粗梳毛织物	
薄型	0.24 以下	0.40 以下	1.10 以下	0.14 以下
中厚型	0.24~0.40	0.40~0.60	1.10~1.60	0.14~0.28
厚型	0.40 以上	0.60 以上	1.60 以上	0.28 以上

(三)面密度

织物的面密度通常以每平方米织物所具有的质量克数表示。它与纱线细度和织物经纬密度等因素有关,是织物的一项重要的规格指标,也是计算织物成本的重要依据。棉织物的面密度常以每平方米的退浆干重表示,毛织物则采用其每平方米的公定质量表示,但真丝绸常用"姆米(m/m)"表示($1\ m/m = 4.305\ 6\ g/m^2$),出口的牛仔布常用"盎司/平方码(Ozs/yd^2)"表示($1\ Ozs/yd^2 = 33.9\ g/m^2$)。表 5-3 所示为各类织物的面密度。

表 5-3 各类织物的面密度

棉织物	麻织物	毛织物		丝织物
		精梳毛织物	粗梳毛织物	
48~410 g/m²	65.5~305 g/m²	100~380 g/m²	180~840 g/m²	桑蚕丝:3~60 m/m 柞蚕丝:12.5~85.5 m/m

(四)经纬纱细度

经纬纱细度指生产织物时选用的经纬纱的粗细,在其他条件相同时,经纬纱的细度会影响到织物的厚度与紧密程度,大多数织物经纬纱为同样原料与粗细的纱线,当经纬纱粗细不同时,一般经纱细于纬纱,这样可以提高生产效率。

(五)经纬密度

经纬密度指织物中经向或纬向单位长度内的纬纱或经纱根数,有经密和纬密之分,其单位为根/(10 cm)或根/in,而丝织物因经纬密度较大,常用根/cm 为单位(图 5-5)。经密又称经纱排列密度,指织物纬向单位长度内的经纱根数。纬密又称

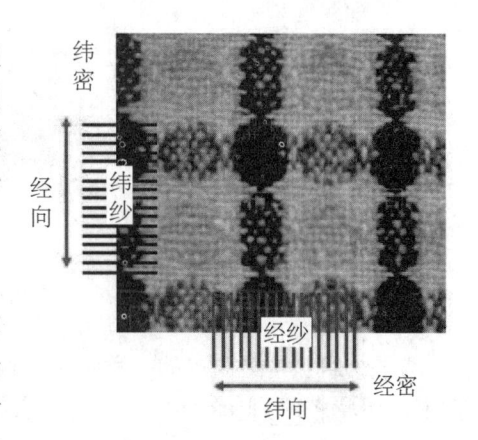

图 5-5 织物经纬密度

纬纱排列密度,指织物经向单位长度内的纬纱根数。为了提高织机的生产效率,大多数织物采用经密大于或等于纬密的配置。不同织物的经纬密度变化范围很大,棉、毛织物的经纬密度在 100~600 根/(10 cm)。

四、机织物的组织

机织物中经纬纱相互交织(沉浮)的规律称为织物组织。经纬纱相互交叉处称为组织点,其中经纱浮于纬纱之上的组织点称为经组织点,纬纱浮于经纱之上的组织点称为纬组织点。

织物组织通常用组织图表达。组织图中,纵行表示经纱,横行表示纬纱,纵横行交叉的小方格代表组织点,方格内有标志的为经组织点,全空的为纬组织点。织物中,一根经(纬)纱连续地浮在纬(经)纱上的长度称为浮长,以经(纬)纱跨越的纬(经)纱根数表示;经纬纱的交织规律达到循环的组织称为一个完全组织。构成一个组织循环的经纱根数和纬纱根数可以相等,也可以不相等。组织循环纱线数越大,织成的花纹就越复杂多样。

机织物的基本组织有平纹、斜纹和缎纹三种,称为三原组织。它们的结构图、组织图及织物见图 5-6。

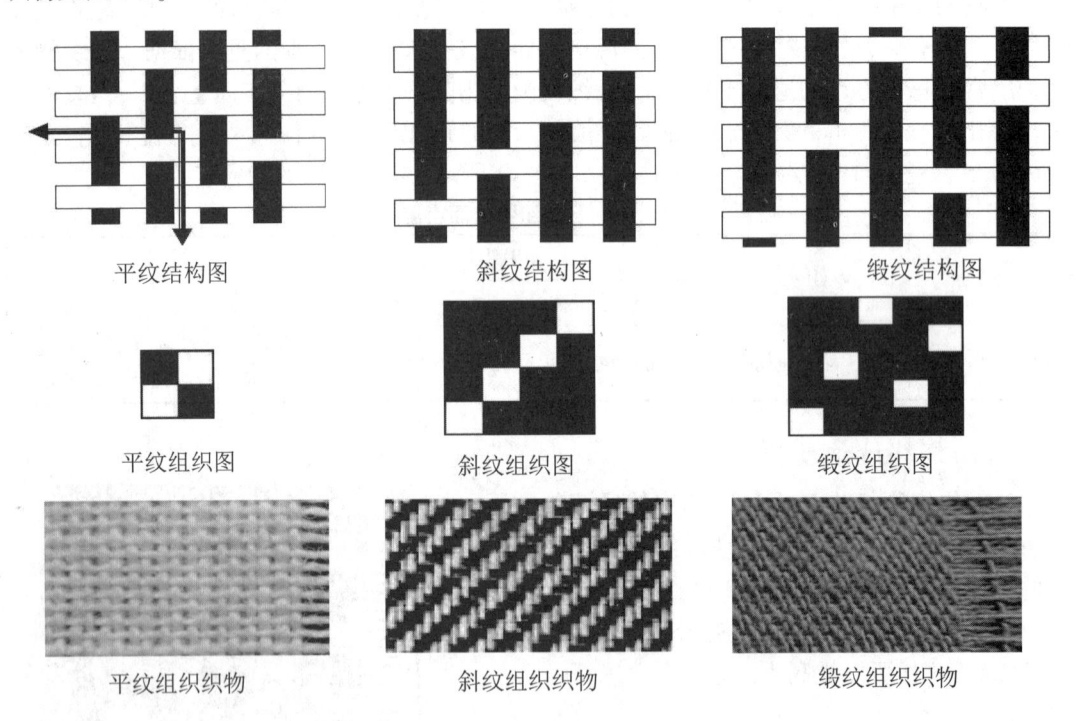

图 5-6 三原组织的结构图、组织图与实物

◎平纹组织是最简单的一种组织,其经纬纱每隔一根进行一次交织,所形成的织物正反面相同,手感较硬,光泽较差。平纹组织结构简单,应用广泛,棉织物有平布、府绸、青年布等,毛织物有凡立丁、派力司、法兰绒等,丝织物有纺类与绉类产品。

◎斜纹组织是指相邻经(纬)纱上连续的经(纬)组织点排列成斜线,织物表面呈连续斜线织纹的织物组织。斜纹组织一个组织循环的纱线数至少为3根,交织点较平纹少,织物手感较软,织物表面有斜纹线,有左右斜之分。斜纹织物应用也很广泛,如棉织物有卡其、斜纹布、牛仔布等,毛织物有华达呢等。

◎缎纹组织是原组织中最复杂的一种组织,其基本特征在于相邻纱线的单个组织点有规律地分散分布。原组织中,缎纹组织的交织点最少,浮长最长,正反面有明显区别,织物柔软、平滑、光亮。缎纹组织应用也很广泛,棉织物有贡缎等,毛织物有贡呢等,丝织物有缎类与锦类等。

第二节 机织物的生产

一、机织物的形成

机织物是由经纬两组纱线按照一定的规律交织而成的。图5-7所示为机织物在织机的上的形成原理。经纱从机后的织轴上引出,绕过后梁,经过经停片,逐根按一定规律分别穿过综框上的综丝眼,再穿过钢筘的筘齿,在织口处与纬纱交织形成织物,其在卷取机构的作用下绕过胸梁,最后卷绕在卷布辊上。

当织机运转时,综框分别作垂直方向的上下运动,把经纱分成上下两片,形成梭口。当梭子穿过梭口时,纬纱便从装在梭子内的纡管上退绕下来,在梭口中留下一根纬纱。当综框作相反方向运动时,上下两片经纱交换位置,把纬纱夹住。与此同时,钢筘向机前摆动,把纬纱推向织口,经纱和纬纱在织口处交织,形成织物。织机主轴每回转一次,便形成一个新的梭口,引入一根新的纬纱,完成一次打纬动作。这样不断地反复循环,就构成连续生产的织造过程。由于织造过程是连续进行的,每打一纬所形成的织物必须由卷取机构及时地引离织口并卷绕在卷布辊上,同时必须从织轴上放出一定长度的经纱,维持织造的连续进行。

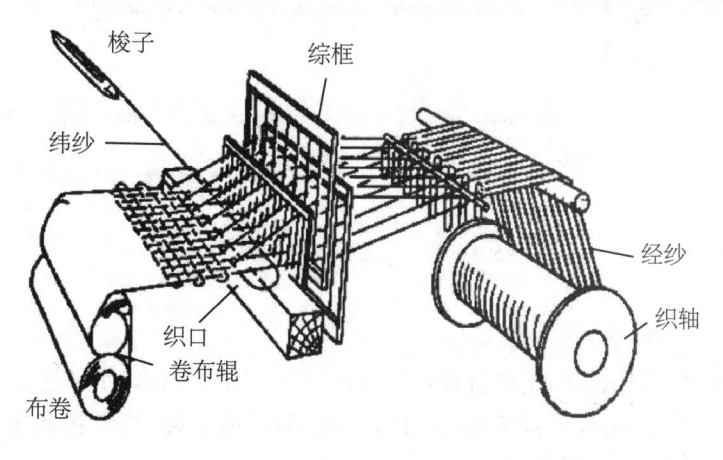

图5-7 机织物在织机上的形成原理示意

二、机织物生产流程及工序

(一)机织物的生产流程

根据织物所用的原料不同、织物的类别不同、织造设备不同等因素,往往需要选择不同的工艺流程,具体的工艺流程应根据实际情况确定。如图 5-8 和图 5-9 所示的两种生产流程,因所用织机不同,有梭织机生产时纬纱需增加卷纬工序,同时工厂类型不同,生产流程也有差别,纺织厂因为从纺纱开始,供应给织造车间的是管纱,需要进行络筒,而单织厂直接购买筒子纱,则不需络筒直接使用。

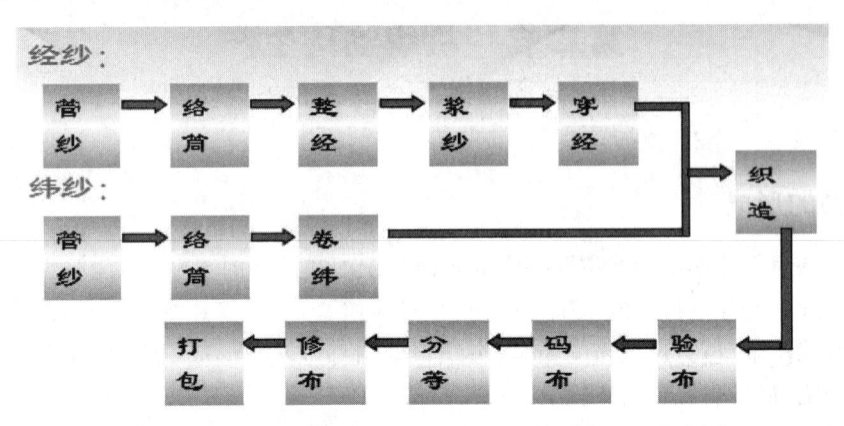

图 5-8 纺织厂有梭织机织物生产流程

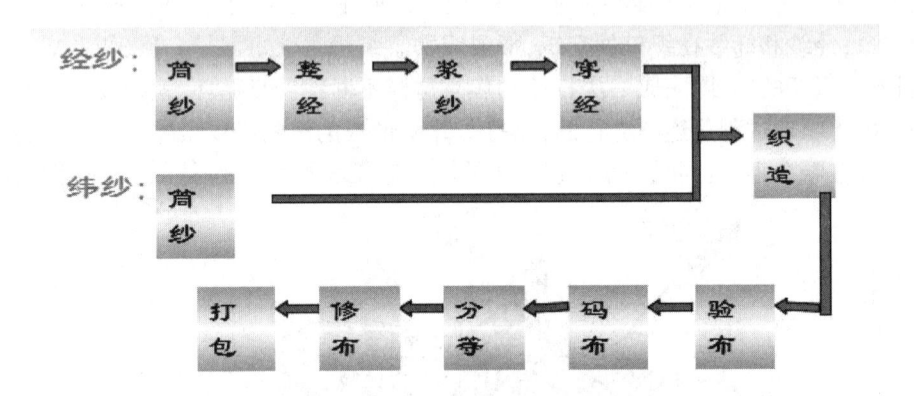

图 5-9 单织厂无梭织机织物生产流程

(二)机织物的生产工序

从上面两种不同织机的生产流程可以看出,织机生产需要经过多道工序,虽然因为生产原料或企业类型生产品种不同而有不同的流程,但总地来说,机织物的生产可分为织前准备、织造和织坯整理三个部分。

◎织前准备:目的是将纱线加工成符合织物规格和织造要求的经纱和纬纱。

◎织造:目的是将准备好的经纱(织轴)和纬纱(纤子或筒子)在织机上交织,形成织物。

◎织坯整理:目的是将织物按标准进行分等、修织,其主要工序通常包括验布、码布、分等、修布和打包等。

第三节 织前准备

一、络筒

络筒是将管纱卷绕成符合后道工序加工要求或半制品运输要求的筒子的过程。

(一)络筒的主要任务及要求

络筒的主要任务有两方面,一是将小卷装的纱线加工成容量较大、成形良好、密度适宜的无边或有边筒子,从而提高生产效率。二是清除纱线上的疵点,改善纱线品质,以减少纱线在后道工序中的断头,提高织物的质量。

络筒的工艺要求:形成的筒子卷装容量要大,筒子卷绕成形良好并坚固结实,纱线结头要小而牢,不能损伤纱线。

(二)络筒的工艺流程

络筒是织前工作的第一步。并不是所有的织造企业都采用络筒工序。织厂如购买筒子纱,就不需要进行络筒。络筒加工得到的筒子纱可用于后道的整经工序或直接用作纬纱。现在常用的是自动络筒机,一般由9个部件构成。

络筒工艺流程

络筒工艺流程见图5-10。纱线从管纱1引出→气圈破裂器2→预清纱器3→张力装置4→上蜡装置5→捻接器6→电子清纱器7→张力传感器8→槽筒9,最后形成具有良好形状的筒子纱。每个部件的作用如下:

◎气圈破裂器:也叫气圈控制器,可以改变气圈形状,改善纱线张力波动。

◎预清纱器:清除纱线上的杂质和较大的纱疵。

◎张力装置:给纱线施加一定的张力。

◎上蜡装置:为了让毛羽倒伏在纱线上,同时提高生产效率。

◎捻接器:用来形成无结接头。

◎电子清纱器:对纱线的疵点(粗节、细节、双纱等)进行检测,并剪断。

◎张力传感器:持续感应纱线张力,对张力进行自动调节。

◎槽筒:使筒子做回转运动,将纱线卷入,带动纱线做导纱运动,使筒子成形良好。

(三)筒子的形状

络筒机所卷成的筒子有很多形式,不同的卷绕形式有不同的退绕特点和用途。如图5-11所示,(1)是有边筒子,(2)和(3)则是圆柱形无边筒子,适用于低速整经工序;(4)和(5)是圆锥形无边筒子(也叫宝塔筒子),可广泛应用于多种原料和整经工序;(6)是三圆锥形(也叫菠萝形)无边筒子,主要用于化纤长丝纱线。可以根据生产要求进行选择。

1—管纱
2—气圈破裂器
3—预清纱器
4—张力装置
5—上蜡装置
6—捻接器
7—电子清纱器
8—张力传感器
9—槽筒

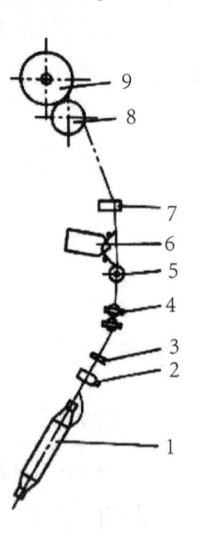

图 5-10　络筒工艺流程

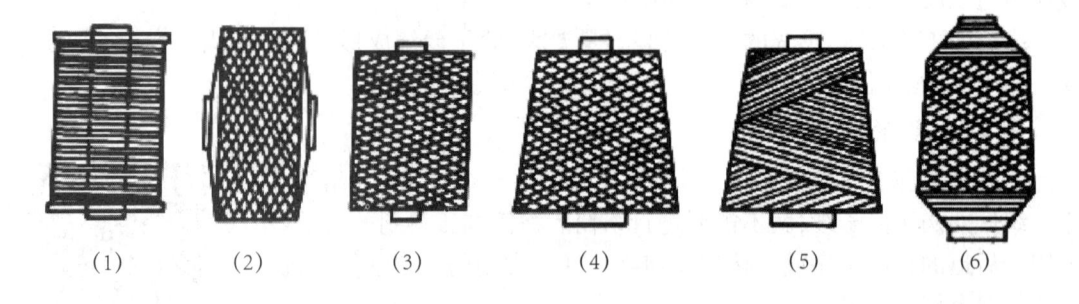

(1)　(2)　(3)　(4)　(5)　(6)

图 5-11　络筒的筒子卷绕形式

二、整经

整经是织机准备的第二道工序,是将一定根数、一定长度的经纱,按照工艺要求,整齐平行地卷绕于整经轴上的过程。

(一)整经的主要任务及要求

整经工序的任务是根据工艺设计的要求,把一定根数从单根纱线卷绕的筒子中引出的经纱,平行排列卷绕在经轴或织轴上(图 5-12)。

整经工序的质量会直接影响后道工序的生产效率和织物质量。所以,为了完成上述任务,对整经工艺提出如下要求:

◎整经时,全片经纱的张力和排列要均匀,使经轴(或织轴)成形良好,卷绕密度适当均匀,以减少后道加工中的经纱断头和织疵。

◎整经张力要适当,要充分保持纱线的弹性和强度等物理力学性能,减少纱线的摩擦损伤。

◎整经根数、整经长度及色经排列应符合工艺设计要求。

◎纱线接头符合标准,减少回丝。

除此之外,有些织物对整经工艺有特殊要求,如在色织物生产中,有时采用经轴直接染色工艺,为利于染液均匀渗透,则要求整经能形成松软经轴。

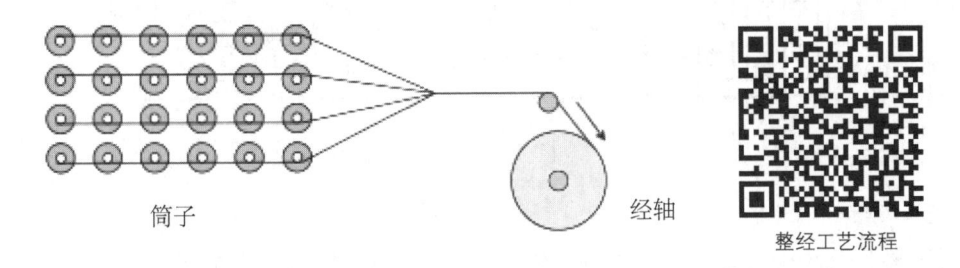

图 5-12 整经工艺示意

(二)整经的常用方法及工艺流程

根据不同的纱线种类和工艺要求,织造前采用的整经方式主要有分批整经、分条整经两种。将经纱按工艺要求的长度和宽度并合,再卷绕到织轴上。织轴上的经纱根数即织物所需的总经根数。

1. 分批整经

分批整经又称轴经整经。首先将全幅织物所需的总经根数分成若干批,分别卷绕在几个经轴上(图 5-13),每个经轴上所卷绕的经纱根数应尽可能相等。然后把几个经轴在浆纱机上并合,做成织轴。

分批整经的整经长度很长,一般为织轴卷纱长度的几十倍,因而整经停车次数少,并易于高速,生产效率也高,而且纱线张力较均匀,有利于提高产品质量。分批整经方式的优点是速度较快,效率亦较高,适宜大批量生产,是现代化纺织企业采用的主要整经方法。但分批整经在经轴并合时不易保持色纱的排列顺序,所以主要用于本色或单色织物的生产,并且经轴在浆纱机上合并时易产生回丝。

图 5-13 分批整经示意

图 5-14 所示为分批整经工艺流程。圆锥形筒子放置在筒子架上。经纱从筒子上引出,经过筒子架上的张力器、导纱部件及断头自停装置,被引到整经机的车头,再通过伸缩筘,形成幅宽合适、排列均匀的片状经纱,最后经导纱辊,卷绕在整经轴上。整经轴由电动机直接传动,压辊以一定的压力紧压在整经轴上,使整经轴获得均匀合适的卷绕密度和外形。压辊或导纱辊上装有测长传感器,当卷绕长度达到工艺规定的整经长度时,计长控制装置自动关车,等待进行上轴、落轴操作。

走进纺织

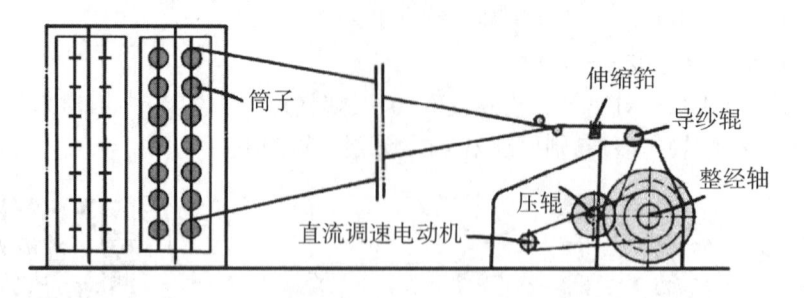

图 5-14 分批整经工艺流程

2. 分条整经

分条整经又称带式整经。首先将全幅织物所需的总经根数，根据经纱配色循环的要求和筒子架容量，分成若干条带，每个条带的经纱根数尽可能相等，再把这些条带按工艺规定的幅宽和长度依次平行地卷绕于整经大滚筒上（图 5-15）。全部条带卷满后，再一起从大滚筒上退绕到织轴上。

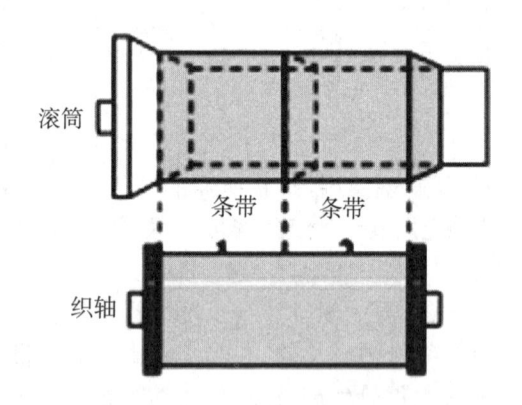

图 5-15 分条整经示意

由于分条整经是分条带逐条卷绕，要经再卷机构绕成织轴，并且整经长度较短（每次只有一个织轴的长度），因而生产效率较低。但它具有独特的优点，分条整经能够准确得到工艺设计的经纱排列顺序，而且改变花色品种方便，本工序可以直接形成织轴，不依赖浆纱或并轴等工序。所以分条整经广泛应用于小批量、多品种的色织、毛织、丝织和小型本色棉织生产。

图 5-16 所示为分条整经工艺流程。纱线从筒子架 1 上的筒子 2 引出后，绕过张力器（图中未表示），经过导纱瓷板 3，穿过分绞筘 5、定幅筘 6、导纱辊 7，逐条卷绕到整经大滚筒 10 上，其顺序是先在滚筒的一端绕第一条，达到规定长度时，剪断，将纱头束好，紧邻其旁卷绕第二条，再卷绕第三条……依次重复进行，直到所需条数达到总经根数为止。然后把整经大滚筒上的所有经纱经上蜡辊 8、引纱辊 9 退出来，卷绕成织轴 11。所以，分条整经包括整经（牵纱）和卷绕织轴（倒轴）两个步骤，它们在一道工序中的同一台机器上交替进行。

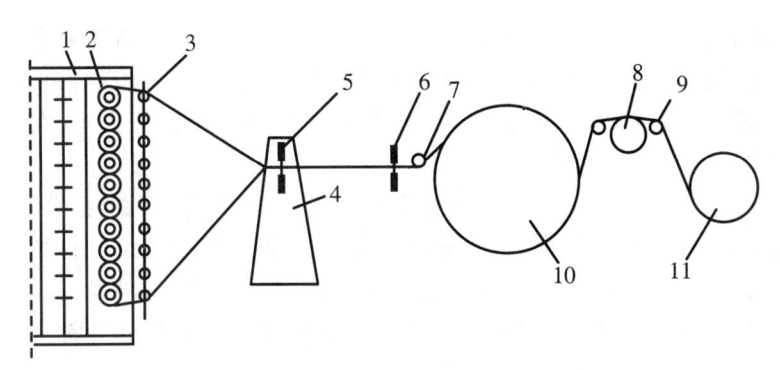

1—筒子架　2—筒子　3—导纱瓷板　4—分绞筘架　5—分绞筘　6—定幅筘
7—导纱辊　8—上蜡辊　9—引纱辊　10—整经大滚筒　11—织轴

图 5-16　分条整经工艺流程

分条整经工艺流程

三、浆纱

浆纱是织造生产中的一道关键工序。在织造中,经纱会受到各种机件的冲击拉伸和反复摩擦,因此要有一定的强度与光滑程度,否则在成千上万次开口、打纬运动的拉伸、弯曲与撞击下,当纱线受到钢筘、停经片、综丝等机件的反复摩擦时,易发生纱线起毛、松散或断头现象,并使织造时开口不清晰,导致织造难以顺利进行,同时会严重影响产品的质量。所以对于某些原料的纱线,在织造前,必须将具有黏着性的物质(浆料)施加于经纱的表面和内部,从而改善经纱的织造性能,这样的工艺过程称为浆纱或上浆。对于以高速、高经纱张力织造的无梭织机生产,浆纱的重要性更加明显。

(一)浆纱的主要任务及要求

浆纱的主要任务是提高经纱的可织性,其中包括改善经纱的强度、毛羽、伸长三个方面,以减少织造中的断头,纱线的纠缠、摩擦及伸长,保证织造的顺利进行。并不是任何经纱线都需要上浆,当经纱光洁、强度高而且不易松散分离时,就可以不上浆。如 10 tex 以上的股线、较粗而光洁或双股的毛纱线、光洁而有丝胶抱合的桑蚕丝,以及加强捻长丝、网络丝、变形丝,可以不上浆。其余的短纤纱和长丝纱一般均需上浆。

当采用分批整经方式时,往往在浆纱时进行并轴,以达到所需的总经根数并形成织轴。有的经纱虽可不上浆,但仍要在浆纱工序进行并轴或在专门的并轴机上并轴。因此,一般浆纱工序能达到并轴的目的。

同时,浆纱时要尽量保持经纱原有的弹性。所以,浆纱工序要满足以下要求:
◎浆液对纤维具有良好的黏着性,既有一定的浸透,又有一定的被覆。
◎浆液要具有适当的吸湿性,浆膜具有良好的弹性且坚牢、平滑。
◎易退浆,且不污染环境。
◎上浆均匀,织轴质量好。

(二)浆纱的工艺流程

浆纱工序包括浆液调制与上浆,分别在调浆桶和浆纱机上进行。经纱上浆需要采用浆液。浆液由浆料依据一定的配方在调浆桶内调制而成。浆液要满足一定的要求。首先要有良好的黏着性和一定的浸透性，同时浆液的成膜性好，物理性能、化学性能稳定，精练时易于退浆，成本低，来源广，不污染环境。浆料有黏着剂(主浆料)和助剂(辅助浆料)两大类，在浆料中起黏着作用的是黏着剂。

经纱上浆通常在浆纱机上进行。浆纱机首先把整经轴合并起来，获得织物的总经根数，然后通过上浆装置使经纱吸取浆液，再经过烘燥、分纱和卷绕，制成织轴。随着纺织原料结构的多样化和浆纱技术的不断进步，浆纱机的结构也有很大的发展，类型很多，有轴经浆纱机、整浆联合机、染浆联合机、单轴浆纱机等，它们都各有特点。图5-17 展示的是一种常用的浆纱机。

浆纱工艺流程

图 5-17 浆纱机

浆纱机基本组成部分包括轴架、上浆装置、烘燥机构、分纱部分、传动部分，以及其他机构如伸长和张力控制、卷绕机构以及控制浆纱过程的自控装置等。其工艺流程如图 5-18 所示，纱线从位于经轴架 1 上的经轴中退绕出来，经过张力自动调节装置 2 进入浆槽 3 上浆，湿浆纱经湿分绞棒 4 分绞和烘燥装置 5 烘燥后，通过双面上蜡装置 6 进行上蜡，干燥的经纱在干分绞区 7 被分离成几层，最后在机头 8 卷绕成织轴。

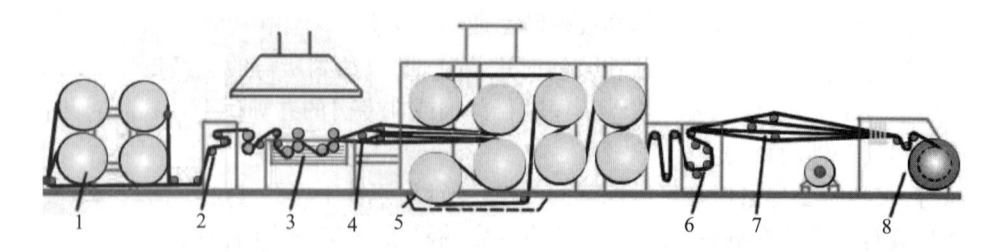

1—经轴架 2—张力自动调节装置 3—浆槽 4—湿分绞棒 5—烘燥装置 6—上蜡装置 7—干分绞区 8—机头

图 5-18 浆纱工艺流程

四、穿结经

(一)穿结经的任务及要求

穿结经是穿经或结经的统称,是经纱织前准备工作中的最后一道工序。其主要任务是把织轴上的经纱按工艺设计要求依次穿入停经片、综丝和钢筘。

1. 穿经

穿经工序主要起到以下三个作用:

◎穿停经片的目的是在经纱断头时,停经片下落,通过机械或电气检测,发动织机及时停车,避免织疵产生。

◎穿综的目的是使经纱在织造时通过开口运动提起综框形成梭口,与纬纱以一定的组织规律交织成所需的织物。

◎穿筘的目的是使经纱保持规定的幅宽和密度。

2. 结经

结经是用打结的方法把织机上剩余的了机经纱与准备上机的经纱逐根连接起来,然后由了机经纱引导,把待穿织轴上的经纱依次拉过停经片、综丝眼、钢筘,达到与穿经完全相同的要求。结经法只适用于上机与了机的织物组织、幅宽、总经根数保持不变的织造生产。

3. 穿结经要求

穿结经工艺直接影响织造加工的顺利进行及织物的外观质量,所以对穿结经工序有以下要求:

◎必须符合工艺设计,不能穿错、穿漏、穿重、穿绞,否则将直接影响织造的顺利进行,造成织物外观疵点。

◎使用的综、筘、停经片的规格正确,质量良好。

(二)穿结经的方式

1. 穿经

◎手工穿经。手工穿经是在穿经架上进行的,织轴、停经片、综框和钢筘都置其上。操作工用穿经钩将手工分出的经纱依次穿过停经片、综丝眼,再利用插筘刀将经纱插入钢筘的筘隙内。

手工穿经的劳动强度大,生产效率低,但对任何织物组织都适应,比较灵活,适用于组织比较复杂的织物和小批量生产。

◎半自动穿经。采用半自动穿经机进行。半自动穿经机是一种半自动穿经机械,它是在手工穿经架上加装自动分纱器、自动停经片和电磁插筘器而形成的,用以代替部分手工操作,每人每小时穿经数达 1500~2000 根。该方法应用较广。

◎全自动穿经。此法利用全自动穿经机进行,能根据预定的工艺要求,自动地将织轴上的经纱依次穿过停经片、综丝眼和钢筘。它大大减轻了工人的劳动强度,但是目前只适用于八片以内的简单组织织物,并且价格昂贵,国内纺织厂使用较少。

2. 结经

利用自动结经机进行的一种穿经方式,是用机械打结的方式自动完成待穿轴经纱与了机轴经纱相互连接的工作,大大提高了穿经速度,减轻了穿经工作的劳动强度。但受织物翻改品种、设备周期保养工作的限制。因此,它是一种辅助的穿经方式。

除少数经纱密度大、细度小、组织比较复杂的织物还保留手工穿结经外,现代纺织厂大都采用机械和半机械穿结经方式,以减轻工人的劳动强度,提高生产效率。

五、纬纱准备

纬纱准备包括卷纬和纬纱定捻等工序。

◎卷纬。卷纬就是把纱线卷成符合有梭织造要求并适合梭子形状的纡子。有梭织机因为纬纱使用的是纡子,需要卷纬。无梭织造生产中,纬纱由大卷装的筒子供应,因此不需要卷纬。

◎纬纱定捻。纱线加捻之后,使纤维发生扭曲,特别是强捻纱中纤维的扭曲更大。在织造过程中,当纬纱张力较小而捻度较大时,纤维变形恢复的性能使纱线产生退捻和扭缩,容易产生纬缩、脱纬、起圈等现象。纬纱定捻的目的在于稳定纱线捻度,从而减少织造过程中的纬缩、脱纬和起圈等弊病。不同纤维原料、不同捻度,采用不同的定捻方式,可采用自然存放、给湿、加热或热湿结合等定捻方式,消除纱线内应力,稳定纱线捻度和回潮率,提高其织造性能。

第四节 织造

织造是将准备好的具有一定质量和卷装形式的经、纬纱,按工艺设计的要求交织成织物的工艺过程。织造是在织机上进行的。

一、织机的种类

按织机的用途,可分为通用织机和专用织机两种。通用织机为织制一般服装和装饰用织物的织机,专用织机则专门织制某种特定的织物,如长毛绒织机、地毯织机、工业用呢织机等。但由于织机的结构特征和用途不同,织机又可分成不同的类型。为适应不同纤维、不同品种织物的生产,织机按不同的技术特征有多种分类方法。

◎按构成织物的纤维材料分,有棉织机、毛织机、丝织机、黄麻织机等。

◎按开口机构分,有踏盘开口、连杆开口、多臂开口和提花开口织机。它们分别适用于织造复杂程度不同的织物组织。踏盘开口、连杆开口织机适用于织造简单织物,多臂开口织机适用于织造小花纹和组织较复杂的织物,提花开口织机适用于织造大花纹织物。

◎按引纬方式分,分为有梭织机和无梭织机两大类。有梭织机是用装有纡子的梭子作为引纬工具的传统织机;无梭织机有喷气织机、喷水织机、剑杆织机、片梭织机。无梭织机由大筒子供纬,不存在自动补纬问题。

◎按多色供纬能力分,有单梭织机、混纬织机、多梭织机和多色纬织机。单梭织机不能多色供纬。混纬织机能用两三种纬纱,不能任意供纬。混纬的目的是消除纬纱色差或纬纱条干不匀对布面的影响。混纬织机轮流从两个筒子上引入纬纱,可避免筒子之间的差异对织物外观的影响。

◎按交织单元分,有单相织机和多相织机。单相织机只有一个交织单元(开口、引纬、打纬),目前绝大多数织机属于这一类。多相织机在同一时间内形成多个梭口,分别引入多根纬纱,是形成连续性多个梭口的阶梯式引纬的织机,由于它在单位引纬时间内,纬纱受到多头牵引,进入多个织口,入纬率高于单相织机,因此其最大的特点是能适应大批量品种单一织物的生产。

知识拓展

中国作为丝绸大国,为织机的发明和改良做出了重大贡献。中国的织机历史悠久,种类繁多。我国古代织机和织造技术的演变,成为丝织物品种花样不断丰富、丝绸产业壮大发展的基础。著名的科技史专家李约瑟在其著作《中国科学技术史》中说:"中国人赋予织造工具一个极佳的名称:机"。从此,"机"成为机智、巧妙、机动敏捷的同义词。1801年,法国人贾卡在中国束综提花机的基础上发明了提花机。

二、织造的运动过程

在织机上,经纱系统从机后的织轴上送出,经过后梁、经停片,穿过综丝眼和钢筘;通过提综机构对经纱的升降进行控制,形成梭口;由引纬系统牵引纬纱通过梭口,钢筘再进行打纬,使经纬纱交织,形成织物;织好的织物由卷取辊牵引,卷绕到卷布辊上。织物在织机上的形成主要由五个运动过程完成。

(一)开口运动

经机在织造织物时,必须按照该织物经纬纱的交织规律,先将经纱分成上下两层,形成一个供引纬器(梭子、片梭、剑杆、喷气或喷水射流等)通过的空间通道——梭口,待引入纬纱后,再使部分或全部上下层经纱上下交错,与纬纱交织成所需的织物,并形成新的梭口。这种运动即经纱的开口运动。

织机的开口运动由开口机构完成。开口机构有凸轮开口、踏盘开口、连杆开口、多臂开口和提花开口等形式。

| 凸轮开口 | 踏盘开口 | 连杆开口 | 多臂开口 | 提花开口 |

(二)引纬运动

引纬的作用是将纬纱引入梭口。织机上经纱由开口机构形成梭口之后,必须把纬纱引过梭口,才能实现经纱和纬纱的交织。引纬机构可分为有梭引纬与无梭引纬两大类。有梭引纬是用装有纡子的梭子作为引纬工具,牵引着纬纱通过梭口,老式织机的引纬运动主要通过梭子完成。无梭引纬是利用特制的载纬器完成引纬动作。新型的无梭引纬方式主要有剑杆引纬、片梭引纬、喷水引纬与喷气引纬几种。

1. 剑杆引纬

剑杆引纬是最早使用的无梭引纬方式,它是利用剑杆的往复运动,将纬纱有控制地带入梭口完成引纬工作。按剑杆的配置可分为单剑杆引纬和双剑杆引纬,按剑杆类型分为刚性剑杆和挠性剑杆(图5-19)。其工作原理是送纬剑头从储纬侧夹持住选纬针"递出"的纬纱,引入梭口,在梭口的大约中间位置,接纬剑头接过送纬剑"递出"的纬纱,将纬纱拉出梭口,完成引纬。送纬剑头一般是开口型带弹性压掌,将纬纱夹持住。接纬剑是细长的尖头形,也带弹性压掌以夹持纬纱。交接纬时,接纬剑头伸入送纬剑头内,勾住纬纱,同时挤压送纬剑头的弹性压掌,使送纬剑头释放纬纱,完成引纬交接。纬纱引出梭口后,接纬剑头压掌触及释放块,使接纬剑头"松口"释放纬纱,完成引纬。剑杆引纬是积极地将纬纱引入梭口,纬纱始终处于剑头的积极控制之下。棉、毛、丝、麻、玻璃纤维、化学纤维织制轻、中、重型织物都可用这种引纬方式,所以适应性非常广。

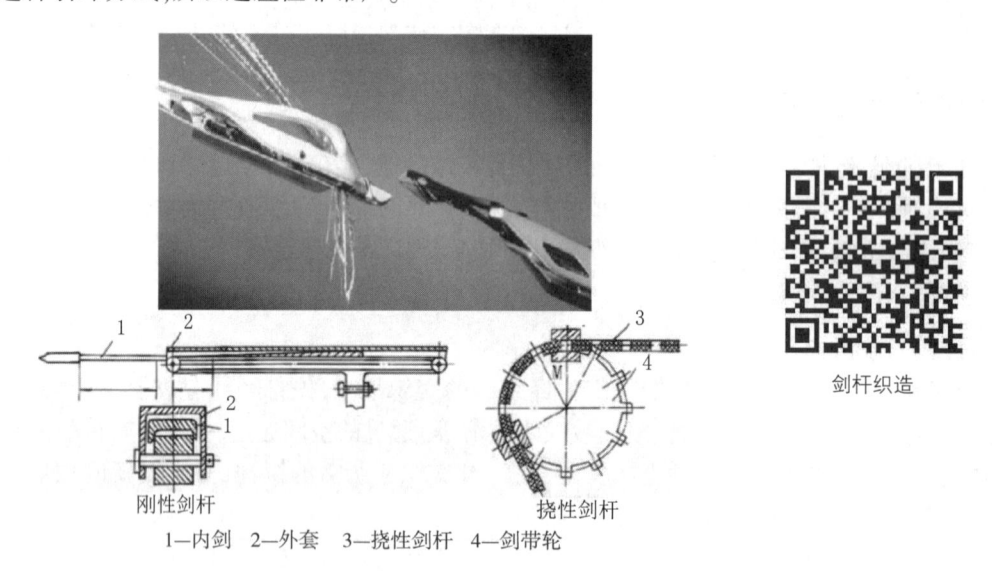

剑杆织造

1—内剑 2—外套 3—挠性剑杆 4—剑带轮

图 5-19 剑杆引纬

2. 片梭引纬

片梭引纬的方法是用片状夹纱器将固定筒子上的纬纱引入梭口。这个片状夹纱器称为片梭。片梭引纬用带有梭夹的小而轻的片梭代替传统梭子,片梭引纬时飞行速度很高,这种引纬方式特别适于宽幅织物的织造,能织制单幅或同时织制多幅不同幅宽的织物,幅宽适用范围是无梭引纬中最广的。片梭引纬适应性广,引纬纱线包含各种天然纤维、

片梭引纬

化学纤维混纺的短纤纱、长丝纱和花式纱线。

片梭引纬原理如图 5-20 所示。片梭 1 尾部的梭夹 2 夹持纬纱 3，投梭机构将片梭投出，沿导梭片 4 通过梭口到达对侧后，梭夹打开，将纬纱留在梭口内，制梭装置对片梭制动，然后由传送带送回投梭侧，待下次投梭。

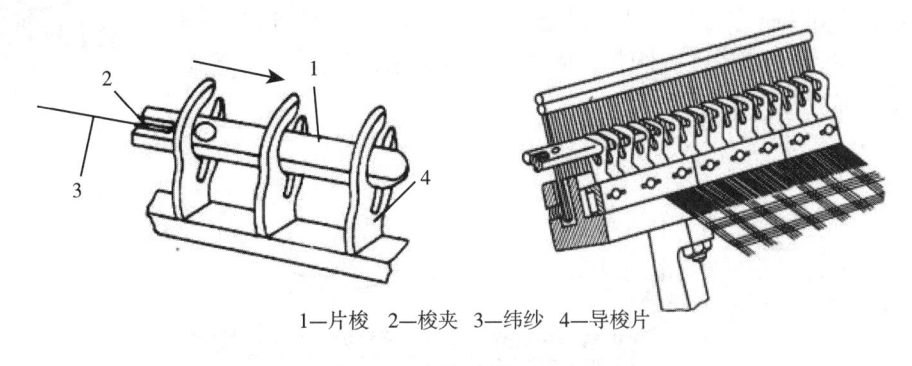

1—片梭 2—梭夹 3—纬纱 4—导梭片

图 5-20　片梭引纬原理示意

3. 喷气引纬

喷气引纬方法是用压缩气流摩擦牵引纬纱，将纬纱带过梭口。在喷气织机的发展过程中，已形成单喷嘴引纬和主辅喷嘴接力引纬两大类型。喷气引纬具有引纬速度高、产量高、质量好等特点，纬纱可选择 2~8 色，原料主要为短纤纱和化纤丝，幅宽由原来的窄幅发展至最宽达 5.4 m，适合低特、高密、阔幅的简单组织织物生产。

图 5-21 为主喷嘴+辅助喷嘴+异形筘组成的喷气引纬原理示意图。喷嘴喷射气流以牵引纬纱，辅助喷嘴（2~5 只）沿纬纱行进方向相继喷气，补充高速气流，实现接力引纬；筘的筘槽与主喷嘴对准，引纬时，纬纱与气流沿筘槽前进，防止气流扩散而增大引纬的宽度。

喷气引纬

1—筒子 2—纬纱 3—定长储纬器 4—导纱器 5—固定主喷嘴 6—摆动主喷嘴 7—剪刀
8—异形筘 9—辅助主喷嘴 10—第一探纱器 11—第二探纱器 12—经纱 13—织物

图 5-21　喷气引纬原理示意

4.喷水引纬

喷水引纬方法和喷气引纬方法一样,同属于喷射引纬,两者区别仅在于喷水引纬利用水作为引纬介质,通过喷射水流对纬纱产生摩擦牵引力,将固定筒子上的纬纱引入梭口。由于水射流的集束性较好,它的织造筘幅能达到2 m以上。喷水引纬适用于大批量、高速度、低成本织物的加工,但织物织成后需在织机上除去绝大部分水,仅适合合成纤维等疏水性纤维纱线的织造。

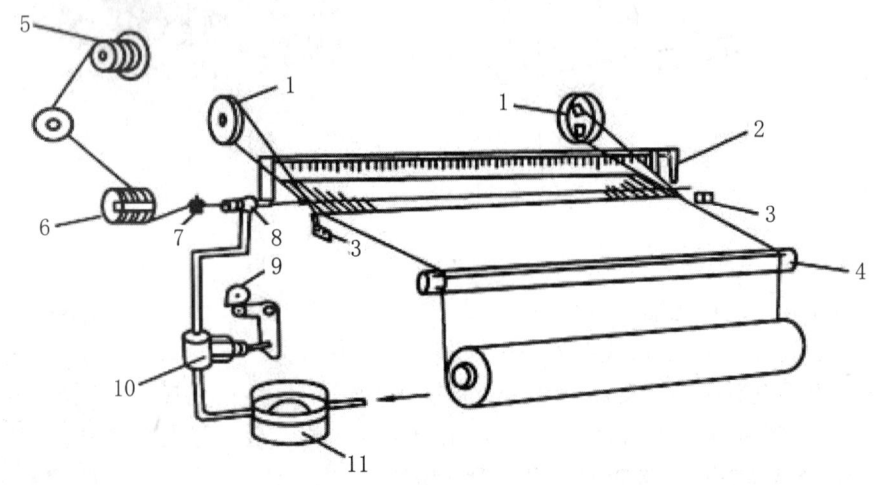

1—绞边装置 2—探纬器 3—电热割刀 4—胸梁 5—纬纱筒子 6—测长盘
7—夹纬器 8—喷嘴 9—引纬凸轮 10—喷射水泵 11—稳压水箱

图5-22 喷水引纬原理示意

喷水引纬工作原理见图5-22。纬纱从筒子5上退解,经测长盘6和夹纬器7进入喷嘴8;喷射水泵10在引纬凸轮9大半径的作用下,从稳压水箱11中吸水流,在凸轮转至小半径的瞬间,有一定压力的水流进入喷嘴8,携带纬纱通过梭口;探纬器2的作用是探测每纬到达出口的状态;打纬机构把纬纱打向织口,形成织物,电热割刀3将纬纱割断,左右边纱经绞边装置作用形成良好的边组织,一次引纬结束。

(三)打纬运动

打纬运动是在织机上依靠钢筘的前后往复摆动,将一根根引入梭口的纬纱推向织口,与经纱交织,形成符合设计要求的织物的过程。打纬由打纬机构完成。打纬机构的主要作用:

◎通过钢筘将引入梭口的纬纱打入织口,与经纱交织。

◎通过钢筘确定经纱排列密度和织物幅宽。

◎在一些织机上,钢筘兼有导引纬纱的作用,控制载纬器的飞行方向及运动稳定性。

在有梭织机上,钢筘组成梭道,作为梭子稳定飞行的依托;在剑杆织机上,借助钢筘控制剑带的运行;在喷气织机上,异形钢筘起到防止气流扩散的作用。常用的打纬机构主要有连杆打纬机构、凸轮打纬机构等形式。

（四）卷取与送经运动

纬纱被打入织口形成织物之后，必须不断地将这些织物引离织口，卷绕到卷布辊上，同时从织轴上放送出相应长度的经纱，使经纬纱不断地进行交织，以保证织造生产过程持续进行，织机完成织物卷取和经纱放送的运动，分别称为卷取和送经运动。卷取和送经运动是由卷取机构和送经机构配合完成的。

卷取与送经运动

织机必须经五个主要机构，即开口机构、引纬机构、打纬机构、送经机构和卷取机构的相互配合来完成以上五个织造运动。此外，为了提高产品质量、减轻劳动强度、提高生产效率和织机的适应性等，织机上还设置有各种辅助机构，如经纱断头自停、纬纱断头自停、自动补纬、多色纬织制等。无梭织机由于无法使用纬纱连续生产，必须把纬纱剪断，所以还有剪纬机构和布边机构。此外，在新型无梭织机上，随着微机、电子等高新技术的广泛应用，织机的自动化、高速化和高产化水平大大提高了。

同步练习

一、单选题

1. 下列织机中能耗最低的是（　　　）。
   A：片梭织机　　　　B：剑杆织机　　　　C：喷气织机　　　　D：喷水织机

2. 下列织机中能耗最高的是（　　　）。
   A：片梭织机　　　　B：剑杆织机　　　　C：喷气织机　　　　D：喷水织机

3. 下列织机中可加工幅宽最小的是（　　　）。
   A：片梭织机　　　　B：剑杆织机　　　　C：喷气织机　　　　D：喷水织机

4. 下列织机中常见的织造幅宽最高的是（　　　）。
   A：片梭织机　　　　B：剑杆织机　　　　C：喷气织机　　　　D：喷水织机

5. 下列织机中引纬率最低的是（　　　）。
   A：片梭织机　　　　B：剑杆织机　　　　C：喷气织机　　　　D：喷水织机

6. 下列织机中纬纱适应性最广的是（　　　）。
   A：片梭织机　　　　B：剑杆织机　　　　C：喷气织机　　　　D：喷水织机

7. 下列织机中适用织物品种范围最广的是（　　　）。
   A：片梭织机　　　　B：剑杆织机　　　　C：喷气织机　　　　D：喷水织机

8. 将导入梭口的纬纱推向织口，使经纬纱紧密交织形成织物，称之为（　　　）。
   A：打纬　　　　　　B：引纬　　　　　　C：卷取　　　　　　D：送经

9. 均匀地送出一定张力的经纱，满足织造要求，称之为（　　　）运动。
   A：打纬　　　　　　B：引纬　　　　　　C：卷取　　　　　　D：送经

10. 将经纬纱交织形成的织物引离织口并卷绕在卷布辊上，控制织物纬密和纬纱在织物中的排列，并与织机上其他机构配合的，称之为（　　　）运动。
    A：打纬　　　　　　B：引纬　　　　　　C：卷取　　　　　　D：送经

11. 将一定长度和一定张力的纬纱，以一定速度在预定时间内正确引入梭口，以便与经纱交织形成织物，称之为（　　　）运动。
    A：打纬　　　　　　B：引纬　　　　　　C：卷取　　　　　　D：送经

12. 公制筘号是指（　　　）cm钢筘长度内的筘齿数。
    A：5　　　　　　　　B：10　　　　　　　C：100　　　　　　　D：1000

13. 织物厚度常用的单位是（　　　）。
    A：mm　　　　　　　B：m　　　　　　　　C：dm　　　　　　　D：in

14. 经纬纱每隔一根就进行一次交织的组织是（　　　）。
    A：平纹组织　　　　B：斜纹组织　　　　C：缎纹组织　　　　D：直纹组织

15. 相邻两根经纱或纬纱上的单独组织点均匀分布但不连续的织物组织是(　　)。
    A：平纹组织　　　　B：斜纹组织　　　　C：缎纹组织　　　　D：都不是

16. 相邻经(纬)纱上连续的经(纬)组织点排列成斜线,织物表面呈现连续斜线织纹的织物组织是(　　)。
    A：平纹组织　　　　B：斜纹组织　　　　C：缎纹组织　　　　D：都不是

17. 经纱浮在纬纱上面的点,称之为(　　)。
    A：纬组织点　　　　B：横组织点　　　　C：经组织点　　　　D：竖组织点

18. 浆纱的目的是(　　)。
    A：清除纱线上的疵点　　　　　　　　B：改善纱线条干均匀性
    C：提高筒装容量　　　　　　　　　　D：提高经纱的可织性

19. 整经工序的主要作用是(　　)。
    A：加大筒装容量
    B：根据工艺要求,将一定根数的经纱从筒子上退绕下来,按规定的长度、幅宽、排列顺序均匀平行地卷绕在经轴或织轴上
    C：清除纱线上的疵点,改善纱线品质,以利于减少纱线在后道工序中的断头
    D：在经纱表面被覆一层浆液提高耐磨性能

20. 织物上与布边平行的纱线是(　　)。
    A：经纱　　　　　　B：纬纱　　　　　　C：都可以　　　　　D：都不对

21. 机织物经纬密度的单位是(　　)。
    A：g/m³　　　　　　B：根/10 cm　　　　C：根/in　　　　　　D：g/m²

22. 机织物面密度的常用单位是(　　)。
    A：kg　　　　　　　B：g　　　　　　　　C：g/m²　　　　　　D：g/m³

23. 机织物匹长的常用单位是(　　)。
    A：cm　　　　　　　B：mm　　　　　　　C：m　　　　　　　　D：yd

24. 机织物宽度(幅宽)的常用单位是(　　)。
    A：cm　　　　　　　B：in　　　　　　　C：m　　　　　　　　D：mm

25. 在机织物组织中,以下哪个选项不属于三原组织？(　　)
    A：平纹　　　　　　B：斜纹　　　　　　C：缎纹　　　　　　D：直纹

26. 在机织物中,经纱和纬纱的交错点,即经纬纱相交处,称之为(　　)。
    A：圆点　　　　　　B：组织点　　　　　C：横点　　　　　　D：竖点

27. 需要浆纱的一般是(　　)。
    A：纬纱　　　　　　　　　　　　　　　B：经纱
    C：经纱和纬纱　　　　　　　　　　　　D：经纱和纬纱都不需要

28. 影响打纬区域的主要因素有(　　)、纱线性质、织物紧度和(　　)。
    A：织物密度、上机张力　　　　　　　　B：织物组织、织物密度
    C：织物组织、上机张力　　　　　　　　D：织物密度、纱线细度

29. 穿筘工序的目的是使经纱保持规定的(　　)和经向(　　)。
    A:强力、密度　　　B:幅宽、密度　　　C:强度、宽度　　　D:幅宽、强力
30. 衡量织机的生产能力,最重要的指标是(　　)。
    A:幅宽　　　B:引纬率　　　C:筘号　　　D:织机速度
31. 织物的经向或纬向密度,指织物纬向或经向单位长度内经纱或纬纱排列根数,其中单位长度一般采用(　　)。
    A:m　　　B:in　　　C:cm　　　D:10 cm
32. 下列织机中入纬率最高是(　　)。
    A:片梭织机　　　B:剑杆织机　　　C:喷水织机　　　D:喷气织机

二、多选题

1. 属于消极式引纬的织机是(　　)。
    A:片梭织机　　　B:剑杆织机　　　C:喷水织机　　　D:喷气织机
2. 属于积极式引纬的无梭织机是(　　)。
    A:片梭织机　　　B:剑杆织机　　　C:喷气织机　　　D:喷水织机
3. 织造有五大运动,包括(　　)。
    A:开口　　　B:引纬　　　C:打纬　　　D:送经和卷取
4. 综框和综丝的作用是(　　)。
    A:当经纱断头时,停经片下落,通过机械或电气检测,发动织机关车
    B:打纬时把梭口里的纬纱打向织口
    C:使经纱上下分开形成梭口,以便梭子飞行
    D:使经纱有秩序地上下升降,织出规定组织的织物
5. 按照开口机构的方式,可以将织机分为(　　)。
    A:凸轮织机　　　B:多臂织机　　　C:提花织机　　　D:有梭织机
6. 下列织机属于无梭引纬的是(　　)。
    A:剑杆织机　　　B:片梭织机　　　C:喷气织机　　　D:喷水织机
7. 在浆纱工序中,常用的浆纱主浆料有哪些?(　　)
    A:天然淀粉　　　B:变性淀粉　　　C:聚乙烯醇　　　D:聚丙烯酸类
8. 纬纱在非夹持状态下引纬的是(　　)。
    A:片梭织机　　　B:剑杆织机　　　C:喷气织机　　　D:喷水织机
9. 织造的开口作用是(　　)。
    A:将经纱分成上下两层,形成梭口,以便引入纬纱
    B:根据织物组织的要求,控制综框或综丝的升降规律,织制所需组织或花纹的织物
    C:方便卷取
    D:利于送经

10. 钢筘的作用是( )。

    A:确定经纱的分布密度和织物幅宽

    B:打纬时把梭口内的纬纱打向织口

    C:在有梭织机上,钢筘和走梭板组成梭子飞行的通道

    D:在喷气织机上采用异形钢筘,这种筘还起到减少气流扩散和构成气流引纬通道的作用

11. 浆纱机按照烘燥方式可分为( )。

    A:烘筒式　　　　　B:热风式　　　　　C:热风烘筒并用式　　　D:蒸汽式

12. 浆纱工序的必要性有( )。

    A:经纱受到各种机件的冲击拉伸和反复摩擦

    B:未上浆经纱毛羽较多,纱线易缠绕

    C:无捻或低捻长丝纱上浆后才可顺利织造

    D:高速、高经纱张力织造的需要

13. 机织物设计三要素指( )。

    A:织物组织

    B:织物面密度

    C:经纬纱线密度

    D:经纬密度

三、讨论题

1. 什么是分批整经、分条整经？说明各自的适用范围。
2. 织机五大运动指哪些运动？它们各自的主要作用是什么？
3. 常见的无梭引纬有哪些类型？说明各自的主要特点及应用范围。

第六讲　线圈串套的针织

🔖 知识目标：

1. 能阐述针织物的主要规格指标、性能指标及含义；
2. 能列举常见的经编机和纬编机种类；
3. 能解释针织工艺基本原理；

🔖 能力目标：

1. 能区分经编针织和纬编针织加工方法；
2. 能区分针织和机织加工工艺和产品。

🔖 素质目标：

通过针织线圈的组织变化形成各种针织物图案的学习，形成创新意识和创新精神，同时了解我国针织机械的优势和不足，培养良好的科学研究精神、时代精神和不断进取精神。

🔖 本讲内容简介：

主要介绍针织物的分类及应用、纬编针织工艺及其设备、经编针织工艺及其设备。

扫码可浏览本讲彩图

第六讲 线圈串套的针织

📖 思维导图：

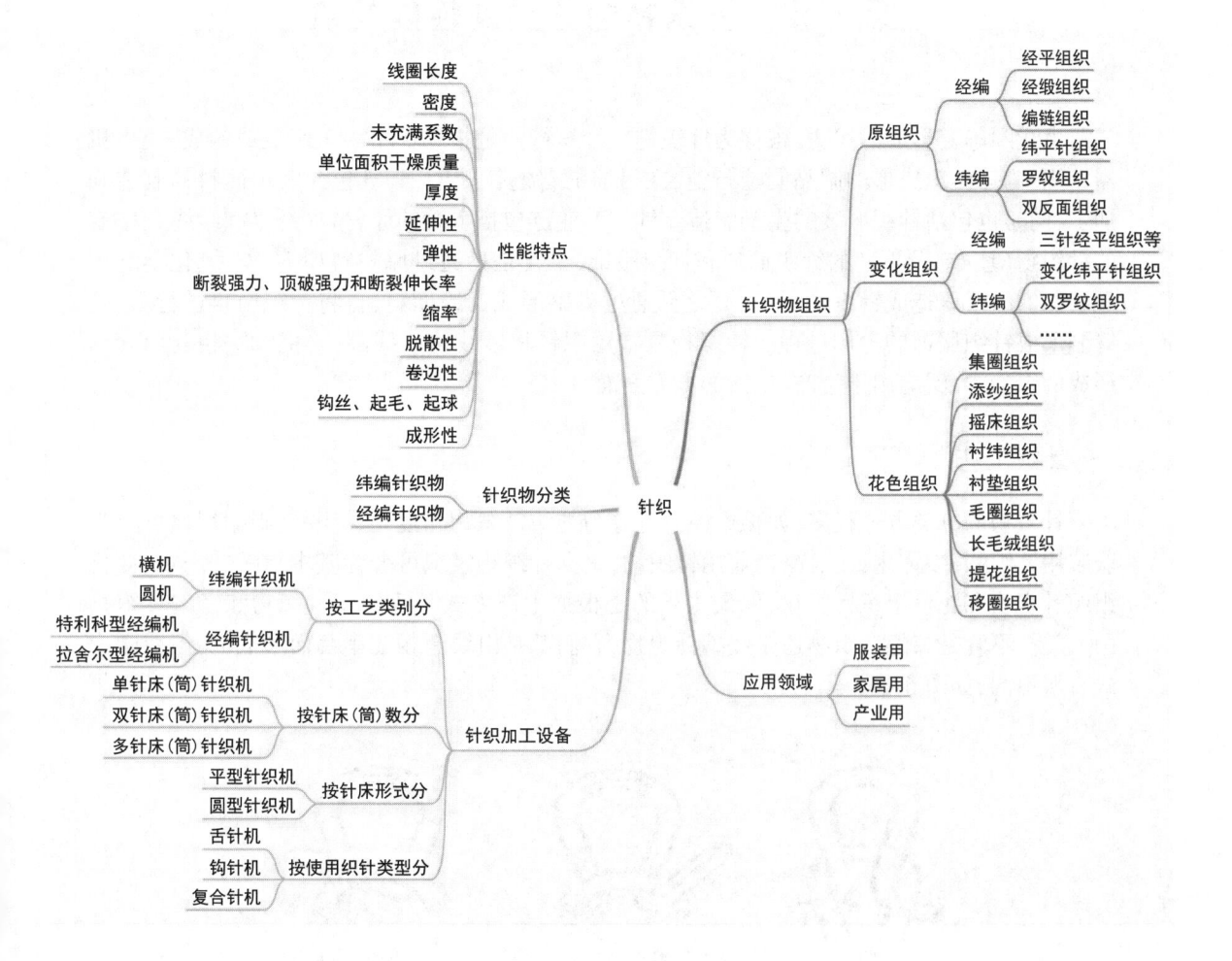

- 针织
  - 针织物组织
    - 性能特点
      - 线圈长度
      - 密度
      - 未充满系数
      - 单位面积干燥质量
      - 厚度
      - 延伸性
      - 弹性
      - 断裂强力、顶破强力和断裂伸长率
      - 缩率
      - 脱散性
      - 卷边性
      - 钩丝、起毛、起球
      - 成形性
    - 针织物分类
      - 纬编针织物
      - 经编针织物
    - 原组织
      - 经编
        - 经平组织
        - 经缎组织
        - 编链组织
      - 纬编
        - 纬平针组织
        - 罗纹组织
        - 双反面组织
    - 变化组织
      - 经编：三针经平组织等
      - 纬编
        - 变化纬平针组织
        - 双罗纹组织
        - ……
    - 花色组织
      - 集圈组织
      - 添纱组织
      - 摇床组织
      - 衬纬组织
      - 衬垫组织
      - 毛圈组织
      - 长毛绒组织
      - 提花组织
      - 移圈组织
  - 应用领域
    - 服装用
    - 家居用
    - 产业用
  - 针织加工设备
    - 按工艺类别分
      - 纬编针织机
        - 横机
        - 圆机
      - 经编针织机
        - 特利科型经编机
        - 拉舍尔型经编机
    - 按针床(筒)数分
      - 单针床(筒)针织机
      - 双针床(筒)针织机
      - 多针床(筒)针织机
    - 按针床形式分
      - 平型针织机
      - 圆型针织机
    - 按使用织针类型分
      - 舌针机
      - 钩针机
      - 复合针机

第一节　针织物的分类及性能特点

由线圈串套形成的织物,被称为针织物。针织行业是指纯粹由手工织成或钩成,或由机器针织、钩针编织成形的制品制造行业,在目前的普遍认知中,其既包含针织面料的制造和加工,同时也包括针织服装的生产制造。针织产业链包括上游的原材料(纤维和纱线)、中游的针织物(坯布)及下游的针织面料和针织服饰,也就是指通过原材料如棉、羊毛、化学纤维等纺制的纱线织造成针织物(坯布),之后通过染整形成针织面料,再将针织面料进行裁剪、缝制形成针织服饰的生产过程。针织物是指用织针将纱线构成线圈,再把线圈相互串套而形成的织物,广泛应用于生产、生活的方方面面。

一、针织工艺

针织物的分类方式很多,如根据原料可分为纯纺针织物和混纺针织物,根据用途可分为服装用针织物、装饰用针织物、产业用针织物,根据针织物组织可分为基本组织针织物、变化组织针织物和花色组织针织物,但最主要的是根据生产方式分为纬编针织物和经编针织物两大类。不管是纬编针织物还是经编针织物,它们都是由线圈相互串套而形成的,但线圈形式有所不同,如图6-1所示。

纬编线圈　　经编开口线圈　　经编闭口线圈

图6-1　针织物的线圈形式

◎ 针织线圈。线圈是构成针织物的基本结构单元,线圈在纵向的组合称为纵行,线圈在横向的组合称为横列。针织物的线圈由圈干和沉降弧(又称延展线)构成,如图6-2所示,其中圈干又分为圈柱和圈弧两部分。同一横列中相邻两线圈对应点之间的距离称为圈距,一般以 A 表示;同一纵行中相邻两线圈对应点之间的距离称为圈高,一般以 B 表示。单面针织物的基本特征是线圈圈距或线圈圈弧集中分布在针织物的一个面上,如果分布在针织物的两面,则称为双面针织物。单面针织物的外观有正面和反面之分,线圈圈柱覆盖线圈圈弧的一面称为正面,线圈圈弧覆盖线圈圈柱的一面称为反面。

◎ 纬编工艺。在纬编中,纱线从机器的一边到另一边做横向往复运动(或圆周运动),配合织针运动,就可以形成新的针织线圈。纬编针织物的纱是沿横向成圈的,织物是通过织针在横列方向上编织出一横列一横列且彼此连接的线圈形成的。一横列中的线圈由同一根纱线形成。纬编针织物加工可以在横机或圆机上完成。

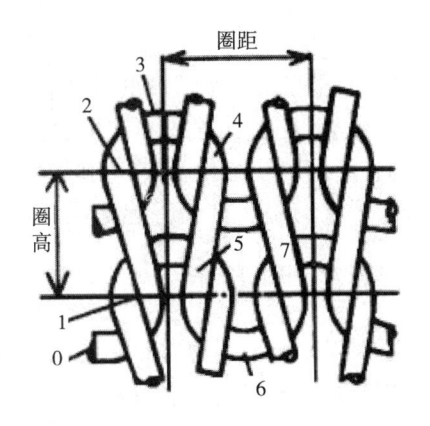

1—2—3—4—5：圈干
0—1、5—6：延展线
1—2、4—5：圈柱
2—3—4：圈柱
2—3—4：圈弧
5—6—7：沉降弧

图 6-2　针织物线圈构成

◎ 经编工艺。经编是在经向上的一组经纱做纵向运动，配合织针运动形成新的针织线圈。经编针织物和生产它们的经编机，与纬编织物和生产纬编织物的纬编机有着本质上的区别。纱线在经编织物中是经向编织的，就像机织物的经纱一样，由经轴供纱，经轴上卷绕有大量平行排列的纱线，与机织中的经轴类似。纱线在经编织物中的走向是经向的。在一个横列中形成一个竖直的线圈，然后斜向移动到另一纵行，在下一个横列中形成另一个线圈。纱线在织物中沿长度方向从一边到另一边以"之"字形前进，一横列中的每个线圈都由不同的纱线形成。

图 6-3 所示为纬编和经编的线圈结构。

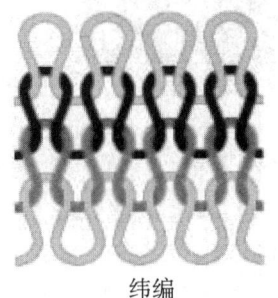

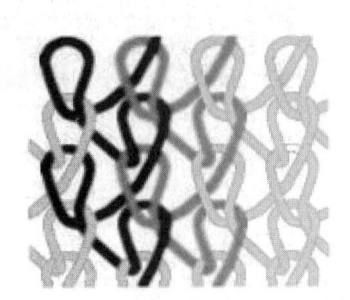

纬编　　　　　经编

图 6-3　纬编和经编线圈结构

◎ 纬编工艺和经编工艺的区别见表 6-1。

表 6-1　纬编工艺和经编工艺的区别

针织工艺	供纱条件	垫纱方式	成圈方式	纱线喂入织针方向
纬编	筒子纱	导纱器固定，顺序垫纱	顺序成圈	横向
经编	多采用经轴	导纱器将经纱绕垫在织针上，同时垫纱	同时成圈	纵向

二、针织物的性能特点

(一)线圈长度

线圈长度是针织物的重要物理机械指标,是指每一个线圈的纱线长度,一般以毫米为单位。线圈长度可以用拆散的方法测量其实际长度,或根据线圈在平面上的投影近似地进行计算。图6-2中0-1-2-3-4-5-6围成的长度即为线圈长度,它直接决定了针织物的稀密程度,影响针织物的脱散性、延伸性、耐磨性、弹性、强度、抗起毛起球性和钩丝性能,是一项重要指标。

(二)纵横向密度

密度是表示一定纱线细度下针织物稀密程度的一项物理性能指标。它直接反映针织物在规定长度内的线圈数,通常采用纵向密度(纵密)和横向密度(横密)表示(图6-4)。

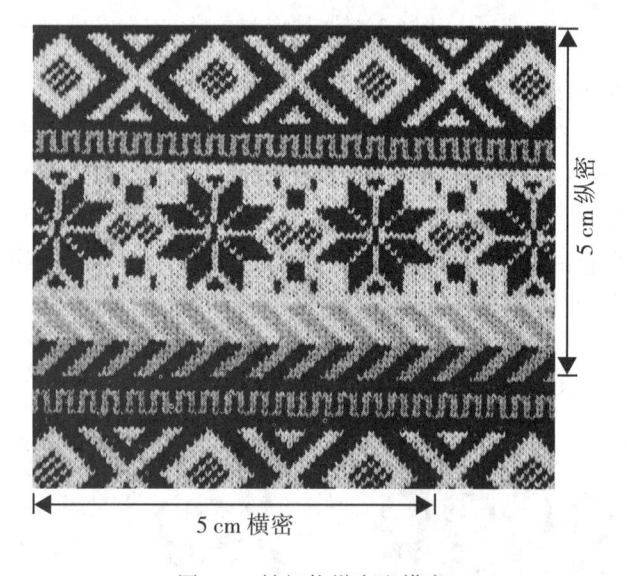

图6-4 针织物纵密和横密

◎ 纵密(P_B):沿线圈纵行方向,规定长度(如5 cm)内的线圈横列数。毛衫因线圈较大,规定长度为10 cm。

◎ 横密(P_A):沿线圈横列方向,规定长度(如5 cm)内的线圈纵行数。毛衫因线圈较大,规定长度为10 cm。

◎ 密度对比系数(C):纵密和横密的比值,反映织物中的线圈形态。

(三)未充满系数

未充满系数(δ)是表示相同的密度下纱线粗细对针织物稀密程度影响的指标。用线圈长度l与纱线直径f的比值表示。l值越大,f值越小,δ值就越大,表明织物中未被纱线充满的空间愈大,织物愈稀松。

(四)面密度(单位面积干燥质量)

面密度指每平方米针织物的干燥质量克数,又称平方米克重,单位为 g/m^2,它是考核针织物质量的经济指标和物理指标。

(五)厚度

国家标准中规定,针织物的面密度是考核针织物质量的重要指标之一。当原料种类和纱线细度一定时,面密度间接反映针织物的厚度、紧密程度。它不仅影响针织物的物理力学性能,而且是控制针织物质量和进行经济核算的重要依据。

(六)延伸性

延伸性是指针织物在外力作用下的伸长性能。延伸性受针织物的组织结构、纱线的延伸性、纱线间的摩擦系数、线圈长度和未充满系数等因素的影响。

延伸性由延伸率表征,其计算公式(图6-5):

$$X=[(L-L_0)/L_0]\times100\%$$

式中:X 为延伸率(%);L_0 为试样初始长度(mm);L 为试样拉伸长度(mm)。

(七)弹性

弹性是指当引起针织物变形的外力去除后,针织物回复原始形状的能力。弹性受针织物的组织结构、纱线的弹性、摩擦系数、线圈长度和未充满系数等因素的影响。

弹性由弹性回复率表征,其计算公式:

$$E=[(L-L_1)/(L-L_0)]\times100\%$$

式中:E 为弹性回复率(%);L_0 为试样初始长度(mm);L 为试样拉伸长度(mm);L_1 为试样回复长度(mm)。

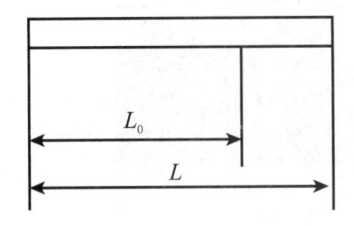

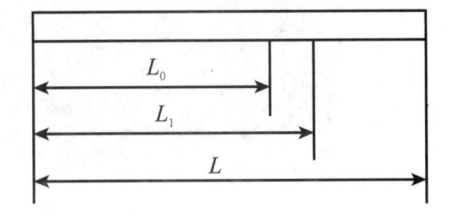

图6-5 延伸率计算示意   图6-6 弹性回复率计算示意

(八)断裂强力、顶破强力和断裂伸长率

◎ **断裂强力**:针织物在连续增加的负荷作用下至断裂时所能承受的最大负荷。

◎ **顶破强力**:针织物在连续增加的负荷作用下至发生顶破时所能承受的最大负荷。

◎ **断裂伸长率**:针织物在连续增加的负荷作用下至断裂时所伸长的长度与其初始长度的百分比。

(九)缩率

缩率是指针织物在加工或使用过程中长度和宽度的变化率。针织物的缩率有正值和负值。在横向收缩而纵向伸长时,则横向缩率为正,纵向缩率为负。缩率主要包含下机缩率

(织缩)、染整缩率(染缩)、洗涤缩率(洗缩)。缩率受织物结构、未充满系数、纵横向密度、密度对比系数、加工条件、放置条件等的影响。

缩率计算公式：

$$Y=[(H_1-H_2)/H_1]\times100\%$$

式中：Y 为缩率；H_1 为试样在加工或使用前的尺寸；H_2 为试样在加工或使用后的尺寸。

（十）脱散性

针织物的脱散性是指当针织物的某根纱线断裂或线圈失去串套联系后，线圈在外力作用下，依次从被串套的线圈中脱出，从而使针织物的线圈结构受到破坏的性能。脱散性与织物组织结构有关，一般纬编针织物较经编针织物易脱散，基本组织织物比变化组织织物或花色组织织物的脱散性大；与所用纱线的性能也有关系，如摩擦系数、抗弯刚度；还与织物的稀密程度有关。

（十一）卷边性

卷边性是指针织物在自由状态下布边发生包卷的现象，它是由线圈中弯曲的纱线段在内应力作用下力图伸直所引起的，如图 6-7 所示。卷边性与织物的组织结构、纱线弹性、纱线线密度、捻度及织物的纵横向密度有关。一般卷边性多发生在单面针织物上。

图 6-7　针织物的卷边性

（十二）钩丝、起毛、起球

◎ 钩丝：针织物中的纤维或纱线被外界物体钩出而在织物表面形成丝环。
◎ 起毛：针织物在穿着、洗涤过程中不断经受摩擦而使其中的纤维端露出于织物表面。
◎ 起球：针织物起毛后，纤维端不能及时脱落而相互纠缠在一起形成球状小粒。

影响钩丝、起毛、起球的因素包含原料、纱线结构、织物结构、染整工艺等。

（十三）成形性

成形性是指针织物特有的一次成形性能。针织物由于其线圈相对独立，可以自由收放，故根据款式与形态尺寸，可通过放针、收针、连接等改变线圈的数量或连接方法，编织出成形织物。

三、针织用纱要求

纱线在针织机上形成针织物的过程中,需要受到拉伸、弯曲、扭转、摩擦等复杂的机械作用,因此针织用纱的与机织用纱的要求不同。一般来说,针织用纱应满足以下要求:

◎ 纱线应具有一定的强度和延伸性。由于纱线在准备和织造过程中要经受一定的张力和反复的载荷作用,因此,针织用纱必须具有一定的强度。此外,纱线在编织成圈过程中,还要受到弯曲和扭转变形,因此还要求针织用纱具有一定的延伸性,以便于编织过程中弯曲成圈,并减少纱线断头。

◎ 纱线应具有良好的柔软性。针织用纱的柔软性比机织用纱要求高。因为柔软的纱线易于弯曲和扭转,并使针织物中的线圈结构均匀、外观清晰美观,同时还可减少织造过程中纱线的断头以及对成圈机件的损伤。

◎ 纱线应具有一定的捻度。一般来说,针织用纱的捻度比机织用纱低。若捻度过大,纱线的柔软性就差,织造时不易弯曲、扭转,还容易产生扭结,造成织疵,使织针受到损伤。此外,捻度过大的纱线会影响针织物的弹性,并使线圈产生歪斜。但针织用纱的捻度不能过低,否则会影响其强度,增加织造时的断头,且纱线膨松,使织物容易起毛起球,降低针织物的服用性能。因此,正确地选择捻度是合理选用针织用纱线的一个重要方面。针织物的用途不同,捻度要求也有所区别:汗布要求滑爽、紧密、表面光洁、纹路清晰,纱的捻度要大些,可接近同细度机织用经纱标准;外衣用纱线捻度应取大些,以增强挺括性,改善起毛起球现象;棉毛布、弹力布要求手感柔软,富有弹性,纱的捻度应稍低些,一般采用同细度机织用纬纱捻度的下偏差值;起绒针织物用纱,为便于拉绒,且使绒头厚薄均匀,捻度要求更小一些。

◎ 纱线的细度要均匀且纱疵少。纱线细度均匀性即纱线条干的均匀性,是针织用纱的一个重要品质指标。条干均匀的纱线有利于针织加工和保证织物质量,使线圈结构均匀,布面清晰。如纱上有粗节,则编织时不能顺利通过,造成纱线断头或损伤机件,而且在布面上容易形成横条、云斑,降低针织物品质;如纱上有细节,则此处强度不足,容易断头,影响织物的质量和降低机器生产率。因为针织机上有多路成圈系统同时进纱成圈,所以不仅要求每路纱线粗细均匀,而且各路之间纱线的粗细差异也要严格控制,否则会在布面上形成横条纹、阴影等疵病,降低织物质量。

◎ 纱线应具有良好的吸湿性。用于针织生产的纱线应具有一定的吸湿性。在相对湿度相同的条件下,吸湿性好的纱线,除了其导电性能较好,也有利于纱线捻回稳定和延伸性的提高,从而使纱线具有良好的编织性能。

◎ 纱线要具有良好的光洁度和较小的摩擦系数。针织用纱应尽可能没有杂质和油渍等,而且应很光滑。不光滑的纱线容易损伤机件,而且车间内飞花多,既影响工人身体健康,又影响针织机的生产效率和织物品质。

四、针织物的应用

(一)服装领域

针织物在服装领域的应用广泛,既可外穿,也可内穿,特别是由于其质地柔软、抗皱性和透气性好,又有很大的伸长率和弹性,适合制作内衣(图6-8)、塑身衣(图6-9)、运动服(图6-10)、泳衣(图6-11)等。

图6-8 内衣

图6-9 塑身衣

图6-10 运动衣

图6-11 泳衣

针织物除了用于服装,还广泛用于袜子、手套、帽子、鞋面等服饰领域(图6-12)。

图6-12 服饰

(二)家居领域

针织物除了用于服装和服饰领域,还广泛应用于床单、床罩、毛毯、蚊帐等床上用品(图 6-13)及窗帘、地毯、台布等家居装饰用品领域(图 6-14)。

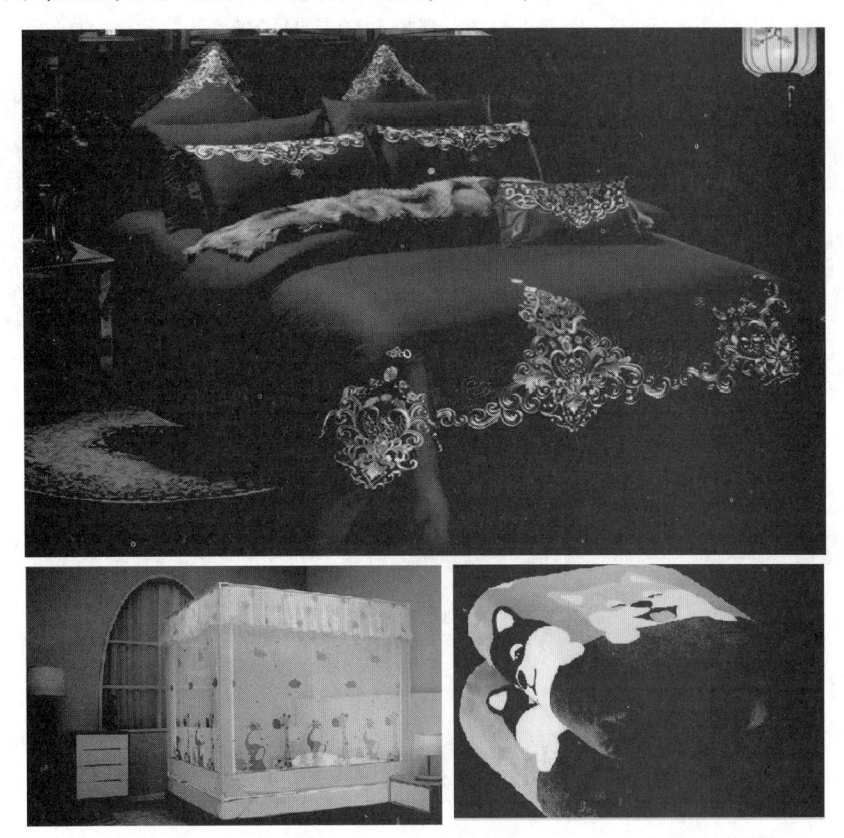

图 6-13　床上用品

图 6-14　家居装饰用品

(三)产业领域

该领域用的经编织物较多,主要应用在除尘用滤布、送油送气用高压管、橡胶和塑料工业用垫布、石油港用围油栏、建筑用安全网、农副产品用包装袋、灌溉施肥用低压软管、保护堤坝斜面用网、渔网、人工血管、人工心脏阀、绷带和膝盖保护等领域(图6-15)。

图6-15 针织物在产业领域的应用

第二节 针织物组织及其加工设备

针织物组织根据线圈结构及其排列方式的不同,可分为原组织、变化组织、花色组织,以及它们组合而成的复合组织。

一、原组织

原组织又称基本组织,它是所有针织物组织的基础,其线圈以最简单的方式组合。例如,纬编针织物中,单面的有纬平针组织,双面的有罗纹组织和双反面组织;经编针织物中,原组织是经平组织、经缎组织和编链组织。

◎ 纬平针组织:连续单元成圈相互串套,一面完全是正面线圈,而另一面完全是反面线圈的纬编组织(图6-16)。纬平针组织由于结构简单,编织方便,所以使用广泛,一般用来制作内衣(如汗衫、背心等),还用作一些花色织物的地组织。

◎ 经平组织:由两个横列构成一个完全组织,每根经纱在相邻的两枚织针上交替垫纱成圈的经编组织。织物的正反面都呈菱形网眼(图6-17)。

◎ 罗纹组织:由正面线圈纵行和反面线圈纵行以一定的组合相间排列配置而成,正反面都呈现正面线圈的外观(图6-18)。双罗纹组织由于由两个拉伸的罗纹组织复合而成,其延伸性和弹性都比罗纹组织小。在双罗纹织物中,当个别线圈断裂时,因受另一个罗纹组织中纱线的摩擦阻力的作用,不易脱散,不卷边,表面平整,而且保暖性好,被广泛应用于内衣和运动衫裤。

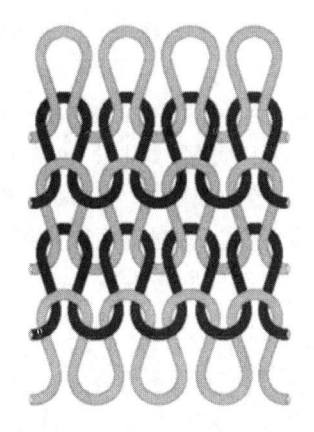

图 6-16　纬平针组织及其织物

图 6-17　经平组织及其织物

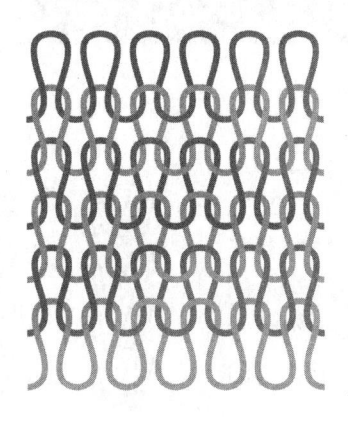

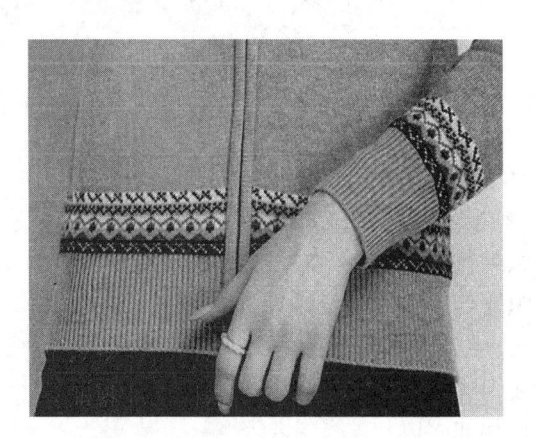

图 6-18　罗纹组织及其织物

◎ 双反面组织：由正面线圈横列和反面线圈横列按照一定的组合相间配置而成。在自然状态下，由于反面线圈横列力图向外凸出，织物在纵向缩短，厚度增加，织物两面均呈现出圈弧状外观，故称为双反面组织（图 6-19）。双反面组织的最大特点是纵向延伸性和弹性较大，适宜制作围巾、装饰布和童装，也可以应用在毛衫、袜子和手套上形成各种花式效应。

◎ 经缎组织：每根经纱在连续横列上，沿某一方向顺序编织三个或三个以上线圈，再顺序返回原处编织而形成的经编组织。最简单的经缎组织为三针经缎组织，也称四列经缎组织（图 6-20）。经缎组织的线圈可以是开口的或闭口的，且转向线圈常与中间线圈不同。在经缎组织中，不同方向倾斜的线圈横列对光线的反射不同，可在织物表面产生缎纹效果，配以不同颜色或不同种类的经纱，可形成锯齿形花纹。经缎组织的脱散性较小。

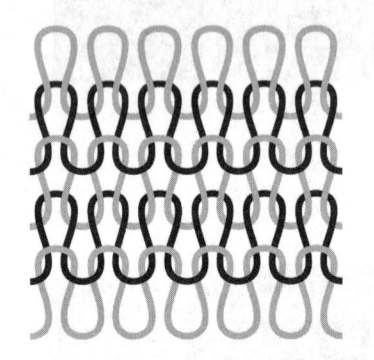

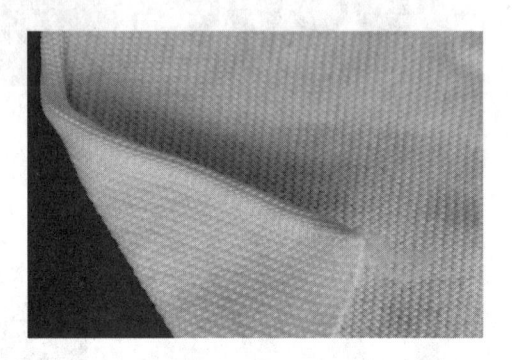

图 6-19　双反面组织及其织物

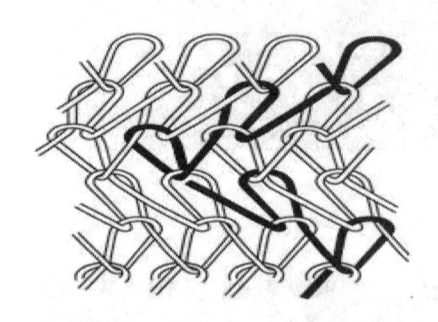

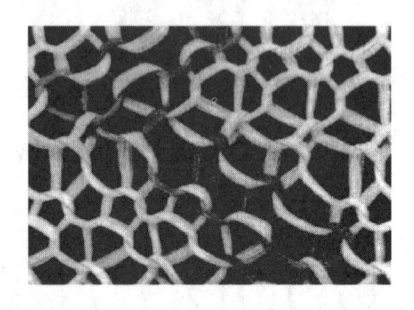

图 6-20　经缎组织及其织物

◎ 编链组织：每根经纱始终在同一枚织针上垫纱成圈的经编组织，各根经纱所形成的线圈纵行之间没有联系（图 6-21）。编链组织纵行之间没有延展线，因此它本身不能形成织物，要与其他组织复合。每一根经纱始终在同一针上垫纱。根据经纱的垫纱方式，可分为闭口编链和开口编链两种形式。编链组织除常用作钩编织物和窗纱等装饰织物的地组织外，还用作条形花边的分离纵行和加固边。

图 6-21　编链组织

二、变化组织

变化组织由两个或两个以上的基本组织复合而成,即在一个基本组织的相邻线圈纵行间,配置另一个或另几个基本组织,以改变原有组织的结构与性能。例如,纬编针织物中,单面的有变化纬平针组织,双面的有双罗纹组织。

◎ 双罗纹组织(又叫棉毛组织或双正面组织):由两个罗纹组织复合而成,正反面都呈现正面线圈,在一个罗纹组织的线圈纵行之间配置另一个罗纹组织的线圈纵行,是罗纹组织的变化组织(图6-22)。

图6-22 双罗纹组织及其织物

◎ 三针经平组织(经绒组织):由两个经平组织构成,经纱在相间的织针上交替成圈而形成的经编组织。由于线圈纵行相互挤位,其线圈形态较平整,卷边性类似纬平针组织,横向延伸性小,抗脱散性优于一般的经平组织(图6-23),被广泛应用于内外衣、衬衣等面料。

三、花色组织

花色组织以基本组织和变化组织为基础,利用线圈结构的改变或者加入辅助纱线或其他原料,以形成具有显著花色效应和不同性能的花色针织物。

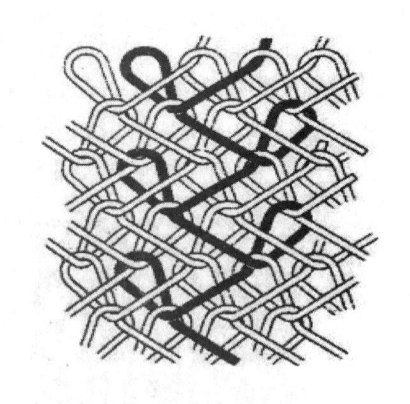

图6-23 经绒组织

◎ 集圈组织:在针织物的某些线圈上,除了有一个封闭的线圈外,还有一个或几个未封闭的悬弧所形成的针织物组织。根据形成集圈的针数多少,可以分为单针、双针及多针集圈;根据悬弧不脱圈的次数,可以分为单列、双列及多列集圈(图6-24)。单面集圈织物能够形成各种凹凸网眼,有凸起的悬弧效果。由有集圈组成的组织又称之为胖花组织。在双面织物结构上编织形成集圈组织结构的织物,称为双面集圈织物。

在双面织物结构上可形成有规律和无规律的双面集圈织物,典型的双面集圈结构有全畦编(又称双元宝针或双鱼鳞组织)和半畦编(又称单元宝针或单鱼鳞组织)(图6-25)。集圈组织的花色较多,利用集圈的排列和不同色彩的纱线,可使织物表面产生图案、闪色、孔眼及凹凸等效应。集圈针织物较厚,脱散性小和延伸性小,易抽丝,被广泛用作外衣面料。

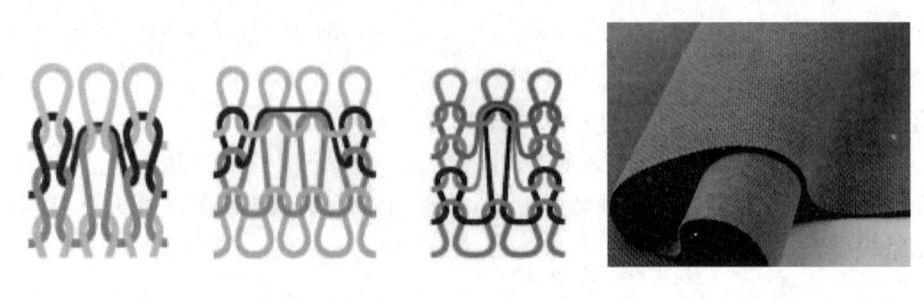

图 6-24 集圈组织及其织物

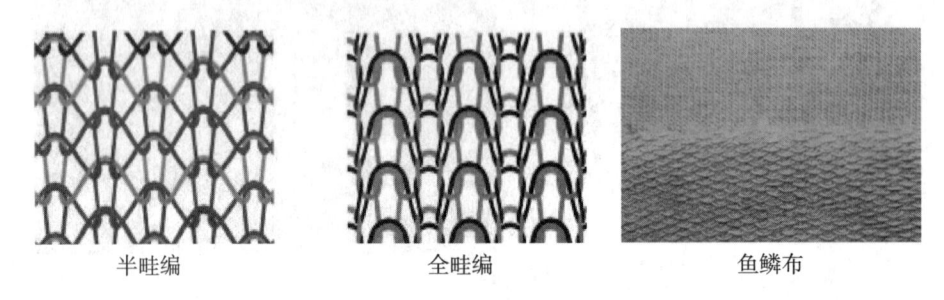

半畦编　　　　　　　　　全畦编　　　　　　　　　鱼鳞布

图 6-25 双面集圈组织及其织物

◎ 添纱组织:全部线圈或一部分线圈由一根基本纱线和一根或几根附加纱线一起形成的针织物组织。添纱组织有纬编和经编、单面和双面、素色和花色之分。在素色添纱组织中,面纱和地纱形成的线圈分别处于织物的正反两面,以改善针织物的服用性能。花色添纱组织可分为变换添纱、架空添纱和绣花添纱三类(图 6-26)。

变换添纱　　　　　　　　架空添纱　　　　　　　　绣花添纱

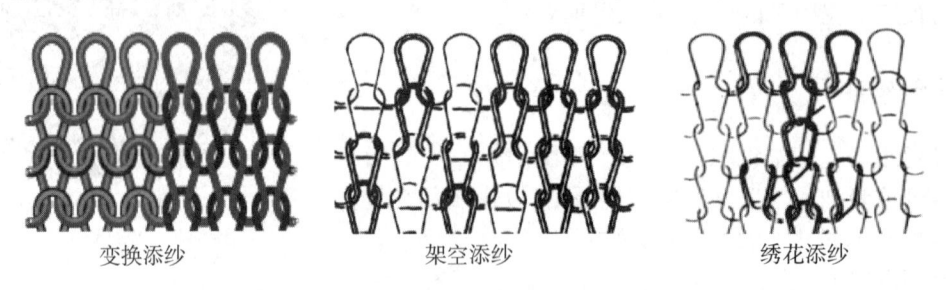

图 6-26 添纱组织

在变换添纱组织中,所有线圈都由两根纱线组成,但面纱有时处于地纱之上,有时处于地纱之下,从而形成花纹。在架空添纱组织中,大部分线圈由两根纱线形成,而一部分线圈由一根纱线形成,另一根纱线以浮线形式处于针织物的反面,这样形成的花纹清晰。当两根纱线粗细悬殊时,由细的纱线单独成圈的地方,在外观上就会呈现网孔效果。在绣花添纱组织中,地纱始终参加成圈,而添纱有规律地在针上成圈,而且形成的线圈处于织物正面,从而得到绣花效果。

◎ 摇床组织:相邻的两个或多个编织行在不同的横移位置上编织形成的组织结构。常见的有满针横移摇床组织、畦编摇床组织。摇床组织在横移位置上编织,相同或相邻针位上的线圈容易歪斜。图 6-27 所示为满针横移摇床组织。

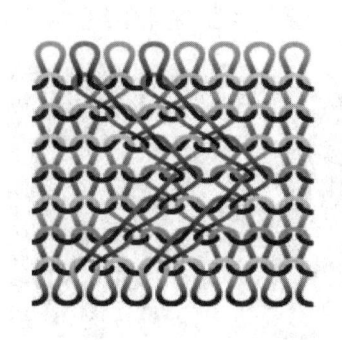

图 6-27　摇床组织及其织物

◎ 衬垫组织:由一根或几根衬垫纱线按一定比例在某些线圈上形成不封闭的圈弧,在其余的线圈上呈浮线方式停留在织物组织反面(图 6-28)。衬垫组织在纬编中用平针组织、添纱组织、集圈组织、罗纹组织等做地组织。在经编衬垫组织中,衬垫纱在地组织线圈上形成的悬弧由延展线连接,可得到多种立体效应的花纹。衬垫组织的应用较广,可用来制作外衣、运动衣和装饰用品。衬垫纱经过拉绒可形成绒布,供制作衣服等用。

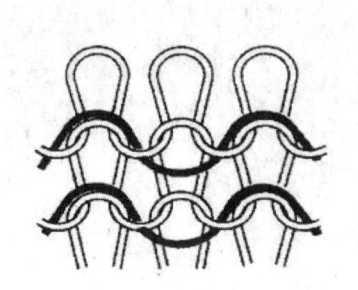

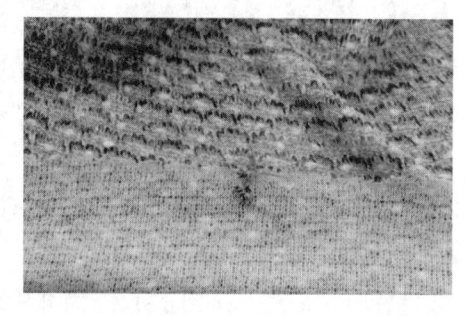

图 6-28　衬垫组织及其织物

◎ 衬纬组织:在横列方向周期性地衬入不成圈的纬纱而形成的组织(图 6-29)。衬纬组织分为纬编衬纬组织和经编衬纬组织两类。纬编衬纬组织中常用橡筋线或弹性纱作为纬纱,使针织物有良好的横向弹性。

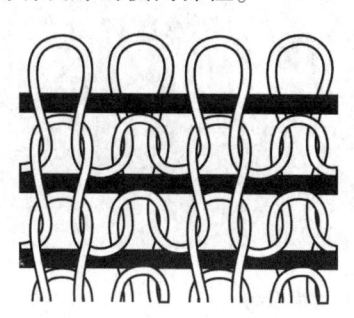

图 6-29　衬纬组织及其织物

走进纺织

◎ 提花组织：针织物的一种花色组织，也叫大花纹组织。把纱线垫放在按花纹要求所选择的织针上编织成圈而形成（图6-30）。提花组织可在纬编或经编、单面或双面针织物中形成。提花组织织物的花纹较大，图案也较复杂，如织锦、缎、丝织人像、丝织风景及提花被面等。提花组织需要采用提花织机制织。图6-30所示是简单的提花组织。

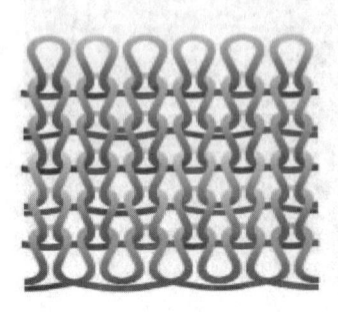

图6-30　提花组织及其织物

◎ 毛圈组织：由平针线圈和带有拉长沉降弧的毛圈线圈组合而成的一种花色组织。它的特点是用一种纱线编织地组织线圈，另一种纱线编织毛圈线圈，有纬编毛圈组织和经编毛圈组织，又有单面毛圈组织和双面毛圈组织之分（图6-31）。

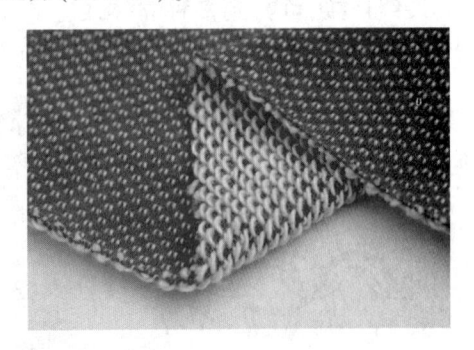

图6-31　毛圈组织及其织物

◎ 长毛绒组织：在编织过程中用纤维束或毛纱与地纱一起喂入成圈，同时纤维（如为毛纱，需要割断）以绒毛状附在表面的组织（图6-32）。

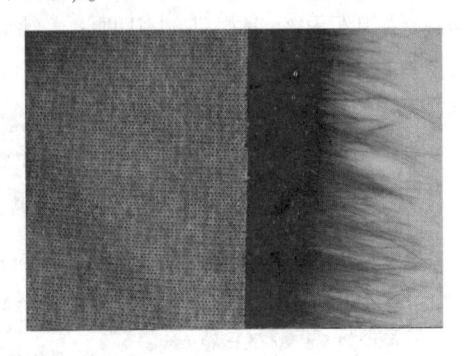

图6-32　长毛绒组织及其织物

根据纤维束喂入的形式,长毛绒组织可分为毛条喂入式和毛纱割圈式两类,每一类又有普通长毛绒和花色(提花或结构花型)长毛绒。长毛绒组织可以利用各种不同性质的纤维进行编织,由于喂入纤维的长短与粗细有差异,纤维留在织物表面的长度不一,因此可以形成毛干和绒毛两层:毛干较长较粗,呈现在织物表面;绒毛较短较细,处于毛干层下面,紧贴地组织。这种结构接近天然毛皮,因而有"人造毛皮"之称。长毛绒织物手感柔软,保暖性和耐磨性好,可仿制各种天然毛皮,单位面积质量比天然毛皮小,而且不会被虫蛀,在服装、玩具、拖鞋、装饰织物等方面有许多应用。

◎ 移圈组织(纱罗组织):在原组织的基础上,有部分线圈从当前针位转移到相邻或者其他针位而形成的组织。常见的移圈组织有挑孔组织、相互转移线圈的绞花组织和阿兰花组织(图6-33)。挑孔组织产生线圈叠加,而且会产生孔眼。绞花组织将同一针床上的线圈交换位置。阿兰花组织将正面线圈和反面线圈交换针位,并重复循环,形成阿兰花效果。

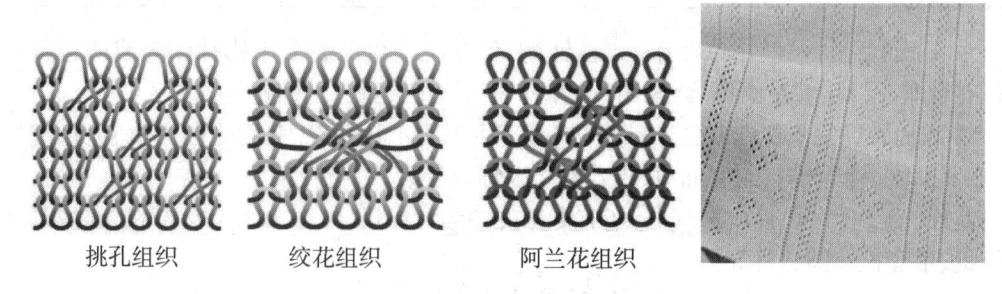

挑孔组织　　绞花组织　　阿兰花组织

图6-33　移圈组织及挑孔组织织物

第三节　针织物加工设备

针织物加工设备有多种形式,一般可以按照按工艺类别、针床数、针床形式、用针类型等进行分类。

一、按照工艺类别分

按照工艺类别可以将针织机分为纬编针织机和经编针织机两大类。

(一)纬编针织机

在纬编针织物生产中,为了编织不同组织的针织物或成形产品,所采用的针织机类型也各不相同。织针插在圆筒形针筒或针盘上者称为圆机,织针插在平板形针床上者称为横机。针床是安放织针的机件。

圆机和横机都可按针床数或针筒形式及所用织针类型分类。

纬编针织机分类见表6-2。

纬编大圆机

表 6-2 纬编针织机分类

针床数	针筒形式	织针类型	名称
单针床(筒)	平型	钩针	全成形平型针织机
		舌针	横机
	圆型	钩针	台车、吊机
		舌针	三角机、单面提花圆机、毛圈机、衬垫机、长毛绒针织机、衬经衬纬机等
		复合针	单面复合针圆机
双针床(筒)	平型	钩针	双针床平型钩针机
		舌针	横机、手套机、双反面机
	圆型	舌针	棉毛机、罗纹机、提花机、圆袜机等

◎ 单面针织物一般在单针床(或单针筒)针织机上生产。采用钩针作为成圈机件的单面机有台车、吊机、绒布圆机等,采用舌针的单面机有三角机、毛圈机等。

◎ 双面针织物只能在双针床针织机(或双面圆机)上生产,它们一般为舌针机,如罗纹机、双罗纹机(棉毛机)、双反面机、提花圆机及横机等。

此外,为了生产单件成形产品,还有专用的纬编针织机,如全成形自动横机、全成形平型钩针机、手套机和圆袜机等。

(二)经编针织机

◎ 按针床数,可分为单针床经编机和双针床经编机。

◎ 按织针类型,可分为钩针经编机、舌针经编机和复合针经编机。

◎ 按织物引出的方向,可分为特利科经编机和拉舍尔经编机。针织行业主要采用这种分类。两种经编机都采用复合针——槽针,机器速度都很高。根据坯布牵离织针时坯布与织针的夹角来确定经编机属于哪种类型。通常,在特利科经编机上,这个夹角接近90°,而在拉舍尔经编机上,这个夹角接近180°,即接近于垂直向下牵拉。有的织物适合采用拉舍尔经编机编织,如氨纶网眼织物;有些织物适合采用特利科经编机编织,如双向弹力平布。两种经编针织机的特点见表6-3。

表 6-3 两种经编针织机的特点

特利科经编机	拉舍尔经编机
织物相对于织针平面近似呈直角状牵拉,织物张力由织针承担	织物相对于织针平面近似呈平行状牵拉,织物张力对织针不太起作用
垫入纱线张力过大时,会对已成圈的纱线产生回抽,编织困难,特别是弹性纱线不宜做衬纬垫纱	弹性纱线能用于衬纬垫纱
适应高速运转	采用多梳栉、压板装置、贾卡装置等
主要使用复合针、钩针等	主要使用舌针、自闭钩针(钩编机用)等
梳栉数目较少,机号较高	梳栉数目较多,机号较低
机速高	机速低

二、按针床数分

无论是纬编针织机还是经编针织机,都可以按照针床数分为单针床(筒)针织机、双针床(筒)针织机和多针床(筒)针织机。

| 拉舍尔型经编机 | 特利科型经编机 | 双针床(筒)纬编机 | 双针床(筒)经编机 |

三、按针床形式分

按针床形式分为平型针织机和圆型针织机,这主要针对纬编针织机。当织针插入平针床时,针织机被称为平型针织机(图6-34);当织针插入圆柱形针筒或针板时,针织机被称为圆型针织机(图6-35)。

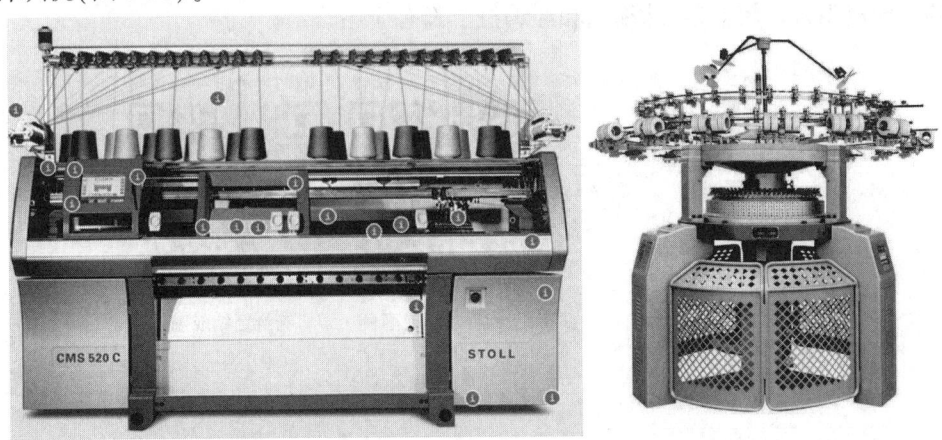

图 6-34 平型针织机　　　　图 6-35 圆型针织机

四、按织针类型分

按织针类型分为钩针机、舌针机和复合针机。

(一) 舌针机

带有针舌的织针,称之为舌针,如图6-36所示。在成圈过程中,沿着自身长度方向往复移动,把纱线编织成线圈。舌针相对于纱线移动时,依靠针杆上的旧线圈使针舌回转,关闭针口,使垫在针钩下的纱线与旧线圈分别处于针舌两侧。随着针的进一步移动,纱线穿过旧线圈而形成新线圈。

走进纺织

图 6-36　舌针

舌针纬编成圈　　舌针经编成圈

(二) 钩针机

带有针钩的织针，称之为钩针，如图 6-37 所示。在成圈过程中，在沉降片配合下，纱线与旧线圈做相对移动，形成新线圈。为了使针口闭合，便于旧线圈的串套，钩针上设有针槽，以便容纳针钩尖端没入。钩针较舌针的结构简单，制造方便，可编织较细薄的织物，但与其配合的其他成圈机件较复杂，纬编机和经编机上都有应用。

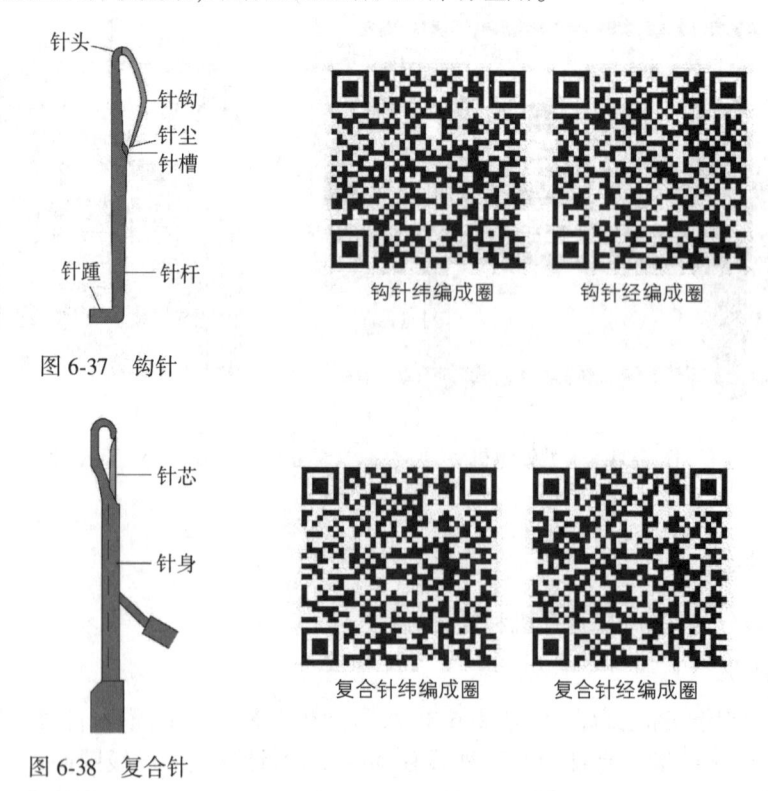

图 6-37　钩针

钩针纬编成圈　　钩针经编成圈

复合针纬编成圈　　复合针经编成圈

图 6-38　复合针

(三) 复合针机

复合针由针身和针芯两部分组成，如图 6-38 所示。在成圈过程中，针芯沿针身移动，开放或关闭针口以形成线圈。复合针在成圈过程中所需移动的动程比舌针、钩针小,这就为针织机提高生产率创造了条件。复合针分槽针与管针两种。管针针身呈中空圆柱形,而槽针针身为一带槽的长杆。管针制造困难,应用较少;而槽针除了已广泛使用于高速经编机,在纬编针织机上也开始采用。

五、针织机的机号

机号是反映针织机针床上针与针间距及所用织针粗细的一个指标,一般用针床上规定长度内所具有的织针数表示:

$$E = 25.4/T$$

式中:E 为机号;T 为针距(mm)。

如 $E18$,表示机号为 18 针/mm。

机号 E 越高,针距越小,织针排列就越密,织针越细薄,编织时所用的纱线也就越细。

同步练习

一、单选题

1. 下列有关针织物的缩率正确的叙述是(　　)。
   A:只能是负值　　　　　　　　B:只能是正值
   C:可以是正值,也可以是负值　　D:以上都不对

2. 在纱线细度不变的情况下,横密越大,则织物横向越(　　);纵密越大,则织物纵向越(　　)。
   A:紧密,紧密　　　　　　　　B:稀疏,稀疏
   C:紧密,稀疏　　　　　　　　D:稀疏,紧密

3. 经编针织物和纬编针织物的完整线圈除圈干、圈弧相同外,不同的一个特点是(　　)。
   A:经编叫沉降弧,纬编叫延展线　　B:经编叫延展线,纬编叫沉降弧
   C:经编叫下沉线,纬编叫下沉弧　　D:经编叫下沉弧,纬编叫下沉线

4. 有开口线圈和闭口线圈之分的针织物是(　　)。
   A:纬编织物　　　　　　　　　B:经编织物

5. 针织物未充满系数越大,表明织物中未被纱线充满的空间越(　　),织物越(　　)。
   A:大,稀松　　　　　　　　　B:小,稀松
   C:大,紧密　　　　　　　　　D:小,紧密

6. 针织物的横密和纵密用单位长度线圈横列数和纵行数表示,单位长度指的是(　　)。
   A:10 cm　　　　　　　　　　B:5 cm
   C:1 cm　　　　　　　　　　　D:20 cm

7. 导纱器将经纱绕垫在织针上,同时垫纱的针织物是(　　)。
   A:纬编织物　　　　　　　　　B:经编织物

8. 需要经过整经工序的针织物是(　　)。
   A:纬编织物　　　　　　　　　B:经编织物

9. 一般来说,正反面线圈纹路互相垂直的是(　　)。
   A:纬编织物　　　　　　　　　B:经编织物
   C:机织物　　　　　　　　　　D:非织造布

10. 一般来说,线圈不易拆开的是(　　)。
    A:纬编针织物　　　　　　　　B:经编针织物
    C:机织物　　　　　　　　　　D:非织造布

11. 经编机按照牵拉角度(纱线张力方向和织物张力方向的夹角)可分为(　　)。
    A:单针床经编机、双针床经编机

B：Tricot 经编机、Raschel 经编机

C：钩针经编机、舌针经编机、复合针经编机

D：平型经编机、圆型经编机

12. 由一组或几组平行排列的纱线由经向喂入平行排列的工作织针上，同时成圈形成的一种织物，称为（　　）。

A：纬编织物　　　　　　　　B：经编织物

C：机织物　　　　　　　　　D：非织造布

13. 机号 E 越高，针距越小，织针排列就越（　　），织针越（　　），编织时所用的纱线也就越（　　）。

A：稀，粗，粗　　　　　　　B：稀，细，细

C：密，粗，粗　　　　　　　D：密，细，细

14. 针织机按照针床数可分为（　　）。

A：纬编机、经编机

B：单针床针织机、双针床针织机

C：平型针织机、圆型针织机

D：钩针机、舌针机、复合针机

15. 针织机按照针床形式可分为（　　）。

A：纬编机、经编机

B：单针床针织机、双针床针织机

C：平型针织机、圆型针织机

D：钩针机、舌针机、复合针机

16. 针织机按照织针类型可分为（　　）。

A：纬编机、经编机

B：单针床针织机、双针床针织机

C：平型针织机、圆型针织机

D：钩针机、舌针机、复合针机

17. 针织机按照工艺类别可分为（　　）。

A：经编机、纬编机

B：单针床针织机、双针床针织机

C：平型针织机、圆型针织机

D：钩针机、舌针机、复合针机

18. 经编针织物中，显示延展线的一面称为（　　），显示圈柱的一面称为（　　）。

A：工艺正面，工艺反面　　　B：工艺反面，工艺正面

C：正面，反面　　　　　　　D：反面，正面

19. 在纬编针织物中，圈柱覆盖圈弧的一面称为（　　），圈弧覆盖圈柱的一面称为

（　　　）。

A：工艺正面,工艺反面　　　　　B：工艺反面,工艺正面

C：正面,反面　　　　　　　　　D：反面,正面

20. 针织物中,沿横向组成的一行线圈称为_____,沿纵向相互串套形成的一列线圈称为（　　　）。

A：纬密,经密　　　　　　　　　B：横列,纵行

C：横向,纵向　　　　　　　　　D：横行,纵列

21. 纬编针织是将纱线沿（　　　）喂入针织机的工作织针,顺序地弯曲成线圈并相互串套形成针织物的一种工艺技术。

A：横向　　　　　　　　　　　　B：纵向

C：上方　　　　　　　　　　　　D：下方

22. 组成针织物的基本结构单元是（　　　）。

A：组织点　　　　　　　　　　　B：线圈

C：经纱　　　　　　　　　　　　D：纬纱

二、多选题

1. 与机织物相比,针织物具有的不同性能是（　　　）。

A：卷边性　　　　　　　　　　　B：脱散性

C：延伸性　　　　　　　　　　　D：弹性

2. 线圈有三种结构形式,分别是（　　　）。

A：成圈线圈　　　　　　　　　　B：打结线圈

C：集圈线圈　　　　　　　　　　D：浮线

3. 纬编针织物的线圈由（　　　）、（　　　）、（　　　）三部分组成。

A：针编弧　　　　　　　　　　　B：圈柱

C：沉降弧　　　　　　　　　　　D：曲线弧

三、讨论题

1. 针织物和机织物主要规格指标的不同点和相同点是什么？
2. 针织物的性能和机织物相比有哪些不同？
3. 经编工艺和纬编工艺的区别是什么？
4. 经编织物和纬编织物如何进行区分？

第七讲　神奇的纤维直接成布

知识目标：
1. 能阐述非织造加工的工艺流程；
2. 能列举非织造材料的成网和加固技术的类别；
3. 能解释非织造加工工艺的基本原理。

能力目标：
1. 能区分各种非织造材料加工方法；
2. 能区分机织、针织、非织造工艺。

素质目标：
通过学习非织造材料的成网和加固技术方法，理解非织造加工工艺的变化多端和可加工原料品种的多种多样，养成大胆创新、潜心研究的工作作风，树立热爱工作、热爱岗位的精神。

本讲内容简介：
主要介绍非织造材料的分类、产品用途及成网和加固技术。

扫码可浏览本讲彩图

走进纺织

思维导图：

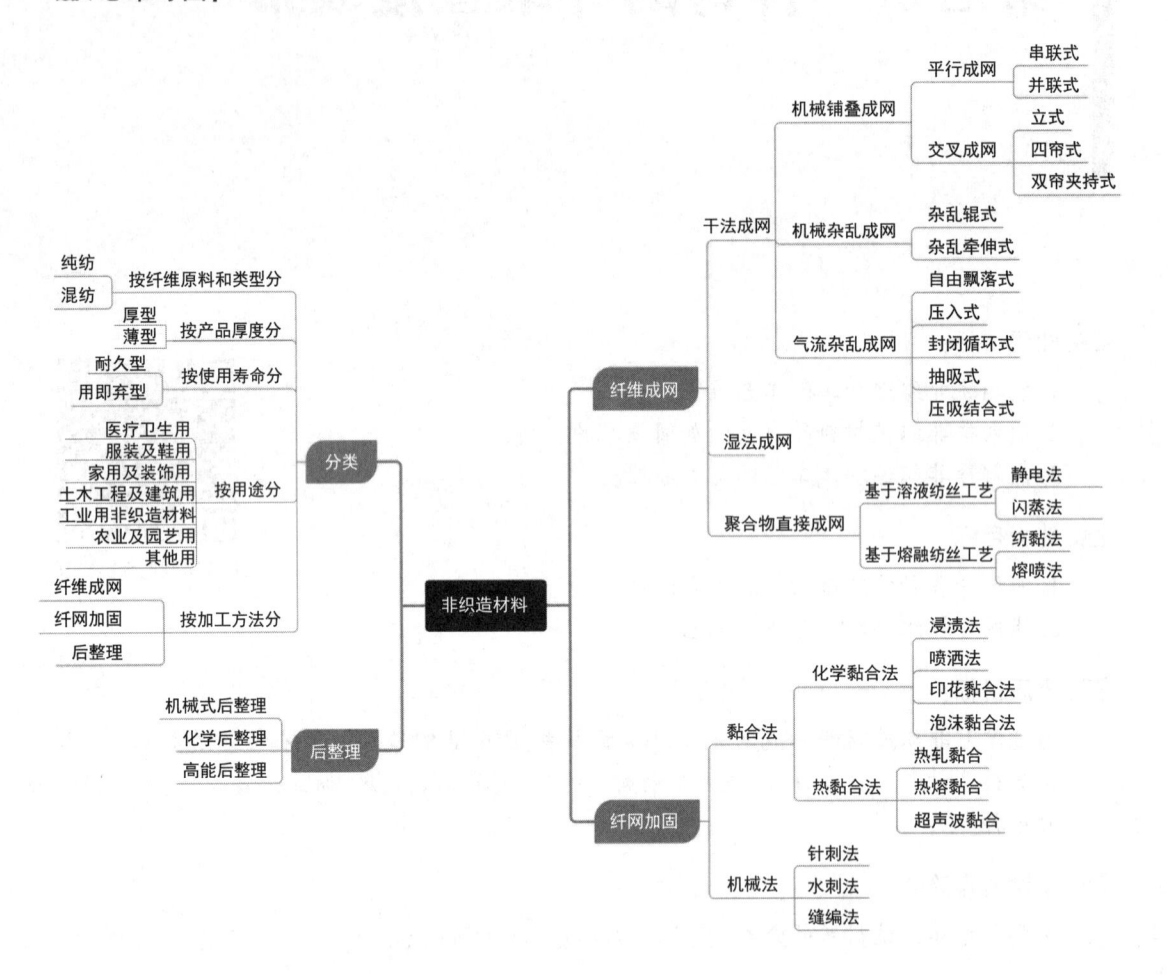

非织造材料
- 分类
  - 按纤维原料和类型分
    - 纯纺
    - 混纺
  - 按产品厚度分
    - 厚型
    - 薄型
  - 按使用寿命分
    - 耐久型
    - 用即弃型
  - 按用途分
    - 医疗卫生用
    - 服装及鞋用
    - 家用及装饰用
    - 土木工程及建筑用
    - 工业用非织造材料
    - 农业及园艺用
    - 其他用
  - 按加工方法分
    - 纤维成网
    - 纤网加固
    - 后整理
- 后整理
  - 机械式后整理
  - 化学后整理
  - 高能后整理
- 纤维成网
  - 干法成网
    - 机械铺叠成网
      - 平行成网
        - 串联式
        - 并联式
      - 交叉成网
        - 立式
        - 四帘式
        - 双帘夹持式
    - 机械杂乱成网
      - 杂乱辊式
      - 杂乱牵伸式
    - 气流杂乱成网
      - 自由飘落式
      - 压入式
      - 封闭循环式
      - 抽吸式
      - 压吸结合式
  - 湿法成网
  - 聚合物直接成网
    - 基于溶液纺丝工艺
      - 静电法
      - 闪蒸法
    - 基于熔融纺丝工艺
      - 纺黏法
      - 熔喷法
- 纤网加固
  - 黏合法
    - 化学黏合法
      - 浸渍法
      - 喷洒法
      - 印花黏合法
      - 泡沫黏合法
    - 热黏合法
      - 热轧黏合
      - 热熔黏合
      - 超声波黏合
  - 机械法
    - 针刺法
    - 水刺法
    - 缝编法

第一节　非织造材料的概念及分类

唯一可以从纤维直接成布而不需要通过传统纺纱、织造的工艺，就是非织造工艺，其产品被称为非织造材料，又被称为无纺布、非织造布、不织布，最初来源于英文 nonwoven fabric 直译，后国家为统一规范，称之为非织造材料，因为其外观不局限于布的外观。为了区别湿法非织造材料和纸，规定纤维成分中长径比大于 300 的纤维占全部质量的 50% 以上，或长径比大于 300 的纤维虽占全部质量的 30% 以上，但其密度小于 0.4 g/cm^3 的属于非织造材料，反之为纸。

一、非织造材料的特点

◎ 工艺流程短，劳动生产率高，是最有利于实现连续化和自动化生产的纺织品。
◎ 生产速度高，经济效益显著，因为工艺流程短，而且不受纺纱和织造速度的限制。
◎ 原料范围广，可以采用任何纺织纤维原料。几乎每一种已知纺织纤维原料都可用于非织造材料生产。
◎ 产品品种多，使用领域广泛。非织造材料的主要生产方法有 10 余种，每种方法又有许多工艺流程变化的可能性，可广泛应用于医疗卫生、家居生活、服装、制革、农业、汽车、环保、建筑、过滤等领域。

二、非织造材料的分类

1. 按纤维原料和类型分类

按纤维原料可分为单一纤维品种纯纺非织造材料和多种纤维混纺非织造材料。按纤维类型分为天然纤维非织造材料和化学纤维非织造材料。在非织造材料的生产中，其纤维原料的选择是至关重要而又非常复杂的，涉及最终产品用途、成本和可加工性等因素。非织造材料的原材料主要包括聚丙烯纤维（丙纶）、聚酯纤维（涤纶）、黏胶纤维、丙烯酸纤维及聚酰胺纤维，其中聚丙烯纤维和聚酯纤维占绝大多数。各类原料的使用比例不同会影响非织造材料的特性和用途。在 2000 年以前，黏胶纤维在非织造布生产中使用最多。2000 年以后，聚丙烯纤维及聚酯纤维在卫生吸收材料及医用非织造材料的生产中实现推广，并逐步占据主导地位。

2. 按产品厚度分类

可分为厚型和薄型非织造材料（有时也细分为厚型、中型和薄型三种）。非织造材料的厚度会影响产品性能和外观质量。不同品种和用途的非织造材料，其厚度差异较大。

3. 按使用寿命分类

可分为耐久型非织造材料和用即弃型非织造材料（使用一次或数次就抛弃）。耐久型非织造材料产品要求维持一段较长的使用时间，如服装衬里、地毯、土工布等；用即弃型非织造材料多见于医疗卫生用品。

4. 按用途分类

◎ 医疗卫生用非织造材料包括医用及卫生保健类。医用非织造材料包括手术服、手术帽、口罩、包扎材料、医用手帕、绷带、纱布,以及病房用床单、枕套、床垫等。卫生保健类非织造材料如卫生巾、卫生护垫、婴幼儿尿布、成人失禁用品、湿巾,以及化妆卸妆用材料等(图7-1)。

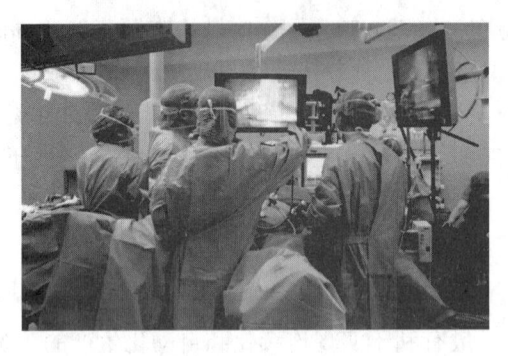

图7-1 医疗卫生用非织造材料

◎ 服装及鞋用非织造材料:主要用于衬基布、服装(图7-2)及鞋,如领底衬、胸衬、垫肩、保暖絮片、劳动服、防尘服、内衣裤、童装、鞋内衬、鞋中底革、鞋面合成革及布鞋底等。

图7-2 服装用非织造材料

◎ 家用及装饰用非织造材料:主要用于被胎、床垫、台布、沙发布、窗帘、地毯、墙布、家具布、床罩及各类清洁布等(图7-3)。

图7-3 家用及装饰用非织造材料

◎ 土木工程及建筑用非织造材料：主要用于水利、铁路、公路、机场及球场等，包括加固、加筋、保护、排水、反渗透、分离等用的土工布，以及屋顶防水材料、人造草坪和建筑保温材料等（图7-4）。

图7-4　土木工程及建筑用非织造材料

◎ 工业用非织造材料：工业上使用的各类过滤材料、绝缘材料、抛光材料、工业用毡、吸附材料、篷盖材料及造纸毛毯，汽车中的地毯、车顶、门饰、护壁等隔热、隔声材料和门窗密封材料，以及纤维增强复合材料中的增强材料等（图7-5）。

通风设计　　　　　喷涂行业

废气治理　　　　　食品工业

图7-5　工业用非织造材料

◎ 农业及园艺用非织造材料：用于地膜、保温、覆盖、遮光、防病虫害、无土栽培的非织造材料（图7-6）。

图 7-6　农业及园艺用非织造材料

◎ 其他非织造材料：用于合成纸、包装袋、广告灯箱、地图布、书法毡、标签、人造假花、钢琴呢、香烟滤嘴、一次性餐具、模型用材及舞台道具等。

5. 按加工方法分类

不同的非织造材料对应不同的加工方法和工艺技术原理。除了根据产品用途、成本、可加工性等进行原料选择外，其生产过程通常分为纤维成网（简称成网）、纤网加固（成形有时也称为固结）和后整理三个环节。对应每个生产环节，又有许多不同的加工方法。

(1)纤维成网：将纤维分梳后形成松散的纤维网结构。按照纤维成网的方式，可分为以下几种：

◎ 干法成网：在纤维干燥的状态下，利用机械、气流、静电及其组合形成纤维网。此法可细分为机械成网、气流成网等。

◎ 湿法成网：类似造纸的工艺原理，又称为水力成网或水流成网，即在以水为介质的条件下，将短纤维均匀悬浮于水中，并借水流作用，使纤维沉积在透水的帘带或多孔滚筒上，形成湿的纤网。湿法成网可细分为圆网法和斜网法。

◎ 聚合物直接成网：利用聚合物挤压纺丝的原理，采用高聚物的熔体或溶液通过熔融纺丝、干法纺丝、湿法纺丝或静电纺丝技术形成非织造材料。前三种方法是先通过喷丝孔形成长丝或短纤维，然后将这些长丝或短纤维铺放在移动的传送带上，形成连续的纤维网。静电纺丝成网主要是在静电场中使用液体或熔体拉伸成丝，然后收集纤维成网。此外还有一些不是很常用的成网方法，如膜裂法、闪蒸法等。

(2)纤维加固：通过上述方式形成的纤维网，其强度很低，还不具备使用价值。由于不像传统的机织物或针织物等纱线之间依赖交织或相互串套而联系，所以纤维加固成为使纤维网具有一定强度的重要工序。加固的方法主要有以下几种：

◎ 机械加固：通过机械方法使纤维网中的纤维缠结或用线圈状的纤维束或纱线使纤维网加固，如针刺法、水刺法和缝编法等。

◎ 化学黏合：首先将黏合剂以乳液或溶液的形式沉积于纤维网内或周围，然后通过热处理，使纤维网内纤维在黏合剂的作用下相互黏结加固。

◎ 热黏合：将纤网中的热熔纤维或热熔颗粒在交叉点或轧点处受热熔融固化，使纤维网加固，又分为热熔法和热轧法。

（3）后整理：目的是改善或提高最终产品的外观与使用性能，或者与其他类型的织物相似，赋予产品某种独特的功能。但并非所有的非织造材料都必须经过后整理，这取决于产品的最终用途。后整理方法可以分为以下三类：

◎ 机械后整理：应用机械设备或机械方法，改进非织造材料的外观、手感或悬垂等性能，如起绒、起皱、压光、轧花等。

◎ 化学后整理：利用化学试剂对非织造材料进行处理，赋予其产品某些特殊的功能，如阻燃、防水、防臭、抗静电、防辐射等，同时还包括染色及印花等。

◎ 高能后整理：利用热能、超声波或辐射对非织造材料进行处理，主要包括烧毛、热缩、热轧凹凸花纹、热缝合等。

三、非织造材料的特征指标

非织造材料的特征指标决定其产品质量。这些特征指标主要包括面密度、厚度、均匀度和回潮率等，决定了非织造产品的其他物理力学性能。了解和掌握这些特征指标，对生产企业进行工艺和质量管理指导，是十分重要的。

（一）面密度

非织造材料的面密度又称为定量，是指单位面积质量，单位是 g/m^2。面密度可以客观地反映产品的原料用量，它与产品的厚度、质量有一定的关系。不同用途的非织造材料，其厚度、质量不同。如土工布的面密度为 $150\sim750\ g/m^2$，过滤类非织造材料的面密度为 $140\sim160\ g/m^2$，衬布的面密度为 $25\sim70\ g/m^2$，擦拭布的面密度为 $15\sim100\ g/m^2$，絮片类的面密度为 $100\sim600\ g/m^2$，包覆布的面密度为 $15\sim150\ g/m^2$。

（二）厚度

非织造材料的厚度是指其在规定的压力下两个表面之间的距离。它是评定非织造材料外观性能的主要指标之一。厚度根据产品的用途、种类不同而不同，同时它会影响产品的许多性能，如坚牢度、保暖性、透气性、刚度和悬垂性等。

（三）均匀度

非织造材料的均匀度是指产品各处的厚薄均匀状况，面密度是否稳定一致，它能综合反映非织造材料的各项性能。最终产品的均匀度是否一致，主要受梳理和铺网的影响。

四、非织造材料的加工工艺流程

普通非织造材料的加工工艺流程一般为纤维原料→成网→加固→非织造材料。这里的纤维原料可以是天然纤维，也可以是化学纤维。

第二节　非织造材料的纤维成网

纤维要想成为非织造材料,必须先形成片状结构,这需要将散纤维制成网状结构,而形成网状结构的方法主要有三种:干法成网、湿法成网和聚合物直接成网。

一、干法成网

干法成网是在干态条件下,将纤维制成纤网的一种非织造成网技术。干法成网包含成网前准备、纤维梳理和成网三个过程。

（一）成网前准备

◎ 纤维选择:原则上考虑原料中各纤维成分的性能、生产工艺条件和成品性能要求。

◎ 加油剂:目的是减少纤维的摩擦,防止纤维产生静电,以达到柔软、平滑而又有良好抱合性的要求。

三种成网方式

◎ 开松与混合:目的是对纤维原料进行松解,使原料中的各种纤维成分均匀混合,且尽可能地减少纤维的损伤。

◎ 除杂:目的是清除原料中的大部分杂质和疵点,且尽可能地减少纤维的损伤。

（二）纤维梳理

1. 梳理的目的和作用

◎ 彻底分梳纤维原料,使之成为单纤维状态。

◎ 使原料中各纤维成分进一步混合均匀。

◎ 进一步清除杂质。

◎ 使纤维平行伸直。

◎ 将纤维梳理成厚薄均匀的纤维网。

2. 梳理设备

非织造布生产中使用的梳理设备主要有罗拉式梳理机和盖板式梳理机两大类。盖板式梳理机适合梳理棉纤维、棉型化纤及中长化纤。罗拉式梳理机适合梳理长度大于 51 mm 的较长纤维。

非织造布加工梳理设备针布采用金属针布,主要是因为弹性针布虽然对纤维的损伤较小,但由于纤维的握持力和穿刺分梳能力较小,纤维容易充塞,需要定期清理,不能适应非织造的高速度、高效率梳理;而金属针布对纤维握持良好,穿刺分梳能力强,能阻止纤维下沉,减少充塞,针尖不易变形,满足非织造对高速度、强分梳的工艺要求。

（三）成网

单纤维（短纤或长丝）按一定方式组成纤维网的过程叫成网。在干法非织造材料加工中,成网指短纤维成网。利用斩刀或剥棉罗拉直接从道夫上剥下的纤维网,存在均匀度差、纵横向强度差异大、定量和幅宽不满足产品要求等问题,需要通过铺网或专门的成网方式加以改善,以达到纤网均匀、纤维杂乱、纤网厚度和幅宽合适的目的。成网方式有机械铺叠成网、机械杂乱成网、气流杂乱成网三种。

1. 机械铺叠成网

机械铺叠成网可以分为平行铺网和交叉铺网。

(1) 平行铺网。平行铺网是指将各梳理机输出的薄纤网平行铺叠,形成一定厚度、结构的纤网的成网技术。根据梳理机的摆放顺序不同,分为串联式和并联式两种(图7-7)。

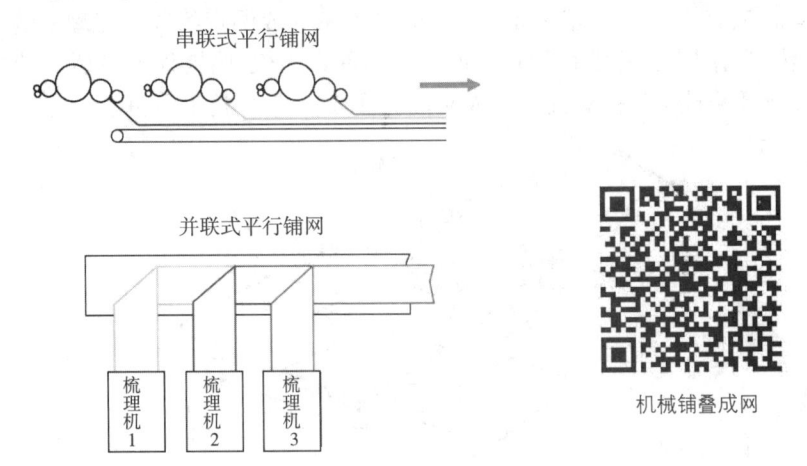

图 7-7 平行铺叠成网

平行铺叠成网所获得的纤网,纤维沿纵向高度定向,外观平整,均匀度高。但对生产高面密度的纤网而言,需要配置的梳理机多,占地面积大,而且最终纤网的幅宽受到梳理机有效工作幅宽的限制,一般用于生产面密度低、幅宽小的产品。常用于医疗卫生材料、服装衬、电器绝缘材料。

(2) 交叉铺网。交叉铺网是将梳理机输出的纤网,经过输送系统喂入一对纤网夹持帘(铺网帘),纤网在此帘的控制下做与自身输出方向垂直的往复运动,被铺放到一个运动的帘子上(成网帘),通过交叉往复铺叠,形成厚的纤网。其特点:纤网宽度不受梳理机工作宽度的限制;可获得高面密度的纤网;可以调节纤网中纤维的排列方向,甚至使最终产品的横向强度大于纵向强度;可获得均匀性良好的纤网。

交叉铺网可分为立式铺网、四帘式铺网和双帘夹持式铺网三种。

◎ 立式铺网(图7-8)。梳理机输出的单层薄纤网,由斜帘输送到上面的水平帘上,然后进入一对往复摆动的立式夹持帘,使其在成网帘上进行横向往复运动,铺叠成具有一定厚度、宽度的纤网。该方法结构简单,但是成网宽度由往复摆动夹持帘的动程决定,这限制了成品的宽度,同时速度也受到限制,摆动快则纤网受气流影响较大,因此实际使用也较少。

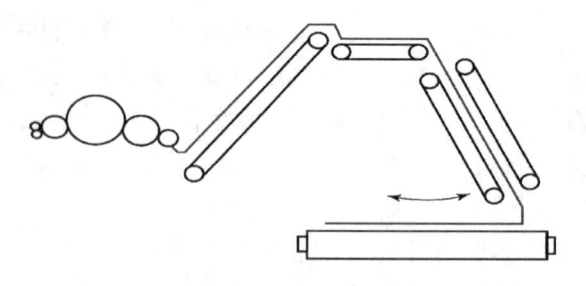

图 7-8　立式铺网

◎ 四帘式铺网（图 7-9）。由输网帘、补偿帘、铺网帘和成网帘组成。梳理机输出的薄纤网经过定向回转的输网帘和补偿帘到达铺网帘。铺网帘不仅回转，而且按所需的成网宽度来回运动，因此薄纤网被交叉折叠铺放在成网帘上，形成一定厚度的纤网。

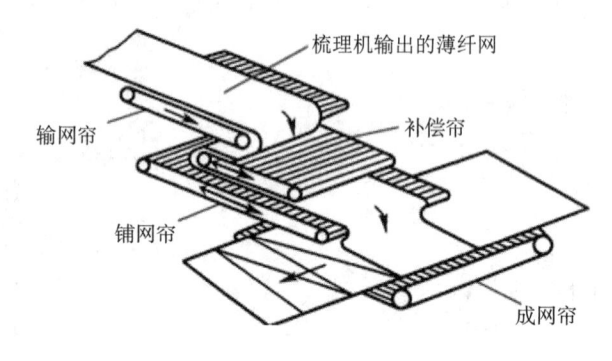

图 7-9　四帘式铺网

◎ 双帘夹持式铺网（图 7-10）。由于薄纤网始终在双帘夹持下运动，因此它不会受到意外张力和气流的干扰，既可提高铺网速度，又可改善均匀性。

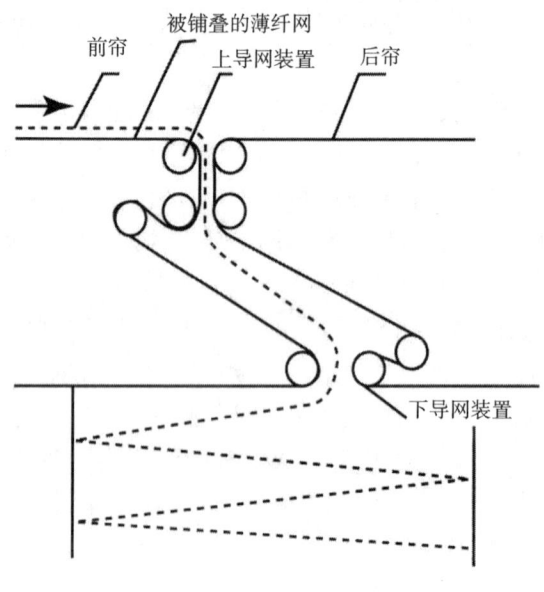

图 7-10　双帘夹持式铺网

2. 机械杂乱成网

机械杂乱成网有两种不同的杂乱方式，即杂乱辊式成网和杂乱牵伸式成网。

◎ 杂乱辊式成网（图 7-11）。在道夫之后加装的杂乱辊，称为凝聚罗拉，速度比道夫低；在锡林和道夫之间加装的杂乱辊，称为杂乱罗拉，速度比道夫高。还可以将凝聚罗拉和杂乱罗拉联合使用。这些都称为杂乱辊式成网。

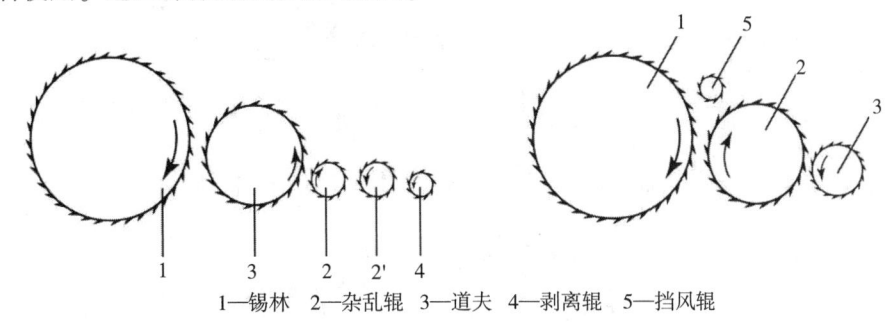

1—锡林　2—杂乱辊　3—道夫　4—剥离辊　5—挡风辊

图 7-11　杂乱辊式成网

◎ 杂乱牵伸式成网（图 7-12）。利用交叉铺网机铺叠的纤网，纤维在纤网中大体呈横向排列。利用多对罗拉的小倍牵伸，使纤网中横向排列的部分纤维朝纵向移动，从而改变纤维的排列方向，使纤网的纵横向强力比变小，物理力学性能趋于各向同性。

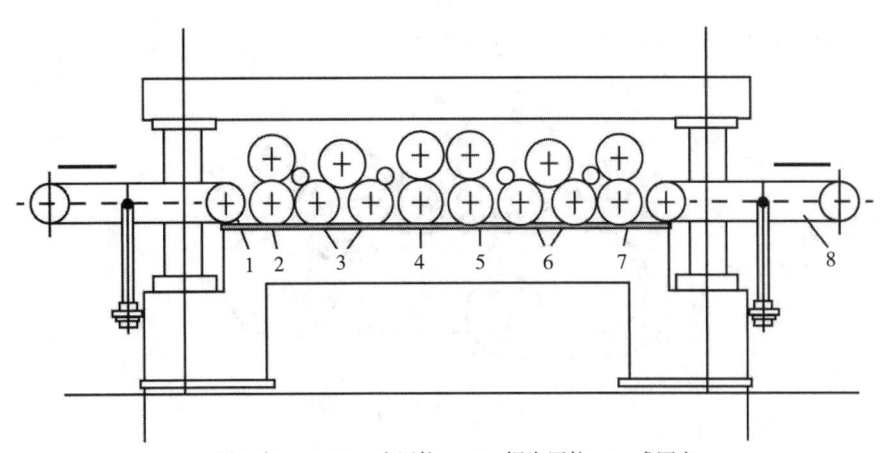

1—喂入帘　2,3,6,7—光罗拉　4,5—锯齿罗拉　8—成网帘

图 7-12　杂乱牵伸式成网

3. 气流杂乱成网

气流杂乱成网通常简称为气流成网。它利用气流将锡林或刺辊上的单纤维吹（或吸）到成网帘（或尘笼）上形成纤网，其中的纤维呈三维杂乱排列，纵横向强力差异小，纤网的面密度较大，一般在 20~1000 g/m²。气流成网的方式有以下几种：

◎ 自由飘落式（图 7-13）：因纤维自重而飘落成网，适用于短粗纤维，如麻纤维、矿物纤维、金属纤维。

气流杂乱成网

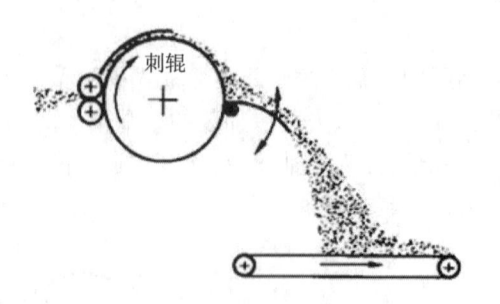

图 7-13　自由飘落式成网

◎ 压入式(图 7-14)：气流吹入使纤维分离，适用于含杂多的纤维。

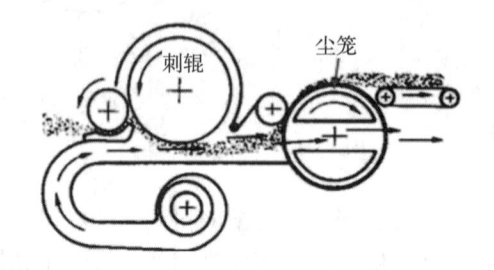

图 7-14　压入式成网

◎ 抽吸式(图 7-15)：气流抽吸使纤维分离。

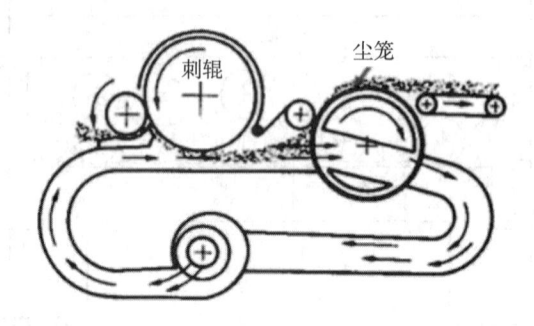

图 7-15　封闭循环式成网

◎ 封闭循环式(图 7-16)：利用一台风机吹入气流，形成循环闭路，从而实现纤维剥离。

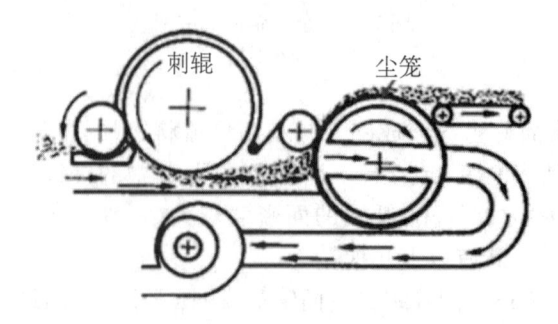

图 7-16　抽吸式成网

◎ 压吸结合式(图7-17):采用两台风机,其中一台吹入气流,而另一台抽吸,按需要调节风量,从而实现纤维剥离。

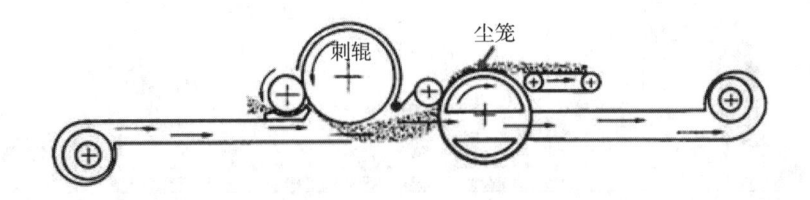

图 7-17　压吸结合式成网

二、湿法成网

湿法成网的工艺原理是以水为介质,以造纸技术为基础,将纤维铺制成纤网,其工艺流程为纤维原料→悬浮浆制备→湿法成网。

(一)悬浮浆制备

悬浮浆是由纤维、分散剂、黏合剂和湿增强剂组成的。其主要作用:
◎ 使纤维分散成单纤维。
◎ 使纤维吸水润胀后的浆粕形成胶体状。
◎ 使纤维表面起毛,增加比表面,有利于纤维间的缠结。
◎ 使不同纤维和黏合剂、化学助剂充分混合。

(二)湿法成网工艺

湿法成网与干法成网不同的是,纤维是通过水流分布到成网帘上的。由于制浆工序的末端贮料桶中的纤维浓度一般为成网时悬浮浓度的5~10倍,因而在成网前纤维悬浮浆还需要进一步的稀释。根据成网帘的形状差异,常将湿法成网分为斜网式和圆网式两种。

(三)湿法成网的特点

◎ 生产速度高,可达到400 m/min。
◎ 适合长度20 mm以下的短纤维成网。
◎ 不同品质纤维相混几乎无限制。
◎ 纤网中纤维杂乱排列,湿法非织造材料几乎各向同性。
◎ 产品蓬松性、纤网均匀性较好。
◎ 生产成本较低。
◎ 湿法非织造材料品种变换可能性小。
◎ 用水量大。

三、聚合物直接成网

聚合物直接成网是采用高聚物的熔体或溶液进行纺丝和成网,所获得的纤网是由连续长纤维二维随机排列组成的,具有良好的物理力学性能。其加工工艺可分为基于溶液纺丝工艺和基于熔融纺丝工艺两种,这里主要介绍常用的熔融纺丝成网工艺,又可分为纺黏法和熔喷法,其工艺流程为聚合物切片→熔融→挤出→纺丝→牵伸→成网(图7-18)。

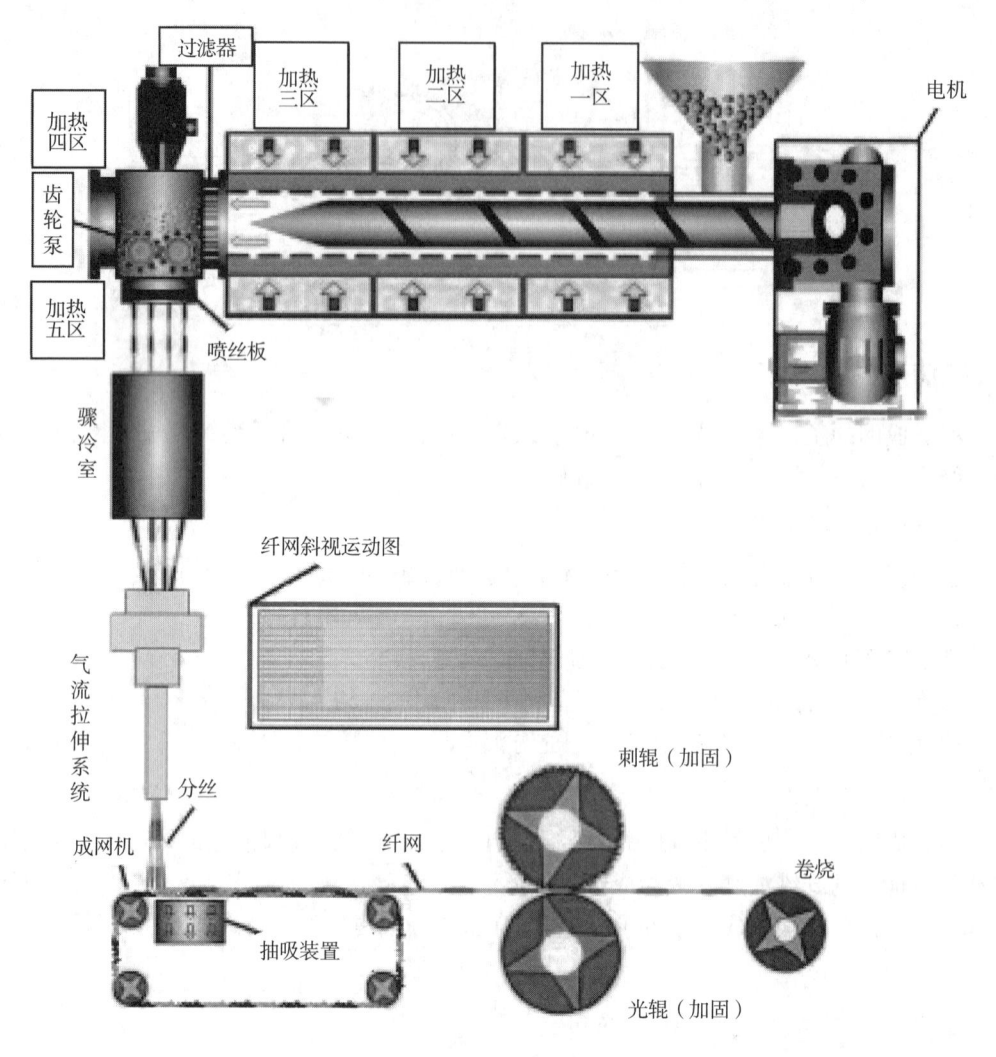

图7-18 纺黏法非织造加工示意

(一)纺黏法

中国纺黏非织造布生产起步时间最早,发展最为成熟,目前产量占非织造布行业的近一半。PP 纺黏布占比处于下降趋势,PET 纺黏布、SMS 复合布占比持续增加。PP 纺黏布中,医卫用纺黏布占比接近一半,受二胎政策放开、人口老龄化及消费升级等影响,下游产品的需求保持快速增长。PET 非织造布可用作水、化学品、空气过滤材料,国家不断加大环境治理力度,下游需求快速增长。SMS 复合布可充分利用纺黏和熔喷非织造布的性能,具有强度高、耐磨性及屏蔽功能好等优势,并可进行抗静电、抗菌、抗老化等处理,附加值更高,应用范围更广,近年来发展快速。

1. 纺黏法基本原理

纺黏法原理是利用化纤纺丝的方法,将高聚物纺丝、牵伸、铺叠成网,最后经针刺、热轧或自身黏合等方法加固形成非织造材料。

2. 纺黏法主要特点

◎ 工艺流程短,产量高。

◎ 产品力学性能好。

◎ 产品适应面广。

◎ 可制得细纤维纤网。

◎ 成网均匀度不及干法工艺。

◎ 产品变换的灵活性较差。

3. 纺黏法工艺参数

◎ 螺杆挤压机各区段温度:各区段包含进料段、压缩段、计量段三段,这三段温度不同,直接影响生产过程顺利与否及产品性能。

◎ 法兰区和弯管区温度:此区的主要作用是对熔体起保温作用,因而温度不必太高,应与计量区段温度大体一致或稍低一些。

◎ 纺丝箱体温度:纺丝温度的控制直接影响纺丝生产的正常进行以及单丝质量,从而影响成品的布面质量和内在质量。纺丝箱体温度应稍高一些,其目的是增加熔体的流动性能,提高可纺性,牵伸后单丝强力和断裂伸长加大,成品各项指标也可提高。但过高的箱体温度则加剧熔体降解、熔体黏度降低,喷出丝均匀性差,无法牵伸,会发生大量断头丝、毛丝,不利于生产的顺利进行。温度过低,则黏度太高,熔体破裂,可纺性差,布面产生并丝。

◎ 纺丝熔体压力:压力低,熔体分配不均匀,形成的熔体细流粗细不一、表面不规整;压力过高,易造成设备损坏。

◎ 喷丝速度与纺丝速度:喷丝速度是指熔体喷丝板的每分钟喷出长度,纺丝速度是指纤维拉伸前进的速度。喷丝速度由计量泵的泵供量、喷丝板的孔数和孔的直径大小决定,纺丝速度影响纺丝的稳定性,纺丝速度低,从喷丝孔上喷丝孔中喷出的熔体细流数量少,易冷却,只需要少量的冷却风即可满足工艺需要,但纺丝速度过低,熔体极易冷却,流动性差,延伸率低,拉伸过程易出现断丝现象,纺丝速度过高则冷却难度大,易发生熔体粘连及并丝现象,且纤维细度高。

4. 产品应用

◎ 聚丙烯:土工织物、簇绒地毯基布、涂层底布、医卫材料、用即弃产品的包覆材料等。

◎ 聚乙烯:书籍封面材料、高级信封、包装材料等。

◎ 聚酯:过滤材料、衬里材料、簇绒地毯基布、农用材料、包装材料等。

◎ 聚酰胺:过滤材料、抛光材料、叠层织物底基等。

(二) 熔喷法

1. 熔喷法基本原理

熔喷法是将高聚物熔体通过高速高温气流喷吹,使熔体细流受到极度拉伸而形成超细纤维,然后凝聚到多孔滚筒或成网帘上形成纤网,再经自身黏合或热黏合加固而制成非织造材料的(图7-19)。

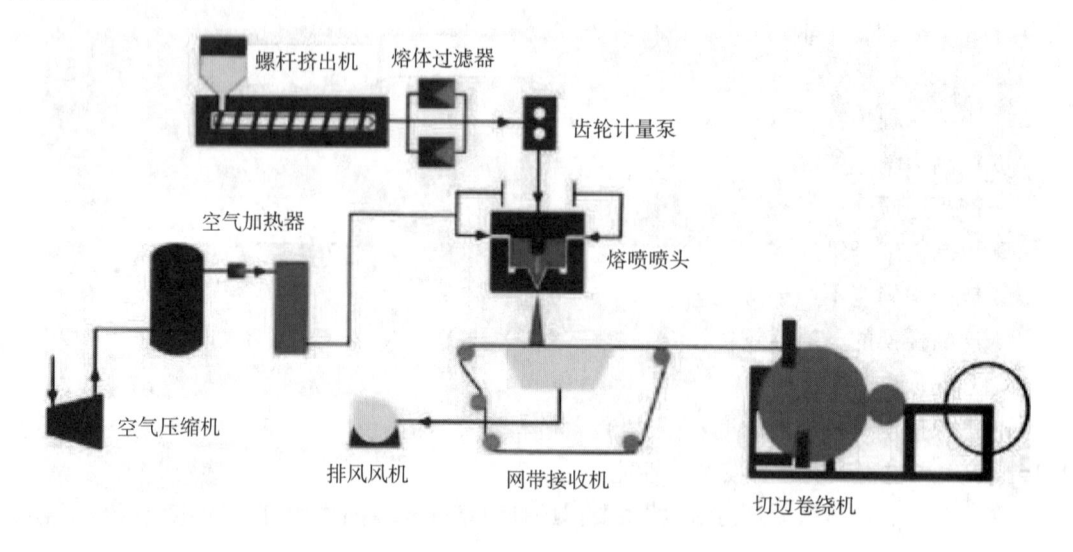

图 7-19　熔喷法非织造加工示意

2. 熔喷法主要特点

◎ 熔喷工艺流程短,设备简单(不需要固结纤网的设备),生产效率高。

◎ 能耗大,1 kg熔喷非织造布需要3度电。

◎ 纤维极细(纤维直径达微米级甚至纳米级),比表面积大,纤网孔隙率高,纤网均匀度好,柔软蓬松,尤其适用于过滤、吸液和保暖等材料。

◎ 纤维和纤网强度低,取向度低,耐磨性差。

3. 熔喷法工艺参数

影响熔喷法非织造布的产品性能因素很多,归纳起来就是聚合物原料性能和熔喷工艺参数,聚合物的原料性能如相对分子质量、熔融指数、熔点等,这里不详细解释,主要介绍熔喷的工艺条件:螺杆挤压机各区段温度、热空气速度、热空气喷射角度、螺杆挤压机的挤出速度、喷丝孔与成网帘间距。

◎ 螺杆挤压机各区段温度:各区段包含进料段、压缩段、计量段三段,这三段温度不同,直接影响生产过程顺利与否及产品性能。

◎ 热空气速度:该参数直接影响纤维细度和产品性能。当其他参数一定的情况下,热空气速度越大,则聚合物熔体细丝受到的牵伸作用越大,纤维越细,手感越软。热空气速度提高有利于提高纤维单强和改善纤维之间的热黏合程度,从而提高成品的拉伸强度和顶破强力。

◎ 热空气喷射角度:影响纤维拉伸效果和纤维在凝网帘上的形态。角度大(接近90°)则牵伸大,分布杂乱,角度小(小于30°)则牵伸小,形成纤维束。

◎ 螺杆挤压机的挤出速度:在其他条件一定的情况下,挤出速度越大,产量越高,形成的纤维直径较粗,强度越大,但过大则牵伸不充分,黏合纤维数量减少,强度减小。

◎ 喷丝孔与成网帘间距:也称之为接收距离,主要影响纤网的蓬松度和纤维间的热黏合程度。间距减小,则牵伸热空气冷却和扩散不充分,蓬松度下降,密度增加,此时纤网中的纤维多数呈团聚状排列。间距增大,则纤维丝条温度下降过多,造成纤网中的纤维间热黏合效率降低,蓬松度高,多数纤维呈伸直状态,并出现严重的并丝现象。成品的断裂强力、顶破强力、撕破强力及弯曲刚度均呈下降趋势,而透气率呈增长趋势。

4. 熔喷法非织造布用途

◎ 医疗卫生用布:手术衣、防护服、消毒包布、口罩、尿片、妇女卫生巾等。
◎ 家庭装饰用布:墙布、台布、床单、床罩等。
◎ 服装用布:衬里、黏合衬、絮片、定形棉、各种合成革底布等。
◎ 工业用布:过滤材料、绝缘材料、水泥包装袋、土工布、包覆布等。
◎ 农业用布:作物保护布、育秧布、灌溉布、保温幕帘等。
◎ 其他:太空棉、保温隔音材料、吸油毡、烟过滤嘴、袋包茶叶袋等。

第三节 非织造材料的纤网加固

经过不同成网方法得到的纤维网,纤网内的纤维连接得较松散,强度低,满足不了使用需要。它只是未完全成形的半成品,需对其进行固结加工。目前的纤网加固方法有两大类:黏合法加固、机械法加固。

一、黏合法加固

(一)化学黏合法

化学黏合法是将黏合剂通过浸渍、喷洒及印花等方法施加到纤网中,再经热处理使水分蒸发、黏合剂固化,从而制得非织造材料的一种方法。

1. 黏合剂

又称胶黏剂、黏接剂或黏着剂。凡具有良好的黏合性能,可把两个相同或不同的固体材料连接在一起的物质,都可称之为黏合剂。可以按照主要成分和外观状态进行分类:

◎ 按主要成分分类,黏合剂可分为合成类和天然类,其中,合成类又有树脂型和橡胶型;天然类主要有葡萄糖衍生物、氨基酸衍生物及天然树脂。
◎ 按外观状态分类,黏合剂可分为溶液状、乳液或乳胶状、泡沫状及固体状。

2. 黏合工艺

常见的黏合工艺有浸渍法、喷洒法、印花黏合法、泡沫黏合法。

(1)浸渍法。浸渍法是指纤网由传输辊输入装有黏合剂液体的浸渍槽中,浸渍后经过一对轧辊或吸液装置去除多余的黏合剂,再通过烘燥装置使黏合剂固化形成非织造材料。其生产工艺分为双网帘浸渍(图7-20)和单网帘浸渍(图7-21)。

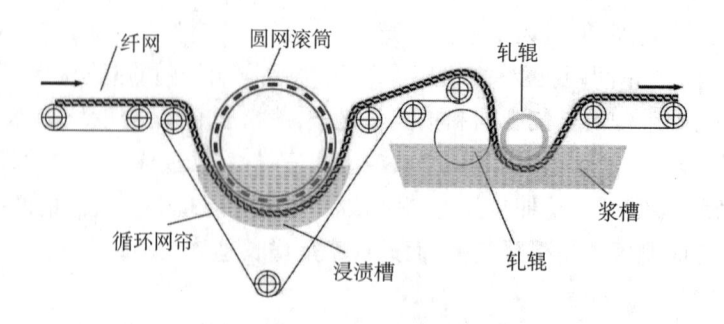

图 7-20 双网帘浸渍

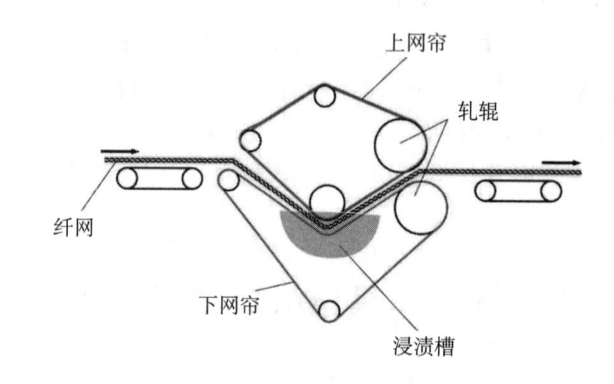

图 7-21 单网帘浸渍

双网帘浸渍的网帘需按时清洗,定期更换。产品手感较硬,适宜做衬布。

单网帘浸渍产品较蓬松,有弹性,适宜做衬布及用即弃卫生材料。

(2)喷洒法。喷洒法利用压缩空气,通过喷头,不断地向纤网喷洒黏合剂液体(图7-22)。为使黏合剂渗入纤网内部,在喷头下方设置了吸风装置,加强黏合剂对纤网的渗透。喷洒黏合法可用于制造保暖絮片、垫絮、过滤材料等,也可用于预黏合细旦纤维的非织造材料(如卫生用品非织造材料的表面层),以及作为机械加固非织造材料的辅助加固手段。

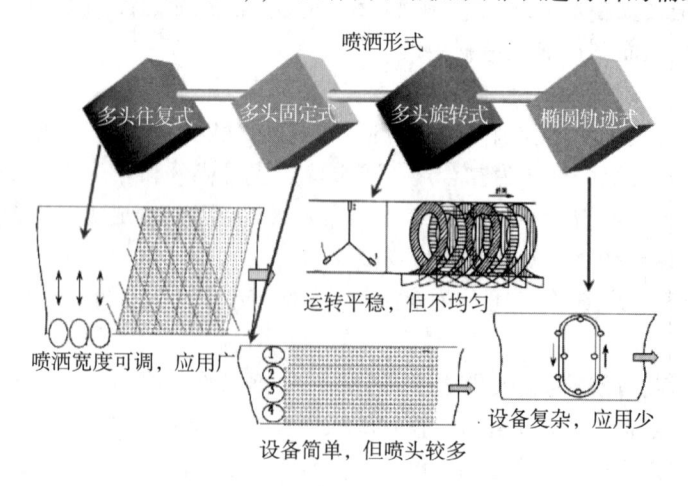

图 7-22 喷洒黏合法

(3)印花黏合法。采用花纹辊筒或圆网印花滚筒施加黏合剂(图7-23)。在纤网上有规则地施加少量黏合剂就能得到一定的成品强度,通常黏合剂的覆盖范围占纤网总面积的10%以上。该法适宜制造面密度 20~60 g/m², 柔软而美观的非织造材料,主要用于生产作用即弃产品,具有成本低廉的优点。也常用于针刺、水刺工艺的后整理。生产中,可通过由印花辊筒雕刻深度、黏合剂浓度来调节黏合剂的涂布量。若在黏合剂中添加染料,既能黏合加固,同时能印花。根据印花辊筒的不同花纹,能制造出多种品种。

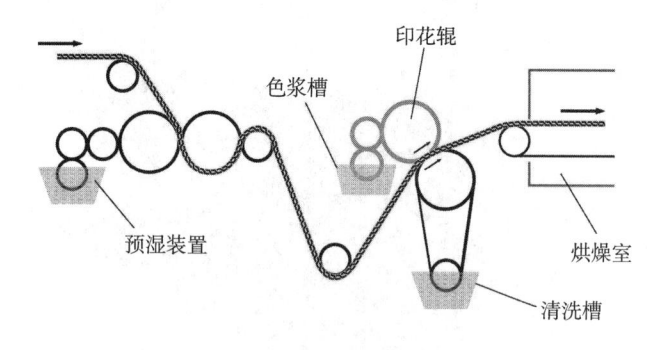

图 7-23 印花黏合法

(4)泡沫黏合法。泡沫黏合法采用发泡剂和发泡装置使黏合剂溶液成为泡沫状态,并将发泡的黏合剂涂于纤网上,经加压与热处理导致泡沫破裂,泡沫中黏合剂微粒在纤维交叉点成为很小的黏膜状粒子沉积,使纤网黏合后形成多孔性结构(图7-24)。改善产品的蓬松性和柔软性,且烘燥时能耗低。泡沫黏合过程中黏合剂的浓度较高,在烘燥时黏合剂的泳移现象减少,已成为制造低、中面密度黏合法非织造材料的主要方法之一。

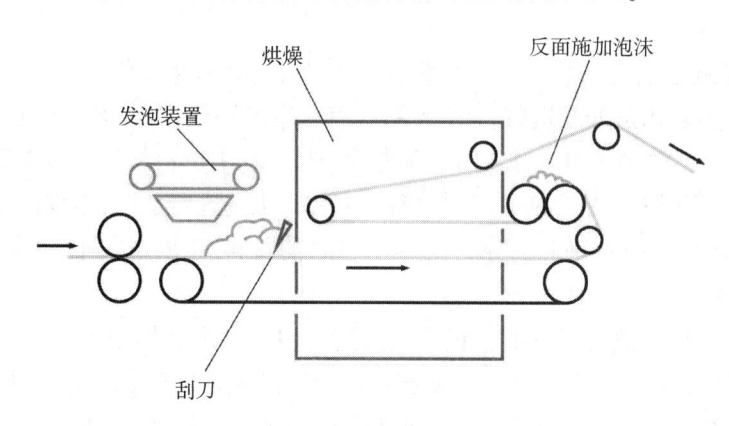

图 7-24 泡沫黏合法

(二)热黏合法

热黏合加固技术是利用高聚物的热塑性,将纤网中的部分纤维或低熔点粉末受热后软化熔融、流动、扩散,导致纤维的交叉点上形成黏合区域,冷却固化后,纤网得到加固而成为具有一定物理力学性能的非织造材料。热黏合法具有产品卫生安全、速度高、能耗低、生产灵活性大等特点,产品应用于医疗卫生、服装衬布、绝缘材料、箱包衬里、服用保暖材料、家具填充材料、过滤材料、隔声材料、减震材料等。目前常见的热黏合方式有热轧黏合、热熔黏合、超声波黏合三种方式。

1. 热轧黏合

热轧黏合采用一对或两对钢辊或包有其他材料的钢辊对纤维进行加热加压,使纤网中的部分纤维熔融黏结,冷却后纤网得到加固而制成非织造材料(图7-25)。

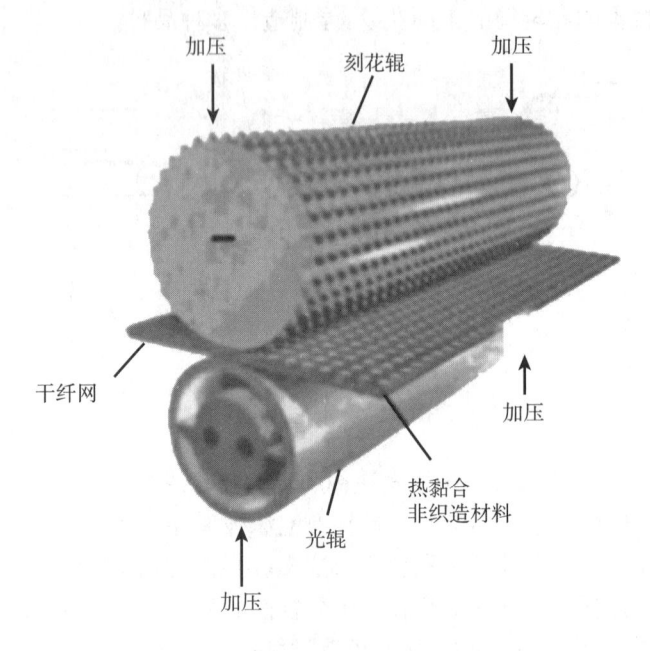

图7-25 热轧黏合

热轧黏合根据黏合方式可以分为表面黏合、面黏合、点黏合三种。

◎ 表面黏合:输入的非织造材料比较厚,具有一定的隔热作用,轧辊的热量无法深入到非织造材料的内层,只对非织造材料的表面进行加热。非织造材料表面显得很光滑,但并不完全熔融封闭。采用表面黏合的非织造材料常用针刺工艺进行加固,根据产品的密度要求,可进行轻度针刺或高密度针刺。其产品适合生产过滤材料、合成革基布、地毯基布和其他厚重型非织造材料。

◎ 面黏合:纤网中热熔纤维的含量必须超过50%,否则会造成产品的强度不足。热轧机不能采用一对钢辊,以防止纤维受到损伤及造成产品呈现纸的感觉。纤网面密度通常为$18 \sim 25 \text{ g/m}^2$,少数在10 g/m^2以下。其产品适合生产婴儿尿片、妇女卫生巾包覆材料、药膏基布、胶带基布及其他薄型非织造材料。

◎ 点黏合:采用一对钢辊进行热轧,其中一根为刻花辊,另一根为光辊。热轧后纤网中仅局部区域被黏合加固,未黏合区域仍保持原来的蓬松性,因此产品的手感比面黏合要好。纤网最小面密度为12 g/m^2,最高通常不超过100 g/m^2。其产品适合生产用即弃卫生产品的包覆材料、服装衬基布、鞋衬、家用装饰材料、台布、擦布、合成革基布等。

2. 热熔黏合

热熔黏合利用加热空气对混有热熔介质(即低熔点纤维或低熔点粉末)的纤网进行加热,使热熔介质熔融、流动并凝聚在主体纤维的交叉点上,冷却后纤网得到黏合加固而成为非织造材料。热熔黏合工艺按热风穿透形式不同可分为以下几种:

◎ 热风穿透式黏合,可分为单层平网热风穿透式黏合、双网夹持热风穿透式黏合、滚筒圆网热风穿透式黏合。

◎ 热风喷射式黏合,可分为单帘热风喷射式黏合、双帘热风喷射式黏合。

3. 超声波黏合

超声波黏合采用换能器将电能转换为2万赫兹的高频机械振动,其经变幅杆被传递到传振器,使得振幅进一步放大,达到100 μm左右。在传振器的下方,安装有钢辊筒,其表面按照黏合点的设计花纹图案植入许多钢销钉(图7-26)。在传振器和辊筒缝隙中的纤网部分纤维受到超声波的激励作用,在内部微结构之间摩擦而产生热量,导致纤维熔融。在压力的作用下,超声波黏合将发生和热轧黏合一样的熔融、流动、扩散及冷却等工艺过程。

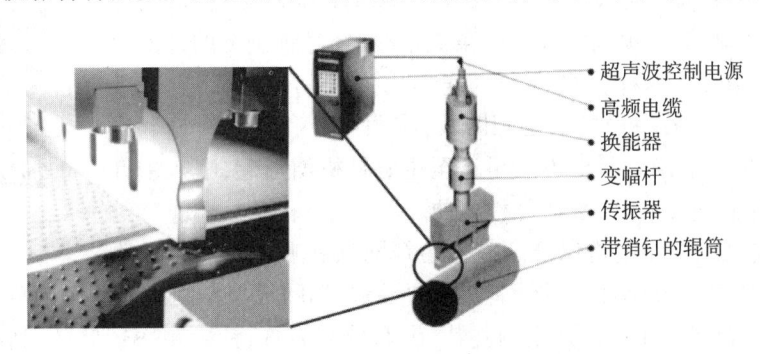

图7-26 超声波黏合

二、机械法加固

机械法加固靠对纤网施加机械外力使其中纤维变位,相互增加纠缠而使纤网得到加固,可分为针刺法、水刺法、缝编法等。

(一)针刺法

1. 针刺法基本原理

采用截面为三角形(或其他形状)且棱边带钩刺的三角形刺针或截面为圆形头端的叉形刺针(图7-27),对蓬松的纤网进行反复针刺。当成千上万枚刺针刺入纤网时,刺针上的钩就带着纤网表面的一些纤维穿过纤网,同时由于摩擦力的作用,纤网受到压缩。刺针刺入一定深度后回升,此时因钩刺是顺向的,纤维脱离钩刺以近乎垂直的状态留在纤网内,犹如许多的纤维束"销钉"钉入纤网,使已经压缩的纤网不能回复原状,从而制成具有一定厚度、一定强度的针刺法非织造布。

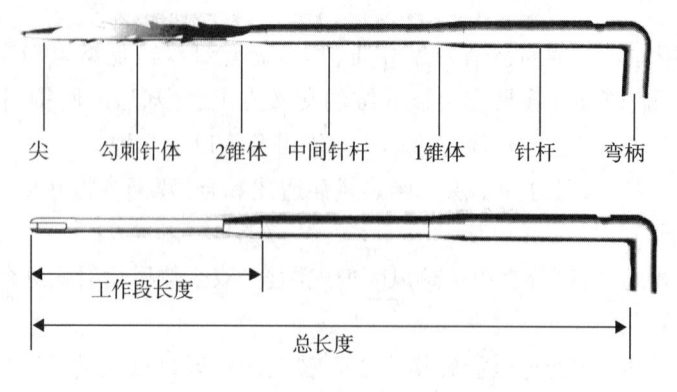

图 7-27 针刺机刺针外形

2. 针刺法工艺流程

针刺法工艺流程非常灵活,多种多样。其基本模式大致有两种。一种模式是将主刺针与预刺针连成一条流水线,经过预刺针的纤网可以直接喂入主刺针。这样排列有利于连续化生产,可以提高生产效率,减轻劳动强度。另一种模式是间断式,将预刺针和主刺针分开安装,经预刺针的纤网先行卷绕,然后再运至主刺针机前退卷,喂入主针刺机,间断式排列应变性好,翻改品种方便。

针刺法加工

◎ 预针刺机主要作用是保证高蓬松的纤网顺利喂入针刺区。不产生拥塞和过大的意外牵伸。预针刺法主要要求:剥网板与托网板之间的距离较大,有利于蓬松纤网喂入;剥网板在入口处呈倾斜状,配有导网装置;针刺频率较低;针刺动程较大;针板植针密度较小;刺针较长较粗;通常只有一台预针刺机。

◎ 主针刺机主要作用是对预针刺后纤网进行反复针刺,是针刺法的最重要最核心的工序,其主要要求:剥网板与托网板之间的距离较小;针刺频率较高;针刺动程较小;针板植针密度较大;刺针较短较细;通常有多台或多针板主针刺机。

3. 针刺工艺参数

◎ 针刺密度

针刺密度是指纤网在单位面积($1\ cm^2$)上受到的理论针刺数,常用字母 D_n 表示,其单位为刺/cm^2。假设针刺机的针刺频率为 n(刺/min),输出速度为 v(m/min),植针密度为 N(枚/m),则 $D_n = N \times n / (1000v)$。一般来说,针刺密度越大,产品强度越大,越硬挺。但是,如果纤网足够紧密,再增加针刺密度,就会造成纤维损伤或断针,使产品的强度下降。

◎ 针刺深度

针刺深度是指刺针穿刺纤网后突出于纤网外的长度,单位为 mm。在一定范围内,随着针刺深度的增加,纤维之间的缠结更加充分,产品的强度有所提高,但是刺得过深,会使纤维断裂,产品强度降低。其确定原则:粗长纤维、单纤强度高、面密度大、较蓬松的纤网,要求针刺深度大;手感硬实的产品,要求针刺深度大;预针刺比主针刺要求的针刺深度大。通常掌握在 3~17 mm。

◎ 步进量

针刺步进量是指针刺机每针刺一个循环,织物所前进的距离。一般短纤维的步进量为 3~6 mm/针。一旦针板的布针方式确定,步进量将会对布面的平整和光洁产生一定的影响。布针方式可以归结为纵向基本等距和纵向杂乱两种。

4. 针刺机性能指标

◎ 针刺频率(次/min):每分钟的针刺数。

◎ 布针密度(枚/m):也叫植针密度,指 1 m 长针刺板上的植针数。

◎ 工作幅宽(m):针刺机的最大有效宽度,一般为针板长度的整数倍。

◎ 针刺动程(mm):它等于偏心轮偏心距的 2 倍。针刺动程越小,振动也越小,越有利于提高针刺频率。但是,针刺动程过小会影响纤网从剥网板和托网板之间顺利通过而产生拥塞。

(二)水刺法

与其他工艺相比,水刺生产技术由于加工过程无需黏合剂,成网工艺比较安全。水刺非织造产品综合了纺织、造纸、塑料和皮革四大柔性材料的优点,具有无污染、透气、质轻、吸湿、抗菌等特点,适用于医疗、卫生等领域。

1. 水刺法基本原理

水刺法又称射流喷网法、水力缠结法、喷水成布法等。它利用高速高压的水流对纤维网冲击,促使纤维相互缠结抱合,达到加固纤网的目的。水刺法的原理是利用高压水流经过水刺头中的喷水板,形成极细的一股高压水针射流对托网帘或转鼓上运动的纤网进行连续喷射,在水针射流的直接冲击力和反射水流的作用力下,纤网中的纤维发生位移、穿插、缠结、抱合。

水刺法加工原理

2. 水刺法工艺流程

水刺法工艺流程:纤维原料→开松混合→梳理成网→纤维预湿→正反水刺→后整理→烘燥→卷绕。常见的水刺工艺有平网水刺和转鼓水刺两种(图 7-28)。

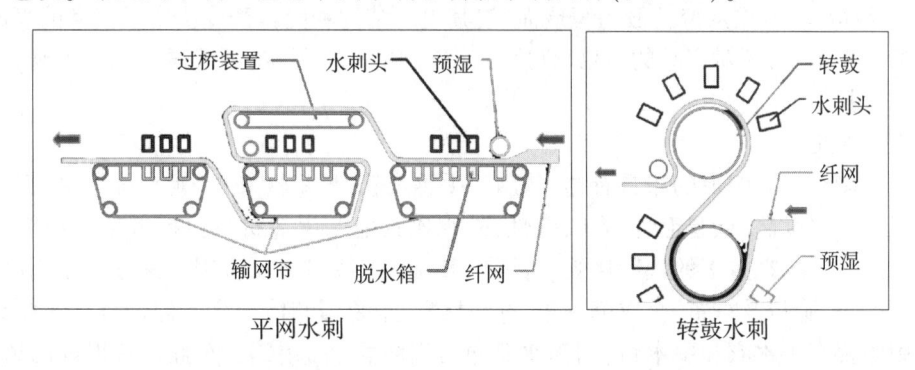

平网水刺 | 转鼓水刺

图 7-28 水刺法工艺

◎ 纤维预湿:目的是压实蓬松的纤网,排除纤网中的空气,使纤网进入水刺区后能有效地吸收水射流的能量,以加强纤维缠结效果。

◎ 正反水刺：经预湿的纤网进入主刺区，水刺头喷水板的喷水孔射出多股细微细水射流，垂直射向纤网，在水射流直接冲击和反弹水流的双重作用下，纤维中的纤维发生位移、穿插、缠结、抱合，形成无数个柔性缠结点，使纤网得到加固。

◎ 烘燥：根据烘燥的方式可分为烘缸式烘燥、热风穿透式烘燥。

◎ 水处理和循环：水刺工艺的用水量很大，当产量达到 5 t/d 时，每小时需用水约 150~160 t。为节约用水，减少生产成本，必须将其中 95% 左右的水经过水处理，循环使用。

3. 水刺工艺参数

◎ 水针压力。水针压力是水刺法的重要工艺参数。在纤网速率、水的流量、喷水孔规格不变的情况下，水针压力越高，产生的水刺能量越大，单位纤维网吸收的能量就越多，纤维的冲带量和纤网缠结效果就越好。但水针压力的提高，带来能量消耗增大，产品成本增加。生产工艺对水针压力的选择，一般根据纤网的面密度而定。面密度越大，则压力就越高，反之，则越低。一般在水刺系统中，第一个喷头采用较低的压力（约 30×10^5 Pa），以后逐个递增，这是因为最初进入水刺区的纤网较为蓬松，只需施加较小的水针压力。随着水刺作用的增强，纤网结构逐渐密实，水针压力也需逐渐加大。但最后修面装饰时，压力要降低，以利于表面光洁，手感柔软。对于面密度较小的纤网（如低于 30 g/m²），需要采用较低的压力和较多的水刺头，以达到更好的水刺效果，并可节约能源。

◎ 水针直径：应根据所加工产品的规格选择。

◎ 水针密度：应根据所加工产品的规格选择。

◎ 生产速度：纤网运行速率反映了水刺生产速度。要在增加产量的同时保持产品的强度，纤网就必须接受较大的水刺喷射能量，否则会影响产品的机械性能。实际上，水针对纤维的冲带量和纤网的缠结效果，都与纤网在水刺区内滞留的时间有关，因为纤维重新排列组合产生相互交缠网络，整个过程需要相应的时间来完成。若速率提高过大，纤网滞留时间减少，纤维就得不到充分缠结。因此必须选择适当的纤网运行速率。

◎ 水针头与纤网的距离：水针头到纤网的距离越近，水针能量越集中，水射流的冲击力和集束性越好。

◎ 输网帘结构：输网帘一般为织造而成，其组织结构和网目密度决定了产品的表面形状和纤维的集聚情况，还对产品的风格、强度及伸长产生一定影响，可根据产品的外观、强伸性等要求来选择。

4. 产品应用

由于水刺法工艺织成的布具有透气性好、手感柔软、悬垂性好、外观多样多变、无需黏合剂加固、耐洗、强度高、低起毛性、高吸湿性，外观比其他非织造材料更接近传统纺织品的特点。水刺工艺被越来越多的人所接受。目前，水刺非织造布主要应用于医疗卫生用品、家用和工业用擦布、服装及衬布、合成革基布、过滤材料、服装用和传统产品修饰等。水刺在医疗上的应用主要有手术衣和手术帘，因为水刺布可以防止病毒感染，而且具有很好的透气性，所以水刺手术衣一直占有主导地位。目前，孩子的健康更受关注，所以基于水刺产品良好的透气性，其被应用在婴儿尿布行业。

(三)缝编法

缝编法是在针织经编技术的基础上发展起来的缝编法非织造布。其原理是用经编线圈结构对纤网、纱线层、非织造材料(如塑料、薄膜等)或它们的组合体进行加固而制成非织造布。缝编法非织造布除具有一般非织造布的优点外,主要是在外观和织物特性上接近传统的机织物或针织物(图7-29)。缝编法非织造布广泛应用于服装,家用中的毛毯、窗帘、地毯、浴巾、毛巾和墙布,产业用的土工布、人造革基布、农用布、过滤布、绝缘布等。

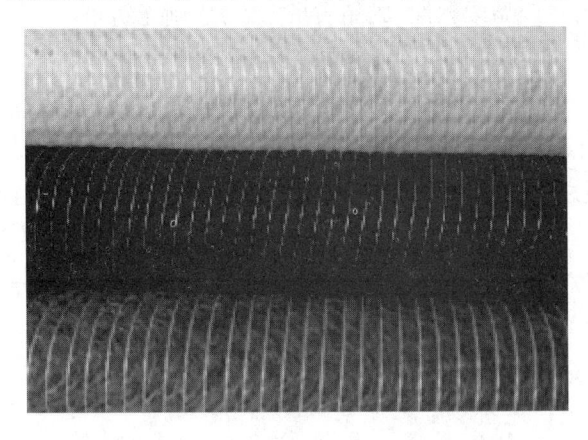

图7-29 缝编法非织造布

同步练习

一、单选题

1. 与针刺无纺布相比,在产品柔软性、成品质量方面,水刺无纺布(　　　)。
   A:硬挺,克重大
   B:硬挺,克重小
   C:柔软,克重大
   D:柔软,克重小

2. 针刺法中,一般预针刺要求(　　　)。
   A:剥网板与托网板之间的距离较大,针刺频率较低,针刺动程较大,针板植针密度较小,刺针较长较粗。
   B:剥网板与托网板之间的距离较小,针刺频率较高,针刺动程较小,针板植针密度较大,刺针较长较细。
   C:剥网板与托网板之间的距离较大,针刺频率较低,针刺动程较小,针板植针密度较大,刺针较长较细。
   D:剥网板与托网板之间的距离较小,针刺频率较高,针刺动程较小,针板植针密度较小,刺针较长较粗。

3. 纺黏法和熔喷法对原料切片的熔融指数要求不同,要求熔融指数较高的是(　　　)。
   A:纺黏法
   B:熔喷法
   C:一样高
   D:一样低

4. 喷丝板采用单排孔的聚合物直接成网非织造技术是(　　　)。
   A:纺黏法
   B:熔喷法
   C:针刺法
   D:水刺法

5. 利用化纤纺丝的方法,将高聚物纺丝、牵伸、铺叠成网,最后经针刺、热轧或自身黏合等方法加固形成非织造材料,这种技术称之为(　　　)。
   A:纺黏非织造技术
   B:熔喷非织造技术
   C:针刺非织造技术
   D:水刺非织造技术

6. 将高聚物熔体通过高速高温气流喷吹,使熔体细流受到极度拉伸而形成超细纤维,然后凝聚到多孔滚筒或成网帘上形成纤网,再经自身黏合或热黏合作用得以加固而制成非织造材料的一种生产技术,称之为(　　　)。
   A:纺黏非织造技术
   B:熔喷非织造技术
   C:针刺非织造技术
   D:水刺非织造技术

7. 非织造材料成网方式有(　　　)。
   A:干法成网
   B:湿法成网
   C:聚合物挤压成网
   D:以上都对

8. 非织造材料加工工艺流程,下列叙述正确的是(　　　)。
   A:纤维→成网→加固→后处理　　B:纤维→加固→成网→后处理
   C:成网→纤维→加固→后处理　　D:成网→加固→纤维→后处理
9. 通过织造以外的方法,将符合要求的纤维固结在一起,制成具有一定物理力学性能的材料,根据国家标准(GB/T 5709—1997),下列选项中属于规范名称的是(　　　)。
   A:无纺布　　　　　　　　　　B:非织造布
   C:非织造织物　　　　　　　　D:非织造材料

二、多选题

1. 热黏合加固技术是利用高聚物的热塑性,将纤网中的部分纤维或低熔点粉末受热后软化熔融、流动、扩散,导致纤维的交叉点上形成黏合区域,冷却固化后,纤网得到加固而成为具有一定物理力学性能的非织造材料。下列属于热黏合技术的是(　　　)。
   A:热轧黏合　　　　　　　　　B:热熔黏合
   C:热能黏合　　　　　　　　　D:超声波黏合
2. 化学黏合法是将黏合剂通过浸渍、喷洒及印花等方法施加到纤网中去,经热处理使水分蒸发、黏合剂固化,从而制得非织造材料的一种方法,其黏合工艺包含(　　　)。
   A:浸渍法　　　　　　　　　　B:喷洒法
   C:印花黏合法　　　　　　　　D:泡沫黏合法
3. 水刺机主要由哪些部分构成？(　　　)
   A:水刺头　　　　　　　　　　B:托网帘
   C:脱水箱　　　　　　　　　　D:传动及控制系统
4. 水刺加固方式包含(　　　)。
   A:平网水刺加固　　　　　　　B:转鼓水刺加固
   C:转鼓与平网相结合加固　　　D:双网帘夹持式
5. 表征一台针刺机的性能高低,一般参数包含(　　　)。
   A:针刺频率　　　　　　　　　B:布针密度
   C:工作幅宽　　　　　　　　　D:针刺动程
6. 针刺法工艺参数一般包括(　　　)。
   A:针刺密度　　　　　　　　　B:针刺深度
   C:步进量　　　　　　　　　　D:植针密度
7. 下列纤网加固方法中,属于黏合法加固的是(　　　)。
   A:针刺法　　　　　　　　　　B:水刺法
   C:黏合剂黏合　　　　　　　　D:纤维热黏合
8. 非织造技术纤网机械加固包含(　　　)。
   A:针刺法　　　　　　　　　　B:水刺法

C:缝编法 D:化学黏合法

9.聚合物直接成网形成的非织造材料包含(　　)。
A:针刺非织造布 B:纺黏非织造布
C:熔喷非织造布 D:水刺非织造布

10.湿法成网是以水为介质,将纤维均匀地悬浮在水中,再经水流作用,使纤维沉积在多孔网帘上而形成纤网的一种非织造成网技术。湿法非织造材料与纸张的差异,以下叙述正确的是(　　)。
A:纤维原料种类和长度不同
B:纤维间增强方式不同
C:纤维成形机理不同
D:最终产品性能不同

11.非织造生产中,机械铺网分为(　　)。
A:气流成网 B:湿法成网
C:平行铺网 D:交叉铺网

12.干法成网是在干态条件下,将纤维制成纤网的一种非织造成网技术,包含(　　)。
A:梳理成网 B:机械铺网
C:气流成网 D:聚合物直接成网

13.非织造材料加固方式有(　　)。
A:机械加固 B:化学黏合加固
C:热黏合加固 D:干法加固

14.非织造材料的特点是(　　)。
A:工艺流程短,劳动生产率高 B:生产速度高,经济效益显著
C:原料范围广,不受任何限制 D:产品品种多,使用领域广泛

三、讨论题

1.棉纺中的梳理机和非织造加工中的梳理机有什么区别?

2.纺黏法和熔喷法在成品纤网、喷丝板、产能、冷却装置、加固方式、产品覆盖率、原料要求等方面,有什么不同?

3.针刺和水刺工艺的区别是什么?

第八讲 灿烂多姿的织物染整

知识目标：
1. 能阐述前处理的主要作用和目的；能阐述常见织物的前处理工艺流程；
2. 能阐述纤维素纤维、蛋白质纤维、合成纤维的染色工艺；能解释染色工艺原理；能区分常见染料的应用范围及优缺点；
3. 能说明印花工艺基本原理；能阐述常见印花设备的作用和使用范围；
4. 能解释常用整理方法及产生的效果；能了解织物特种整理方法及产生的效果。

扫码可浏览本讲彩图

能力目标：
1. 能认识常见的前处理加工设备；
2. 能认识常见的染色加工设备；
3. 能区分染色和印花；
4. 能认识常见的印花加工设备；
5. 能认识常见的后整理加工设备。

素质目标：
养成精益求精的工匠精神和节能减排的环保意识。

本讲内容简介：
主要介绍常见织物的前处理、染色、印花和后整理工艺。

通过织物的前处理、染色、印花及后整理的学习，认识到这些环节都会使用大量的水，树立保护自然生态环境，坚持可持续发展和节能减排的环保意识，不断创新，发展绿色工艺、绿色材料。

走进纺织

思维导图：

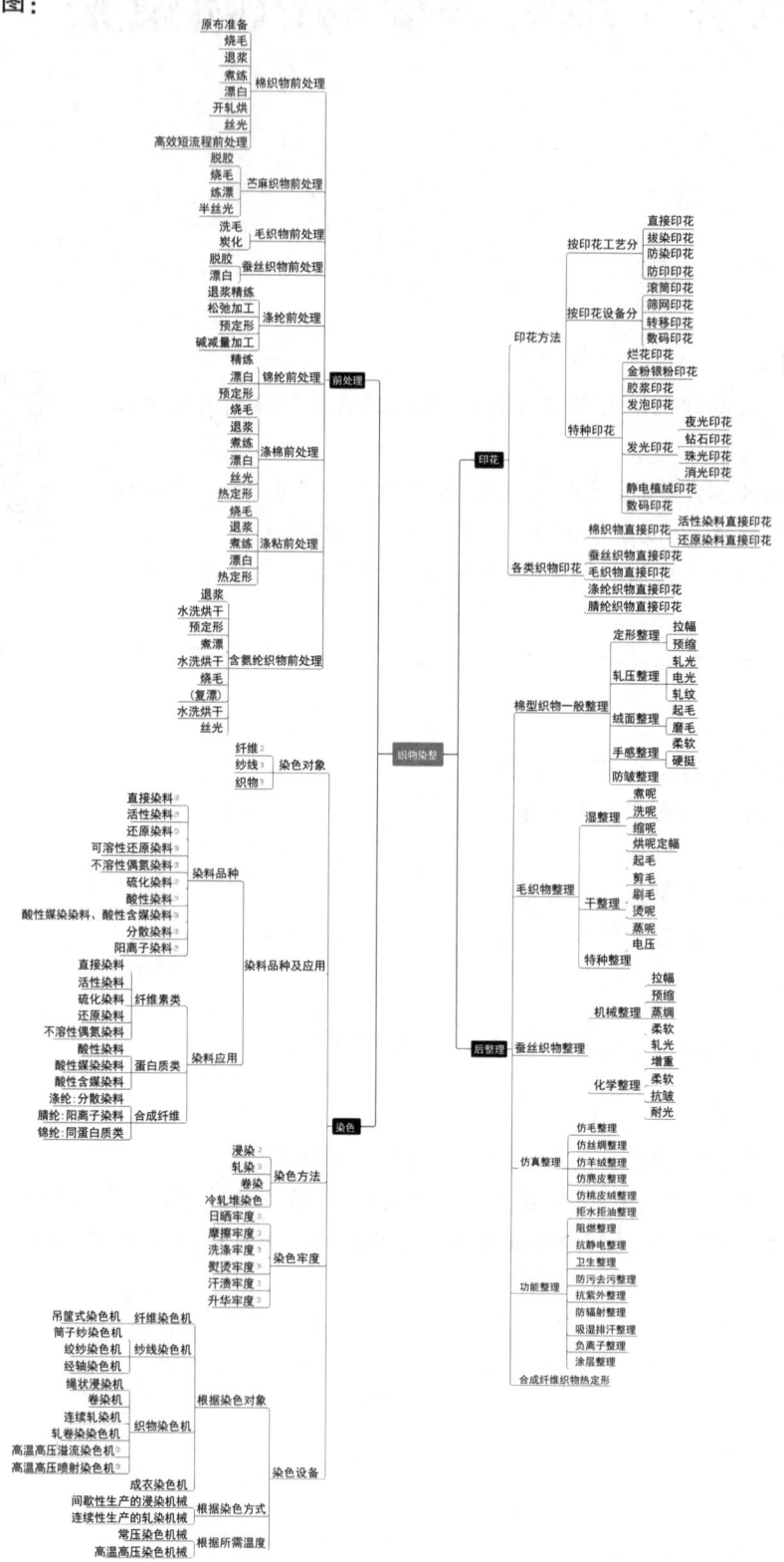

- 织物染整
  - 前处理
    - 棉织物前处理
      - 原布准备
      - 烧毛
      - 退浆
      - 煮练
      - 漂白
      - 开轧烘
      - 丝光
      - 高效短流程前处理
    - 苎麻织物前处理
      - 脱胶
      - 烧毛
      - 练漂
      - 半丝光
    - 毛织物前处理
      - 洗毛
      - 炭化
    - 蚕丝织物前处理
      - 脱胶
      - 漂白
    - 涤纶前处理
      - 退浆精练
      - 松弛加工
      - 预定形
      - 碱减量加工
    - 锦纶前处理
      - 精练
      - 漂白
      - 预定形
    - 涤棉前处理
      - 烧毛
      - 退浆
      - 煮练
      - 漂白
      - 丝光
      - 热定形
    - 涤粘前处理
      - 烧毛
      - 退浆
      - 煮练
      - 漂白
      - 热定形
    - 含氨纶织物前处理
      - 退浆
      - 水洗烘干
      - 预定形
      - 煮漂
      - 水洗烘干
      - 烧毛（复漂）
      - 水洗烘干
      - 丝光
  - 印花
    - 印花方法
      - 按印花工艺分
        - 直接印花
        - 拔染印花
        - 防染印花
        - 防印印花
      - 按印花设备分
        - 滚筒印花
        - 筛网印花
        - 转移印花
        - 数码印花
      - 特种印花
        - 烂花印花
        - 金粉银粉印花
        - 胶浆印花
        - 发泡印花
        - 发光印花
          - 夜光印花
          - 钻石印花
          - 珠光印花
          - 消光印花
        - 静电植绒印花
        - 数码印花
    - 各类织物直接印花
      - 棉织物直接印花
        - 活性染料直接印花
        - 还原染料直接印花
      - 蚕丝织物直接印花
      - 毛织物直接印花
      - 涤纶织物直接印花
      - 腈纶织物直接印花
  - 染色
    - 染色对象
      - 纤维
      - 纱线
      - 织物
    - 染料品种及应用
      - 染料品种
        - 直接染料
        - 活性染料
        - 还原染料
        - 可溶性还原染料
        - 不溶性偶氮染料
        - 硫化染料
        - 酸性染料
        - 酸性媒染染料、酸性含媒染料
        - 分散染料
        - 阳离子染料
      - 染料应用
        - 纤维素类
          - 直接染料
          - 活性染料
          - 硫化染料
          - 还原染料
          - 不溶性偶氮染料
        - 蛋白质类
          - 酸性染料
          - 酸性媒染料
          - 酸性含媒染料
        - 合成纤维
          - 涤纶：分散染料
          - 腈纶：阳离子染料
          - 锦纶：同蛋白质类
    - 染色方法
      - 浸染
      - 轧染
      - 卷染
      - 冷轧堆染色
    - 染色牢度
      - 日晒牢度
      - 摩擦牢度
      - 洗涤牢度
      - 熨烫牢度
      - 汗渍牢度
      - 升华牢度
    - 染色设备
      - 根据染色对象
        - 纤维染色机
          - 吊筐式染色机
          - 筒子纱染色机
        - 纱线染色机
          - 绞纱染色机
          - 经轴染色机
        - 织物染色机
          - 绳状浸染机
          - 卷染机
          - 连续轧染机
          - 轧卷染色机
          - 高温高压溢流染色机
          - 高温高压喷射染色机
        - 成衣染色机
      - 根据染色方式
        - 间歇性生产的浸染机械
        - 连续性生产的轧染机械
      - 根据所需温度
        - 常压染色机械
        - 高温高压染色机械
  - 后整理
    - 棉型织物一般整理
      - 定形整理
        - 拉幅
        - 预缩
      - 轧压整理
        - 轧光
        - 电光
        - 轧纹
      - 绒面整理
        - 起毛
        - 磨毛
      - 手感整理
        - 柔软
        - 硬挺
      - 防皱整理
    - 毛织物整理
      - 湿整理
        - 煮呢
        - 洗呢
        - 缩呢
        - 烘呢定幅
      - 干整理
        - 起毛
        - 剪毛
        - 刷毛
        - 烫呢
        - 蒸呢
        - 电压
      - 特种整理
    - 蚕丝织物整理
      - 机械整理
        - 拉幅
        - 预缩
        - 蒸绸
        - 柔软
        - 轧光
        - 增重
      - 化学整理
        - 柔软
        - 抗皱
        - 耐光
    - 仿真整理
      - 仿毛整理
      - 仿丝绸整理
      - 仿羊绒整理
      - 仿麂皮整理
      - 仿桃皮绒整理
    - 功能整理
      - 拒水拒油整理
      - 阻燃整理
      - 抗静电整理
      - 卫生整理
      - 防污去污整理
      - 抗紫外整理
      - 防辐射整理
      - 吸湿排汗整理
      - 负离子整理
      - 涂层整理
    - 合成纤维织物热定形

第一节 织物前处理

一、棉织物前处理

来自织造厂且未经染整加工的织物称为原包坯布,简称原布或坯布。原布中含有大量的杂质,包括棉纤维的天然杂质、经纱上的浆料以及污垢等。这些杂质的存在,使织物色泽发黄、手感粗糙,而且吸水性很差。常用的棉织物前处理工艺流程叫三步法,具体如图 8-1 所示。

原布 → 原布准备(检验、翻布、缝头) → 烧毛 → 退浆 → 煮练 → 漂白 → 开幅 → 轧水 → 烘干 → (丝光)

图 8-1 棉织物前处理工艺

(一)原布准备

原布准备包括检验、翻布和缝头等工作。

1. 原布检验

为加强管理,确保印染产品的质量和避免不必要的损失,原布进厂后,在进行练漂加工之前都要进行检验,以便发现问题,并及时采取措施,同时又能促进纺织厂进一步提高产品质量。原布检验的内容主要包括物理指标和外观疵点的检验。一般检验率为 10% 左右。物理指标检验包括原布的长度、幅宽、经纬纱的规格和密度、强度等。外观疵点检验主要是检验纺织过程中所形成的疵病,如缺经、断纬、跳纱、棉结、筘路、破洞、油污渍等;另外,还检查有无铜、铁片等杂物夹入织物。

2. 翻布

染整生产的特点是批量大、品种多。为了避免混乱,便于管理,常将同规格、同工艺的原布划为一类,并进行分批、分箱及必要的打印。

◎ 分批。原则上,分批的数量应根据原布的情况和设备的容量而定。若采用绳状连续练漂加工,则以堆布池的容量为准;若采用平幅连续练漂加工,一般以 10 箱为一批。

◎ 分箱。应按照布箱大小、原布规格和便于运输而定,一般一箱为 60~80 匹。另外,每箱布上都附有一张分箱卡(卷染布则每卷都有),注明织物的品种、批号、箱号等,以便于管理和检查。

◎ 打印。印染加工的织物品种和工艺过程较多,为了在加工不同的品种或进行不同的工艺时便于识别和管理,避免将工艺和原布品种搞错,每箱布的两头要打上印记。印记一般打在离布头 10~20 cm 处,印记上标明原布品种、加工类别、批号、箱号、发布日期、翻布人代号等。打印用的印油必须耐酸、碱、氧化剂、还原剂等化学药品并耐高温,而且要快干,不沾污布匹。

3. 缝头

缝头是将翻好的布匹逐箱逐匹地用缝纫机连接起来,以适应印染生产连续加工的要求。缝头要求平直、坚牢、边齐、针脚均匀、不漏针、不跳针,缝头两端的针脚应加密,加密长度为 1~2 cm,以防开口和卷边。同时应注意织物正反面一致、不漏缝等。如发现坯布开剪歪斜,应撕掉歪斜的部分再缝合,以防织物产生纬斜。常用的缝头方法有平缝、环缝和假缝。

◎ 平缝采用普通家用缝纫机,它的特点是使用灵活、方便,缝头坚牢,用线量少,适合于各种机台箱与箱之间的缝接,但布层重叠,易损伤轧辊并产生横档等疵病,因此,不适用于轧光、电光及卷染加工织物的缝接。

◎ 环缝采用环缝式缝纫机(又称满罗式或切口式缝纫机),其特点是缝头平整、坚牢,不存在布层重叠的问题,适用于一般中厚织物,尤其是卷染、印花、轧光、电光等加工的织物。

◎ 假缝的缝接坚牢,用线也省,特别适用于稀薄织物的缝接,但同样存在布层重叠的现象。

(二) 烧毛

1. 烧毛的目的

原布表面耸立着一层长短不一的绒毛。这层绒毛主要由暴露在织物表面的纤维末端形成,它不仅影响织物的光洁度,使织物容易沾染灰尘,而且在印染加工中会导致各种疵病的产生。除某些特殊品种(绒布)外,棉布一般都要进行烧毛。

2. 烧毛原理

烧毛就是将原布以平幅状迅速地通过烧毛机的火焰或擦过赤热的金属表面,此时,布面上的绒毛因靠近火焰或与赤热的金属表面接触,很快升温燃烧。织物因其本身比较紧密、厚实且离火焰或赤热的金属表面较远,故升温较慢,当温度未达到织物的着火点时,它已经离开火焰或赤热的金属表面。利用布身与绒毛升温速度不同的原理,即能达到既烧去绒毛又不损伤织物的目的。

3. 烧毛机

烧毛机有气体烧毛机、铜板烧毛机和圆筒烧毛机三种。

◎ 气体烧毛机是将原布平幅迅速地通过可燃性气体火焰以烧去布面上的绒毛。

◎ 铜板烧毛机是将织物在炽热、固定的弧形紫铜或合金板上迅速擦过,以烧去绒毛。

◎ 圆筒烧毛机则由铜板烧毛机改进而来,以回转的炽热铸铁或铸铁合金的圆筒代替固定的铜板。

铜板烧毛机和圆筒烧毛机有较多的缺点,目前在生产中使用较少,气体烧毛机是目前使用最广泛的一种烧毛机(图 8-2)。

气体烧毛机具有设备结构简单、操作方便、劳动强度低、热源丰富、品种适应性强等优点。可用热源有城市煤气、发生炉煤气、气化汽油气和液化丙烷等。可燃性气体必须与空气以适当的比例混合,才能完全燃烧,从而获得较高的温度。气体烧毛机通常由进布、刷毛、烧毛、灭火和落布等部分组成。

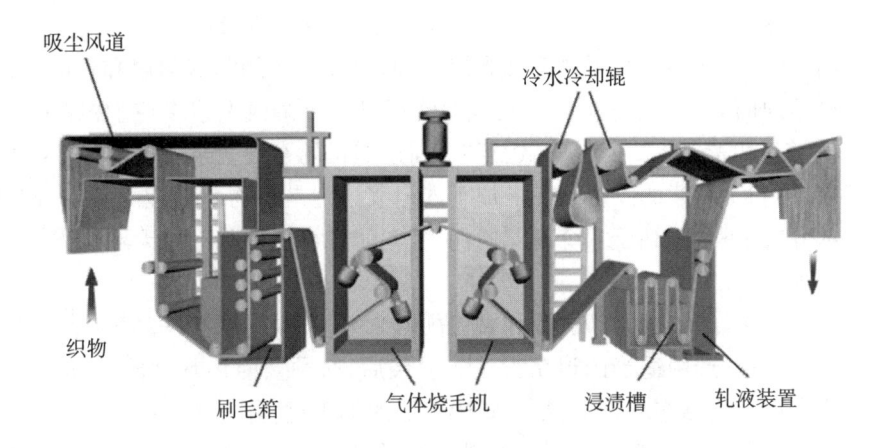

图 8-2　气体烧毛机

织物经导布装置进入烧毛机后,先经过刷毛箱刷毛,箱中有 4~8 只猪鬃或尼龙刷毛辊,其转动方向与织物行进方向相反,以除去纱头、夹入物等,并使绒毛竖立,利于烧毛。在加工低级棉织物时,还可以增加 1~2 对金钢砂辊和 1~2 把刮刀,以刷去布上的部分棉籽壳等杂质。

接着织物进入火口部分进行烧毛。一般气体烧毛机有 4~6 个火口,为了使双层布同时烧毛,火口也有多达 12 个的。烧毛火口是气体烧毛机的关键部件,直接影响烧毛的品质和烧毛效率。火口种类很多,目前常用的火口有火焰式和火焰辐射热混合式两种。此外还有双喷射式火口、火焰混合式火口、异型砖通道式火口等。火焰式火口又可分为狭缝式和多孔式。其中,狭缝式火口使用较早,并一直沿用至今。

织物经烧毛后,布面温度较高,甚至黏有火星,如不及时降低织物表面温度和扑灭火星,就会造成织物的损伤,甚至引起火灾。因此,烧毛后,织物必须立即进行灭火。灭火装置通常由 1~2 格平洗槽组成,灭火方法通常有蒸汽喷雾灭火和浸渍槽灭火两种。前者适用于干态落布,后者多用于湿态落布。目前,以后者应用较为广泛。

4. 烧毛质量评定

烧毛质量目前主要以去除绒毛程度评定,但必须保证织物不受损伤(无破损,织物强度损失极小)。具体方法是将烧毛后的织物放在较好的光线下,并参考以下标准,目视评级:

◎ 1 级——原布未经烧毛
◎ 2 级——长毛较少
◎ 3 级——长毛基本没有
◎ 4 级——仅有短毛,且较整齐
◎ 5 级——烧毛净

一般织物的烧毛质量应达到 3~4 级,质量要求高的应达 4 级及以上,稀薄织物达 3 级即可。

(三) 退浆

1. 退浆原因

在织造过程中,经纱受到较大的张力和摩擦,易发生断裂。为了减少断经,提高织造效率和坯布质量,在织造前需要对经纱进行上浆处理,使纱线中纤维黏着抱合,并在纱线表面形成一层牢固的浆膜,使纱线变得紧密和光滑,从而提高纱线的断裂强度和耐磨损性。上浆率视织物品种不同而异,一般为4%~8%,线织物可以不上浆或上浆率在1%以下,紧密织物(如府绸类)上浆率可高达8%~14%。近年来,高速织机的经纱上浆率有超过14%的。原布上浆料的存在,不利于后续的煮练和漂白加工。退浆过程是织物前处理的基础,该过程可去除原布上大部分的浆料,以利于煮练和漂白加工,同时也可以去除部分天然杂质。

2. 退浆的方法

常用的退浆方法较多,有酶、碱、酸和氧化剂退浆等,可根据原布的品种、浆料组成情况、退浆要求和工厂设备,选用适当的退浆方法。退浆后,必须及时用热水洗净,因为淀粉的分解产物等杂质会重新凝结在织物上,严重妨碍以后的加工过程。

◎ 酶退浆。酶是一种高效、高度专一的生物催化剂。淀粉酶对淀粉的水解有高效催化作用,可用于淀粉和变性淀粉上浆织物的退浆。淀粉酶的退浆率高(可达90%),不会损伤纤维素纤维,但淀粉酶只对淀粉类浆料有退浆效果,对其他天然浆料和合成浆料没有退浆作用。

◎ 碱退浆。淀粉和化学浆在热烧碱液的作用下,发生强烈膨化,与纤维的黏着变松,由凝胶状态变为溶胶状态,化学浆在热碱中溶解度增大,通过有效的水洗,容易从织物上洗去,同时热烧碱溶液能去除一部分天然杂质,尤其适用于含棉籽壳较多的棉布。用于退浆的碱大多是煮练废液,因此成本低,又不损伤纤维,所以此工艺为印染厂广泛使用。碱退浆的退浆率为50%~70%,余下的浆料只能在煮练时进一步除去。碱退浆时,碱液浓度、温度、堆置时间、设备和洗涤情况等直接影响退浆效果,因此工艺必须严格控制。

◎ 酸退浆。在适当的条件下,稀硫酸能使淀粉等浆料发生一定程度的水解,转化为水溶性较大的产物,从而易于从织物上脱落下来。由于稀硫酸对纤维素有一定程度的破坏,因此,为了在不损伤纤维的前提下获得较好的退浆效果,酸退浆通常与碱退浆或酶退浆联合使用,称之为酶-酸退浆或碱-酸退浆。退浆工艺是织物先经碱或酶退浆,并充分水洗及脱水,然后在稀硫酸溶液中浸轧,再保温保湿堆置45~60 min,最后充分水洗。酸退浆时必须严格控制工艺条件,如酸浓度、酸液温度及堆置时严防风干等。酶-酸退浆或碱-酸退浆除了具有退浆作用外,还能使棉籽壳膨化,去除部分纤维素共生物(如灰分),对提高织物白度很有帮助。低级棉含杂较多,如采用这两种工艺,退浆效果优于单纯的碱或酶退浆。

◎ 氧化剂退浆。在氧化剂的作用下,各种类型的浆料(包括淀粉浆和化学浆)能发生氧化、降解直至分子链断裂,溶解度增大,容易经水洗去除。用于退浆的氧化剂有双氧水、亚溴酸钠、过硫酸盐等。氧化剂退浆速度快、效率高,质地均匀,还有一定的漂白作用。但是强氧化剂对纤维素也有氧化作用,因此在工艺条件上应加以控制,使纤维强度尽量保持。

(四)煮练

1. 煮练的目的

棉布经过退浆后,大部分的浆料及部分的天然杂质(蜡状物质、果胶物质、含氮物质、灰分、色素和棉籽壳等)已被除去,但残留下来的少量浆料和大部分天然杂质,使棉织物布面较黄,渗透性差,不能适应染色、印花加工的要求。煮练过程可以去除棉织物上的残留浆料和大部分天然杂质,使棉织物的吸水性提高,有利于印染加工中染料的渗透、扩散。

2. 煮练用剂

棉织物煮练以烧碱为主煮练剂。烧碱在较长时间的热作用下,可与织物上各类杂质作用,如脂肪蜡质被碱皂化及其生成物皂化或乳化,果胶质生成果胶酸钠盐,含氮物质水解为可溶性物,棉籽壳膨化而容易洗掉,残余浆料进一步溶胀除去。为了加强烧碱的作用,可在煮练液中加入适量的表面活性剂、亚硫酸钠(或亚硫酸氢钠)、硅酸钠、磷酸钠等作为助练剂。

◎ 加入适量表面活性剂可以提高织物的润湿性,以利于碱液的渗透。亚硫酸钠(或亚硫酸氢钠)具有还原作用,一方面,它能防止棉纤维在高温煮练时被空气氧化而形成氧化纤维素,导致织物的损伤;另一方面,它能使木质素变成可溶性的木质素磺酸钠而溶于烧碱溶液中。

◎ 亚硫酸钠在高温条件下,略有漂白作用,对提高棉布的白度有利。

◎ 硅酸钠俗称水玻璃或泡花碱,能吸附煮练液中的铁质,防止织物产生锈渍和锈斑;同时,它还能吸附棉纤维中天然杂质的分解物,防止这些分解产物重新沉积在织物上,从而提高了织物的润湿渗透性和白度。

◎ 磷酸钠主要用于软化水,以去除煮练液中的钙、镁离子,提高煮练效果,并节省助剂用量。

3. 煮练设备和工艺

棉布煮练设备按煮练方式的不同可分为间歇式和连续式两种;按加工时织物的不同状态,可分为绳状和平幅两种。

(1)间歇式煮练

◎ 煮布锅煮练。煮布锅是一种使用较早的间歇式生产设备,有立式和卧式两种,织物以绳状形式进行加工。这种设备煮练匀透,除杂效果好,特别是对一些结构紧密的织物如府绸类织物,效果更为明显。煮布锅煮练的品种适应性广,灵活性大,但由于它是间歇式生产,生产率较低,劳动强度高,适用于小批量生产,目前很少使用。

◎ 轧卷式汽蒸煮练。轧卷式汽蒸煮练机以平幅织物浸轧煮练液后,在汽蒸室内汽蒸,接着进入可移动布卷汽蒸箱,并绕成布卷,待布卷绕至一定直径时,暂停运转,将汽蒸箱移开,并使布卷继续回转,汽蒸到规定的时间,再移至平洗机退卷、水洗。轧卷式汽蒸煮练机结构简单,灵活性强,织物折痕较少,可适应多品种、小批量间歇生产,但布卷内外、中间及布的两边有练漂不匀现象,且劳动强度较高。

◎ 冷轧堆煮练。冷轧堆煮练是间歇式生产中较节能的一种方式,其工艺流程是在室温下浸轧煮练液→打卷→室温堆置→水洗。首先将已浸轧工作液的织物在卷布器的布轴上打卷,再将布卷在室温下堆置 12~14 h,然后送至平洗机水洗。为了防止布面风干,布卷要用塑料薄膜等材料包裹,并保持布卷在堆置期间一直缓缓转动,以避免布卷上部溶液向下部滴渗而造成处理的不均匀。

冷轧堆工艺适应性强,可用于退浆、煮练和漂白一步法的短流程加工或退浆后织物的煮练和漂白一步法加工以及退浆和煮练后织物的漂白加工。冷轧堆前处理工艺为室温堆置,不需要汽蒸,极大地节约了能源和设备的投资,而且适合小批量和多品种的加工要求。但室温堆置时,工作液中化学试剂的浓度要比汽蒸堆置时高。

(2)连续式煮练

◎ J形箱式绳状连续汽蒸煮练。由于此机的汽蒸容布器呈"J"形,故称 J 形箱式绳状连续汽蒸练漂机(图8-3),一般双头进行加工,J形箱体呈一定倾斜度,箱内衬不锈钢皮,使其具有良好的光滑度。该机最大特点是快速,车速常为140 m/min,生产效率高。其煮练工艺流程为轧碱→汽蒸→(轧碱→汽蒸)→水洗(2~3次)。

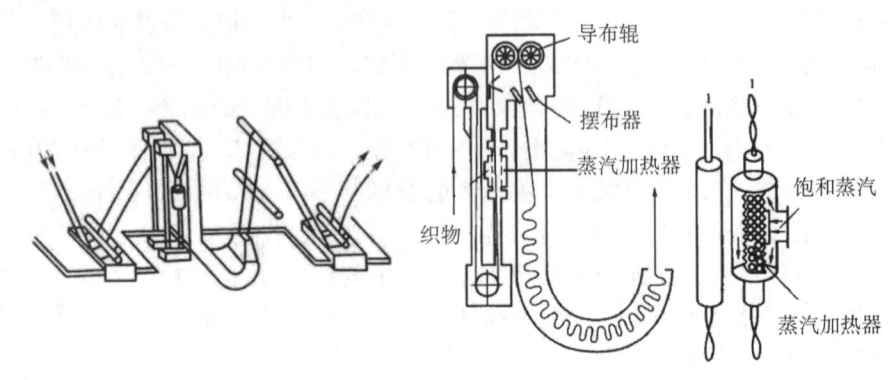

图8-3 J形箱式绳状连续汽蒸练漂机

由于织物是以绳状进行加工,堆积于J形箱内沿其内壁滑动时极易产生擦伤和折痕,因此卡其等厚重织物不宜采用此机。另外,稀薄织物易产生纬斜和纬移,也不宜采用此机。

◎ 常压平幅连续汽蒸煮练。常压平幅连续汽蒸煮练设备类型有J形箱式、履带式、叠卷式、翻板式、R形汽蒸箱式等。其工艺流程为轧碱→汽蒸→水洗。

◎ J形箱式平幅连续汽蒸煮练。J形箱式平幅连续汽蒸练漂机为单头平幅加工。它的主要机构和运转情况与绳状连续汽蒸设备相似,由浸轧装置、汽蒸容布箱及水洗部分组成,区别在于汽蒸箱中织物为平幅堆置。织物加热由饱和蒸汽通过平板加热器中的多孔加热板均匀地喷射到织物上而完成。由于J形箱中堆积的布层较厚,织物易产生横向折痕及擦伤,故对染色要求较高的品种不宜采用这种设备进行前处理。

◎ 履带式汽蒸煮练。履带式汽蒸箱有单层和多层两种。平幅织物浸轧碱液后进入箱内,先经蒸汽预热,再经摆布装置疏松地堆置在多孔的不锈钢履带上,缓缓向前运行,与此同时,继续汽蒸加热。织物堆积的布层较薄,因此,横向折痕、所受张力和摩擦都比J形箱小。一般稀薄、厚重和紧密织物都采用该设备。履带式汽蒸箱除采用多孔不锈钢板载运织物外,还可用间距很小的小辊筒载运织物。也可将导辊与履带组合起来,构成导辊-履带式汽蒸箱,箱体上方有若干对上下导布辊,下方有松式履带,箱底还可贮液。织物可单用导布辊(紧式加工)或单用履带(松式加工),也可将导布辊和履带合用,所以该设备使用较灵活(图8-4)。

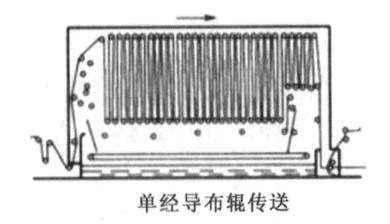

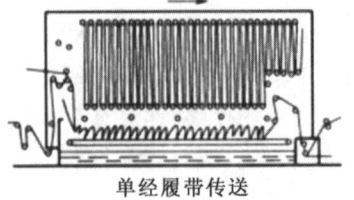

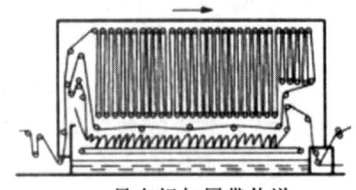

单经导布辊传送　　单经履带传送　　导布辊加履带传送

图8-4 导辊-履带式汽蒸箱

◎ 叠卷式汽蒸煮练。叠卷式汽蒸箱装有两个能连续运转的卷布辊,通过电气设备和机械作用,使两个卷布辊自动移位。布匹在汽蒸箱中先卷绕在一个卷布辊上,卷绕至一定数量以后,转到另一个卷布辊上,如此交替进行,从而延长布匹在汽蒸箱内的时间,以达到一定的煮练效果。叠卷式汽蒸练漂机加工的产品质量均匀、平整且不会擦伤,但在卷布辊调向操作中易产生少量经向折痕,不易去除。

翻板式汽蒸煮练。翻板式汽蒸练漂机如图8-5所示。汽蒸箱上部有落布装置,中部有4~6对翻板,下部为J形槽。织物浸轧煮练液后进入汽蒸箱的汽蒸部分,经摆布装置平整地摆动,堆置于第一对处于水平位置的两块翻板上。待堆到一定时间后,靠气动装置使这一对翻板各自按顺、逆时针方向旋转360°,织物则落到下一层翻板上。此时第一对翻板回复到原来位置,继续受布,如此从上往下定时翻动。

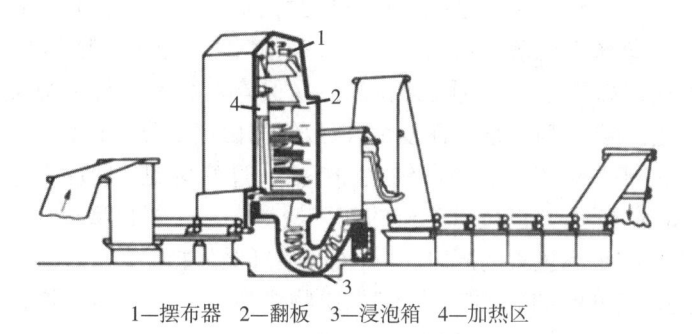

1—摆布器 2—翻板 3—浸泡箱 4—加热区

图 8-5 翻板式汽蒸练漂机

◎ R形汽蒸箱煮练。R形汽蒸箱由半圆形网状输送带和中心圆孔辊组成。在网状输送带与圆孔辊之间有一支撑板,开始进布时呈水平状态。受热织物经摆布装置按一定宽度规则地落下,堆置一定高度时,支撑板即绕中心按逆时针方向逐渐转动,板上的织物有条不紊地堆置在网状输送带上,并被圆孔辊和网状输送带夹持着前进。圆孔辊轴以下是煮沸溶液部分,可以贮放工作液或水,也可不放任何液体,对织物进行汽蒸。R形汽蒸练漂机采用液体煮沸,煮练效果好,堆布整齐,出布顺利,但有时织物仍有横档印产生。

◎ 高温高压平幅连续汽蒸煮练。高温高压平幅连续汽蒸练漂机由浸轧、汽蒸和平洗三个部分组成,如图8-6所示。这种设备的关键是织物进出的密封口,由于机内温度高,织物连续运动,使封口装置不耐用。

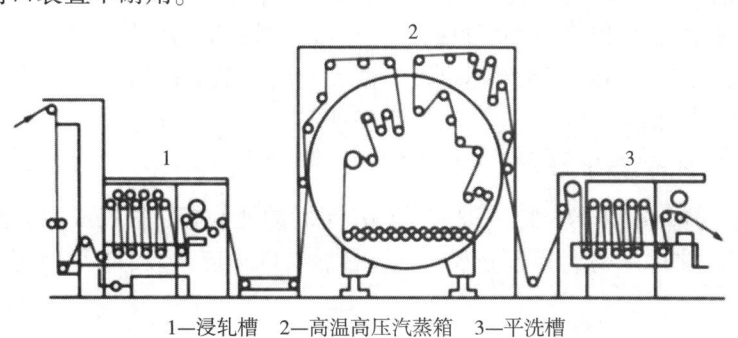

1—浸轧槽 2—高温高压汽蒸箱 3—平洗槽

图 8-6 高温高压平幅连续汽蒸练漂机

此外,常压卷染机、高温高压大染缸、常压溢流染色机、高温高压溢流喷射染色机等设备可以染色,也可以用来煮练,只要选用合适的工艺,均可以达到良好的煮练效果。

4. 煮练效果评定

棉布的煮练效果主要用毛细管效应(简称毛效)表示,即将棉布一端垂直浸在水中,测量30 min 内水上升的高度。煮练时对毛效的要求随品种而异,一般要求达到每30 min 水上升8~10 cm。

（五）漂白

经过煮练,织物上大部分天然及人为杂质已经除去,毛细管效应显著提高,已能满足一些品种的加工要求。但对漂白织物及色泽鲜艳的浅色花布、色布类,还需要提高白度,因此需经过漂白,进一步除去织物上的色素,使织物更加洁白。另外,漂白可以继续去除煮练尚未去净的天然杂质,如棉籽壳等。漂白剂主要有氧化型漂白剂和还原型漂白剂两大类。

◎ 还原型漂白剂如亚硫酸钠、连二亚硫酸钠(保险粉)等,其漂白制品在空气中长久放置后,已被还原的色素会重新被氧化而复色,以致织物白度下降,所以已很少使用。

◎ 氧化型漂白剂有多种,如次氯酸钠、过氧化氢、过醋酸、亚氯酸钠、过硼酸钠等,实际生产中应用较多的是前两种,并以过氧化氢的使用最为广泛。氧化型漂白剂主要通过氧化作用来破坏色素,因此在破坏色素的同时,还可能造成纤维的损伤。

漂白方法有浸漂、淋漂和轧漂三种,其中织物漂白以后者为主。漂白方式有平幅和绳状、单头和双头、松式和紧式、连续式和间歇式之分。

棉织物的漂白以去除天然色素为主要目的,但在漂白过程中,棉纤维本身也可能受到损伤,所以在评定漂白效果时,既要考虑织物达到的外观质量(白度),又要兼顾纤维的内在质量(纤维强度)。织物的白度可在白度仪或测色仪上进行测量。织物的受损程度可通过织物在漂白前后的强度变化衡量。这种方法虽然比较直观,但不能反映纤维在漂白过程中受到的潜在损伤。为了较全面地反映棉纤维的受损情况,可测定棉纤维在铜氨或乙二胺溶液中的黏度变化,也可测定碱煮后织物的强度变化。

（六）荧光增白

棉织物经过漂白以后,如白度未达到要求,除进行复漂进一步提高织物的白度外,还可以采用荧光增白剂进行增白。荧光增白剂能吸收紫外光线而释放出蓝紫色的可见光,与织物上反射出来的黄光混合而成为白光,从而使织物白度提高。由于用荧光增白剂处理后织物反射光的强度增大,所以亮度有所提高。荧光增白剂的增白效果随入射光源的变化而变化,入射光中紫外线含量越高,效果越显著。但荧光增白剂的作用只是光学上的增亮补色,并不能代替化学漂白。

（七）开幅、轧水和烘燥

开幅、轧水、烘燥简称开轧烘,它是将练漂加工后的绳状织物扩展成为平幅,再通过真空吸水或轧辊挤压,去除织物上的部分水分,最后烘燥,以适应丝光、染色、印花等后工序加工的需要。

1. 开幅

绳状织物扩展成平幅状态的工序叫开幅。开幅在开幅机上进行,开幅机有立式和卧式两种,其中以卧式应用较多。卧式开幅机是使绳状织物处于水平状态进行开幅的,其结构如图 8-7 所示。

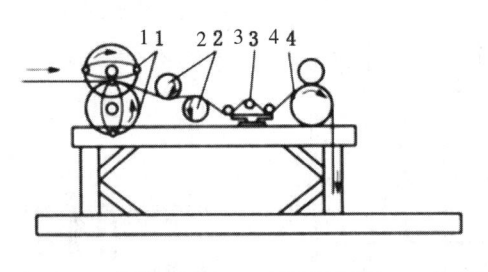

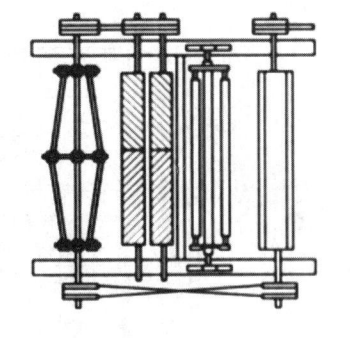

1—打手　2—螺纹扩幅辊　3—平衡导布器　4—牵引辊

图 8-7　卧式开幅机

2. 轧水

在烘燥前经过轧水,可以较大程度地消除前工序绳状加工带来的折皱,使湿态下的织物经重轧而变得平整;在流动水的冲击和轧辊的挤压下进一步去除织物中的杂质;使织物含水均匀一致,有利于烘干,降低能耗,提高效率。轧水机由机架、水槽、轧辊和加压装置等主要部件组成。轧辊是轧车的主要部件,它对轧车的性能起决定性的作用。轧辊分软、硬辊两种,硬轧辊通常由硬橡胶或金属如钢铁、不锈钢等制成,软轧辊由软橡胶或纤维经高压压制而成。由传动设备直接拖动的轧辊称为主动轧辊,由主动轧辊摩擦带动的轧辊称为被动轧辊。通常,硬轧辊为主动轧辊,软轧辊为被动轧辊。硬、软轧辊相间组合,织物在两轧辊间穿过,经一定的压力作用而除去水分。

3. 烘燥

织物经过轧水后,还含有一定量的水分,这些水分必须通过烘燥设备提供的热能才能使之蒸发而去除。目前采用的烘燥设备有烘筒、红外线、热风等形式。烘筒烘燥机是使织物直接接触热的金属烘筒表面,通过热传导加热烘干织物。烘筒一般采用蒸汽加热,少数也可用可燃气体加热。红外线烘燥机是用红外线的辐射热对织物进行加热烘燥。红外线是一种不可见光,能产生高温。热风烘燥机是用热空气传热给织物,使织物内水分迅速蒸发的烘燥设备。织物经开幅、轧水后进行烘燥,一般都采用烘筒烘燥机,常用的为立式烘筒烘燥机,其结构如图 8-8 所示。

(八) 丝光

纺织品在承受一定张力的状态下,借助浓烧碱的作用,并保持所需要的尺寸,可获得丝一般的光泽,这一过程被称为丝光。利用浓烧碱溶液在一定张力条件下处理棉织物,能获得良好丝光效果的根本原因在于:浓碱液能使棉纤维发生不可逆的剧烈溶胀。

经过丝光后的棉布主要有以下特点:

◎ 由于纤维的膨化,纤维排列更加整齐,对光线的反射更有规律,因而增进了光泽。

丝光过程中棉纤维截面变化

◎ 经过丝光处理后,纤维的晶区减少,无定形区增多,而染料及其他化学药品对纤维的作用发生在无定形区,所以丝光后染料的上染率和纤维的化学反应性能都有所提高。

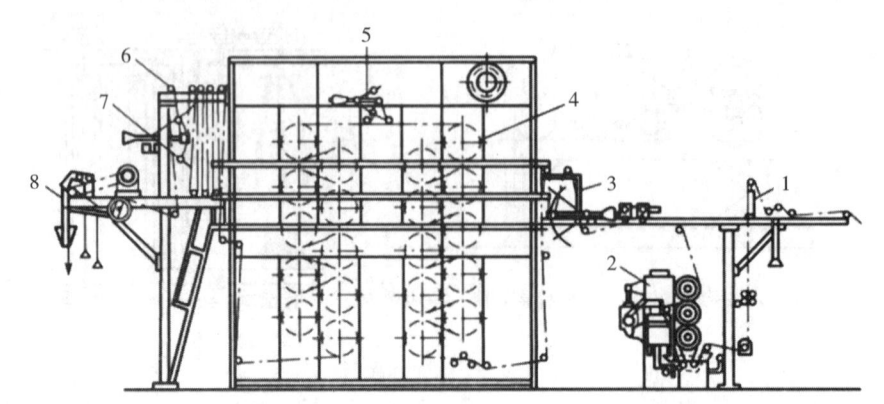

1—进布装置 2—浸渍槽 3,5,7—线速度调节装置 4—烘筒 6—透风装置 8—出布装置

图8-8 立式烘筒烘燥机

◎ 在丝光过程中,纤维大分子的排列趋向于整齐,取向度提高,同时纤维表面不均匀的变形被消除,减少了薄弱环节。当受外力作用时,就能有更多的大分子均匀分担,因此断裂强度有所增加,断裂延伸度则下降。

◎ 丝光有定形作用,可以消除绳状皱痕,更能满足染色和印花对半制品的质量要求。更主要的是,经过丝光后,织物伸缩变形的稳定性有了很大提高,大大降低了织物的缩水率。

1. 丝光方法

棉织物丝光工序的安排按品种和要求的不同,有干布丝光、湿布丝光、漂前丝光、热碱丝光等。

◎ 干布丝光。传统的棉织物丝光通常都是将烘干、冷却后的织物在室温条件下用浓烧碱溶液处理,即室温下干布丝光。干布丝光工艺较易控制,质量也较稳定。但因要求烘干,能耗较大,生产周期较长。

◎ 湿布丝光。湿布丝光可以省去丝光前的烘干工序,节省设备和能源。而且湿布丝光工艺中,因纤维膨化足,吸碱均匀,所以丝光比较均匀,产品质量较好。但湿布丝光对丝光前的轧水要求高,轧余率要低(50%~60%),且轧水要均匀,否则将影响丝光效果。湿布丝光时碱液易于冲淡,因此补充的碱液浓度要高,并要维持盛碱槽内碱液浓度均匀一致。

◎ 热碱丝光。常规丝光工艺是室温丝光,在低温、高浓度的条件下,丝光碱液的黏度较大,渗透性较差。在丝光时,织物表面的纤维首先接触浓烧碱溶液而发生剧烈膨化,使织物结构变得紧密,更加阻碍了碱液向纤维内部的渗透,极易造成织物的表面丝光,厚重紧密织物丝光要获得均匀透彻的效果难度更大。采用热碱丝光,可以提高碱液的渗透性,改善丝光的效果。热碱的渗透性能较好,但膨化程度不如冷碱的效果好。鉴于以上原因,采用先热碱、后冷碱的丝光工艺,因为热碱的早先渗入,有利于冷浓碱液的继续渗入,使织物带有较多的碱量,产生均匀而有效的膨化,如配以其他条件(如张力、去碱等),可获得均匀而良好的丝光效果。

2. 丝光设备

棉织物丝光所用的设备有布铗丝光机、直辊丝光机和弯辊丝光机三种。阔幅织物用直辊丝光机，其他织物一般用布铗丝光机。弯辊丝光机目前已很少使用。

（1）布铗丝光机。布铗丝光机由轧碱装置、布铗链扩幅装置、吸碱装置、去碱箱、平洗槽等组成，如图8-9所示。

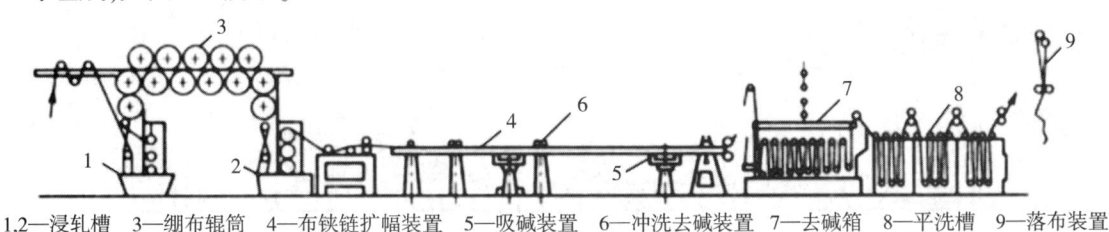

1,2—浸轧槽 3—绷布辊筒 4—布铗链扩幅装置 5—吸碱装置 6—冲洗去碱装置 7—去碱箱 8—平洗槽 9—落布装置

图8-9 布铗丝光机

◎ 轧碱装置。轧碱装置由轧车和绷布辊两部分组成，轧车是前后两台三辊重型轧车，在它们中间装有绷布辊筒。前轧车用杠杆或油泵加压，后轧车用油泵加压。碱槽内装有导辊，实行多浸二轧的浸轧方式。为了降低碱液温度，碱槽通常有夹层，夹层中通冷流水冷却碱液温度。为防止表面丝光，后碱槽的碱浓度高于前碱槽。为防止织物吸碱后收缩，后轧车的线速度略高于前轧车的线速度，以给织物适当的经向张力。绷布辊筒之间的距离宜近一些，织物沿绷布辊筒的包角尽量大一些。此外，还可以加扩幅装置。织物从前轧碱槽至后轧碱槽历时约40～50 s。

◎ 布铗链扩幅装置。布铗链扩幅装置主要由左右两排各自循环的布铗链组成。布铗链长度为1～22 m，左、右两条环状布铗链各自敷设在两条轨道上，通过螺母套筒套在横向的倒顺丝杆上，摇动丝杆便可调节轨道间的距离。布铗链呈橄榄状，中间大，两头小。为了防止棉织物的纬纱发生歪斜，左、右布铗长链的速度可以分别调节，将纬纱维持在正常位置。

◎ 吸碱装置。当织物在布铗链扩幅装置上扩幅并达到规定宽度后，将稀热碱液（70～80 ℃）冲淋到布面上，在冲淋器后面，紧贴在布的下面，有布满小孔或狭缝的平板真空吸水器，可使冲淋下的稀碱液透过织物。这样冲、吸配合（一般五冲五吸），有利于洗去织物上的烧碱。织物离开布铗时，布上碱液浓度低于50 g/L。在布铗长链下面，有铁或水泥制的槽，可以贮放洗下的碱液，当槽中碱液浓度达到50 g/L左右时，用泵将碱液送到蒸碱室回收。

◎ 去碱箱。为了将织物上的烧碱进一步洗落下来，织物在经过扩幅淋洗后进入洗碱效率较高的去碱箱。箱内装有直接蒸汽加热管，部分蒸汽在织物上冷凝成水，并渗入织物内部，起着冲淡碱液和提高温度的作用。去碱箱的底部为倾斜状，内分成8～10格。洗液从箱的后部逆向逐格倒流，与织物运行方向相反，最后流入布铗长链下的碱槽中，供冲洗用。织

浸轧机和绷布辊

吸碱装置

去碱箱

物经去碱箱去碱后,每千克干织物含碱量可降至 5 g 以下,接着在平洗机上再以热水洗,必要时用稀酸中和,最后将织物用冷水清洗。丝光落布要求 pH 值为 7~8。

(2)直辊丝光机。直辊丝光机由进布装置、碱液浸轧槽、重型轧辊、去碱槽、去碱箱、平洗槽和落布装置等部分组成,如图 8-10 所示。

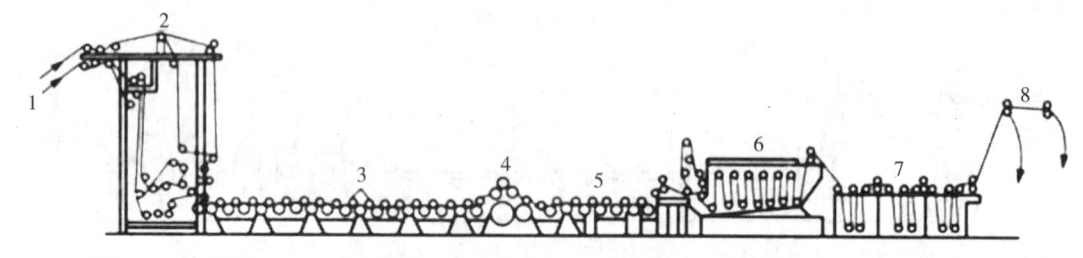

1—织物 2—进布装置 3—碱液浸轧槽 4—重型轧辊 5—去碱槽 6—去碱箱 7—平洗槽 8—落布装置

图 8-10 直辊丝光机

织物先通过弯辊扩幅器,再进入丝光机的碱液浸轧槽。碱液浸轧槽内有许多上下交替相互轧压的直辊,上面一排直辊包有耐碱橡胶,穿布时可提起,运转时紧压在下排直辊上;下排直辊为耐腐蚀和耐磨的钢管辊,表面车制有细螺纹,起到阻止织物纬向收缩的作用。下排直辊浸没在浓碱中。由于织物是在排列紧密且上下辊相互紧压的直辊中通过的,因此它不发生严重的收缩。接着经重型轧辊轧去余碱,之后进入去碱槽。去碱槽与碱液浸轧槽的结构相似,也是由上、下两排直辊组成,下排直辊浸没在稀碱洗液中,以洗去织物上大量的碱液。最后,织物进入去碱箱和平洗槽,以洗去残余的烧碱。

3. 丝光工艺

影响丝光效果的主要因素是碱液的浓度、温度、作用时间和对织物所施加的张力。

◎ 浓度。烧碱溶液的浓度对丝光质量影响最大,浓度低于 105 g/L 时,无丝光作用;高于 280 g/L,丝光效果无明显改善。实际生产中,应综合考虑丝光棉各项性能和半制品的品质及成品的质量要求,确定烧碱的实际使用浓度,一般为 260~280 g/L。近年来,一些新型设备采用的烧碱浓度较高,达到 300~350 g/L。

直辊槽

◎ 温度。烧碱和纤维素纤维的作用是一个放热反应,提高碱液温度有减弱纤维溶胀的作用,从而造成丝光效果降低。所以,丝光碱液以低温为好。但实际生产中不宜采用过低的温度,因保持较低的碱液温度需要大功率的冷却设备和电力消耗;另一方面,温度过低,碱液黏度显著增大,使碱液难于渗透到纱线和纤维的内部去,造成表面丝光。因此,实际生产中多采用室温丝光,夏天通常采用轧槽夹层通入冷流水使碱液冷却即可。

◎ 时间。丝光作用时间 20 s 基本足够,延长时间对丝光效果虽有增进,但作用并不十分显著。另外,作用时间与碱液浓度和温度有关,浓度低时,应适当延长作用时间,故生产上一般采用 50~60 s。

◎ 张力。棉织物只有在适当张力的情况下防止织物的收缩,才能获得较好的光泽。虽然丝光时增加张力能提高织物的光泽和强度,但吸附性能和断裂延伸度却有所下降,因此工艺上要适当控制丝光时经、纬向的张力,兼顾织物的各项性能。一般纬向张力应使织物门幅达到坯布幅宽,甚至略为超过,经向张力以控制丝光前后织物无伸长为好。

4. 丝光效果的评定

◎ 光泽。光泽是衡量丝光织物外观效果的主要指标。虽然可通过各种光泽仪进行测试,但由于织物品种繁多,组织规格复杂,尚无统一的理想测试手段,故现多用目测评定。

◎ 吸附性能。吸附性能有钡值法和染色测试法两种。钡值法用钡值大小衡量,钡值越高,表示纤维的吸附性能越好,丝光效果也就越好。钡值法测定丝光效果虽然精确,但较麻烦。用染色法则比较简单,它通过比色,可定量地了解织物丝光效果。具体操作是将不同钡值的织物,用一定浓度的直接蓝 2B 染液处理,制成一套色卡,然后用未知试样(丝光棉织物)的染色深度与色卡对比,定量地评定丝光后织物的钡值。

◎ 尺寸稳定性。尺寸稳定性通常用缩水率来反映。

(九)棉针织物前处理过程

碱缩和丝光是棉织物碱处理的两种方法。纺织品在松弛状态下经受浓烧碱溶液的处理,结果使织物增厚、收缩并富有弹性,通常称为碱缩,多用于棉针织物的加工。棉针织物的主要品种有汗布、棉毛布等。针织用纱在织造前不上浆,故针织物上不含浆料,无需进行退浆工序。在前处理过程中,一般也不进行烧毛,通常只进行煮练和漂白加工。台车织造的汗布还需要进行碱缩,以增加织物的密度和弹性。高档棉针织物要进行丝光。棉针织物前处理的工艺流程如下:

◎ 漂白汗布品种:坯布→碱缩→煮练→漂白→增白。

◎ 染色(印花)汗布品种:坯布→碱缩→煮练→漂白→(丝光)。

◎ 染色(印花)棉毛布品种:坯布→煮练→漂白→(丝光)。

碱缩:针织汗布的碱缩有坯布碱缩(干缩)和湿布碱缩(湿缩)两种方法。干缩时针织坯布先碱缩后煮练,工艺简单,但织物吸碱不匀。湿缩时针织坯布先煮练后碱缩,织物吸碱均匀,但由于织物把水分带入碱液,碱液浓度下降,碱液温度提高,从而影响碱缩效果。因此实际生产多采用干缩。

煮练:针织物煮练以前主要采用煮布锅煮练和绳状汽蒸煮练等方法,目前较多采用在染色机中煮练。无论采用哪种方法,煮练的条件均应比一般棉机织物缓和,目的是使织物上保留较多的蜡状物质,以免影响织物手感和造成缝纫破洞。

漂白:针织物漂白工艺流程和条件与一般棉织物相似。对白度要求高的产品,还需要进行复漂及荧光增白处理。

丝光:针织物丝光工艺流程和条件与一般棉织物相似,因棉针织物的组织比机织物松散,渗透性较好,因此丝光碱液浓度可稍低一些,一般为 220～280 g/L。棉针织物丝光所采用的设备有圆筒状丝光机和开幅丝光机。

(十)高效短流程前处理工艺

退浆、煮练、漂白三道工序并不是截然隔离的,而是相互补充的。如碱退浆的同时,也有去除天然杂质、减轻煮练负担的作用;而煮练有进一步的退浆作用,对提高白度也有好处;漂白也有进一步去杂的作用。传统的三步法前处理工艺稳妥,重现性好,但机台多、能耗大、时间长、效率低,且印染产品常见的疵病如皱条、折痕、擦伤、斑渍、白度不匀、强度降低、泛黄、纬斜等,都与前处理三步法工艺较长有关。因此缩短工艺流程、简化工艺设备、降低能耗、保证质量是棉织物前处理发展的必然方向。把三步法前处理工艺缩短为二步或一步,这种工艺称为短流程前处理工艺。涤/棉混纺织物的前处理几乎都采用短流程工艺。

二步法前处理工艺。二步法前处理工艺分为织物先经退浆然后煮练、漂白合并,以及织物先经退浆、煮练合并再经常规漂白两种工艺。

一步法前处理工艺。一步法前处理工艺是将退浆、煮练、漂白三个工序合并为一步,采用较高浓度的双氧水和烧碱,再配以其他高效助剂,通过冷轧堆或高温汽蒸加工,使半制品质量满足后加工要求。其工艺分为汽蒸一步法和冷轧堆一步法两种。

◎ 汽蒸一步法工艺。退煮漂汽蒸一步法工艺,由于在高浓度的碱和高温条件下进行,易造成双氧水快速分解,引起织物过度损伤。而降低烧碱或双氧水浓度,会影响退煮效果,尤其是对重浆和含杂量大的纯棉厚重织物有一定难度。因此,这种工艺适用于涤棉混纺织物和轻浆的中薄织物。汽蒸一步法可利用印染厂现有的设备条件,如可采用 R 形汽蒸箱或 L 形汽蒸箱进行。

◎ 冷轧堆一步法工艺。冷轧堆一步法工艺是室温条件下的碱氧一浴法工艺,由于温度较低,尽管碱浓度较高,但双氧水的反应速率仍然很慢,故需长时间的堆置才能使反应充分进行,使半制品达到质量要求。冷轧堆工艺的碱氧用量比汽蒸工艺高出 50%~100%。由于作用条件温和,纤维的损伤相对较小,因此广泛用于各种棉织物。

由于短流程前处理工艺把前处理练漂工序的三步变为两步或一步,原来三步所除去的浆料、棉蜡、果胶质等杂质要集中在一步或二步中去除,因此必须采用强化方法,提高烧碱和双氧水用量。

三、苎麻纤维的前处理

麻纤维的种类很多,包括苎麻、大麻、亚麻、黄麻、剑麻、罗布麻、青麻、洋麻等。由于我国苎麻的产量较大,出口的麻织物中也以苎麻织物为主,故下面仅对苎麻的前处理加工过程进行简单介绍:

(一)苎麻纤维脱胶

1. 脱胶的意义和方法

苎麻收割后,先从麻茎上剥取麻皮,然后从麻皮上刮去青皮得到苎麻韧皮,经晒干后就成为苎麻纺织厂的原料——原麻。原麻中除含有纤维素以外,还含有半纤维素、果胶质、木质素、脂蜡等非纤维素成分。原麻所含的非纤维素成分统称为麻胶,占原麻的 25%~35%。麻胶胶合着所有单纤维,使单纤维难以分离,并赋予纤维僵硬性,故纺纱前须除去原麻皮中的胶质,此过程称为脱胶。原麻经脱胶后的产品称为精干麻。苎麻纤维脱胶的方法有四种:土法脱胶法、微生物法、物理机械法和化学法。目前应用最多是化学法脱胶。

2. 化学法脱胶工艺

通常将苎麻纤维的化学法脱胶分为预处理、碱液煮练和后处理三个阶段,而每个阶段又包括很多工序。

(1) 预处理。预处理主要包括拆包、扎把和预浸等工序：

◎ 拆包、扎把：主要为碱液煮练做好准备。把进入车间的麻包逐个解开，将每捆苎麻割开检验，然后把质量相近、洁净的麻束扎成 0.5~1.0 kg 的小把，再剔除各种杂质。

◎ 预浸：主要是为了去除原麻中的部分胶质，减轻煮练的负担，降低碱液消耗，提高煮练效果，并改善精干麻的质量。方法包括浸水、浸酸和预氯等，目前国内应用最广的是浸酸法。

(2) 碱液煮练。碱液煮练是苎麻化学脱胶中最重要的环节，原麻中绝大部分胶质都是在这一过程中去除的，其原理与棉布煮练相似。煮练用剂主要包括烧碱、硅酸钠、亚硫酸氢钠、表面活性剂等，它们的作用等同于棉织物煮练。

苎麻煮练的工艺条件主要包括煮练的温度、时间和浴比。

◎ 煮练温度和时间：苎麻煮练分常压和高压煮练两种方法。目前多数工厂采用的是高压二煮法工艺。

◎ 煮练浴比：煮练锅中原麻的质量与溶液质量之比称为浴比。由于苎麻原麻中杂质含量高，一般采用较大的浴比，以使脱胶均匀，纤维松散，色泽浅淡。

(3) 后处理。后处理的目的是进一步清除纤维中的残留杂质，使纤维柔软、松散、相互分离，以提高其可纺性，还可改善纤维的色泽及表面性能。后处理工艺包括打纤、酸洗、水洗、(漂白、精练)、给油、脱水和烘干等。

◎ 打纤：利用机械的槌击和水的喷洗作用，将已被碱液破坏的胶质从纤维表面清除掉，使纤维相互分离而变得松散、柔软。

◎ 酸洗：用 1~2 g/L 的稀硫酸中和纤维上残余的碱液，并去除纤维上吸附的残胶等有色物质，使纤维松散，手感柔软，外观洁白。

◎ 水洗：以洗去纤维上的酸液，还可继续去除纤维上残留的胶质，使纤维清洁、柔软。

◎ 漂白、精练：漂白和精练是选择性的工序，是否需要，要根据苎麻的用途确定。漂白除可提高纤维的白度外，同时可降低纤维中木质素和其他杂质的含量，从而进一步改善纤维的润湿性和柔软性，提高纤维的可纺性。精练是将酸洗或漂白过的脱胶麻用稀烧碱及纯碱溶液，有时还加入肥皂、合成洗涤剂等进行煮练。精练后纤维中的残胶率进一步降低，白度也有所提高。

◎ 给油：给油是将离心脱水后的麻纤维扯松，浸入已调制好的乳化液中，保持一定浴比，在一定温度下浸渍一段时间。在纤维烘干之前，对其进行给油处理，可以改善纤维的表面状态，增加纤维的松散性及柔软程度，以适应梳纺工程的要求。

◎ 脱水、烘干：把经过给油处理的麻纤维在离心脱水机中脱水，然后抖松、理顺，便可进行烘干。烘干通常在帘式烘干机上进行。规模较小的练麻厂也可采用阴干、晒干或烘房烘干等方法。

(二) 苎麻织物的练漂

苎麻织物的练漂，基本上与棉织物相似，由烧毛、退浆、煮练、漂白和半丝光等工序组成。但与棉织物比较，苎麻织物具有一些特性，如强度高、延伸度低、易起皱、易擦伤、在碱存在的条件下更易受空气的氧化作用、对酸及氧化剂的作用较敏感等。所以，进行苎麻织物练漂时必须考虑以上各种因素。

1. 烧毛

由于麻织物特别是苎麻织物毛羽多,纤维刚性大,因此,苎麻织物烧毛比棉织物更为重要,否则穿用中会有刺痒感。苎麻布适合采用热容量较大的铜板烧毛机或圆筒烧毛机进行烧毛。但对苎麻与合成纤维的混纺织物,为防止烧毛时合成纤维熔融,应采用气体烧毛机。

2. 退浆、煮练

退浆的目的是去除织物上的浆料和部分杂质。退浆方法应根据织物上的浆料种类和性质进行选择,如为淀粉浆,可用酶退浆。

煮练的目的是去除纤维的伴生物,使织物具有一定的吸水性,便于染料及化学药剂的吸附和扩散。纯苎麻薄型织物,退煮可以合一,厚重织物或者麻/棉类产品,可以在退浆后再进行一次煮练,苎麻和涤纶的混纺织物,由于其中的苎麻纤维预先经过充分脱胶,所以不必再进行特别的煮练。退煮的关键是要匀透,去杂要净。由于苎麻纤维的硬度较大,所以应采取平幅加工而不宜采用绳状加工。苎麻织物的退浆、煮练设备有平幅连续练漂设备、卷染机、高温高压卷染机等。

3. 漂白

苎麻织物漂白一般采用次氯酸钠在较稀的漂液和较长的时间下进行,氯漂后用过氧化氢脱氯,可获得良好的漂白效果。苎麻织物漂白可以绳状或平幅进行。绳状漂白是浸轧在浓度含 1.8 g/L 的次氯酸钠溶液中,然后堆置 1h。平幅漂白可避免折皱条痕,且不易造成漂斑。

4. 半丝光

苎麻织物一般进行半丝光处理。由于苎麻的结晶度和取向度都很高,吸附染料的能力比棉低得多,通过半丝光可明显提高纤维对染料的吸附能力,从而提高染料的上染率。如果进行常规丝光,苎麻渗透性大大提高,染料易渗透进入纤维内部,使苎麻织物的表观得色量降低,并且织物强度下降,手感粗糙,效果反而不好,这也是苎麻织物丝光工艺与棉织物的不同之处。

三、羊毛织物前处理

毛纤维是一种较为贵重的天然纺织原料,品种繁多,包括绵羊毛、山羊绒、骆驼毛、牦牛绒以及兔毛、兔绒等。在纺织工业所用的毛纤维中,应用量最大的是绵羊毛,即通常所称的羊毛。从绵羊身上剪下的羊毛称为原毛。原毛除含有羊毛纤维外,还含有大量的杂质。杂质的种类、含量随绵羊的品种、生存条件、牧区情况和饲养条件的不同而存在差异,一般杂质的含量为 40%~50%,有的甚至达到 80%。根据杂质的性质不同,可以将其分为以下几类:

◎ 动物性杂质,如羊毛脂、羊汗、羊的排泄物等。
◎ 植物性杂质,如草屑、草籽、麻屑等。
◎ 机械性杂质,如砂土、尘灰等。
◎ 少量色素。

由于这些杂质的存在,原毛不能直接用于毛纺生产,必须经过练漂加工。原毛的练漂包括精练(也叫洗毛)、炭化、漂白等过程,以化学方法和机械方法相结合,除去羊毛纤维上存在的大部分动物性杂质、植物性杂质、机械性杂质和少量色素,使其成为具有一定强度、洁净度、白度、松散度、柔软度的合格净毛，可用于后续的成条、纺纱、织布、染整等一系列加工。

在羊毛的练漂加工中，漂白工序是选择性的工序，可根据产品的要求选择是否需要进行此工序，而精练(洗毛)和炭化这两个工序是必不可少的。本节主要对羊毛的精练(洗毛)和炭化这两个前处理工序进行介绍。

(一) 洗毛

1. 洗毛的目的

羊毛的精练加工过程又叫洗毛，其目的是为了除去原毛中的羊脂、羊汗等动物性杂质及砂土等机械性杂质。

2. 原毛中杂质的组成和性质

◎ 羊脂。羊脂是羊脂肪腺的分泌物。它的成分、含量和化学性质随羊的品种、气候条件及饲养环境的不同而不同。羊脂主要是高级脂肪酸、脂肪醇和脂肪烃的混合物。羊脂的熔点为 37~44 ℃，不溶于水，只能溶于有机溶剂，如乙醚、四氯化碳、丙酮、苯等。因此，洗毛时可采用有机溶剂洗除原毛中的羊脂，也可利用碱剂和表面活性剂，在高于羊脂熔点的条件下，通过皂化、乳化的方法将其去除。

◎ 羊汗。羊汗是由羊的汗腺分泌出来的物质，由各种脂肪酸钾盐和碳酸钾盐以及少量磷酸盐和含氮物质组成，其含量约为原毛质量的 5%~10%，羊汗能溶于水，易于洗除。在采用乳化法有效去除羊脂的同时，羊汗可一起被洗除。

◎ 砂土等机械性杂质。砂土等机械性杂质的主要成分是氧化镁、氧化钙、氧化硅、氧化铁、氧化铝等无机含氧化合物，随羊毛品种不同，其含量也有较大差异，国产羊毛含机械性杂质较多。机械性杂质在洗毛过程中可与其他油污一起被剥离，并容易沉积在水底，也较易去除。

3. 洗毛的方法

原毛所含有的杂质中，羊汗主要是无机盐，可溶于水，易于去除；而羊脂不溶于水，难于去除，必须靠表面活性剂的乳化作用或有机溶剂才能去除。所以洗毛的任务主要是洗除羊脂。洗毛的方法有乳化法、溶剂法、羊汗法及冷冻法等。这里主要介绍应用最为普遍的乳化法。所谓乳化法是指利用表面活性剂作为洗毛的主要成分，通过表面活性剂在水中的乳化、分散、增溶等作用，将羊脂从羊毛纤维上去除的过程。在羊脂被乳化去除的同时，羊汗和砂土等杂质也被洗除。根据洗毛液 pH 值的不同，可以将乳化法分为碱性洗毛法、中性洗毛法和酸性洗毛法三种。

◎ 碱性洗毛法：适用于含脂量高尤其是羊毛脂中脂肪酸的含量高的原毛洗涤。

◎ 中性洗毛法：中性洗毛不但可减少羊毛纤维的受损，而且不易引起羊毛的毡结，洗净毛的白度、手感均较好，长期贮存不泛黄，是一种合理可行、发展较快的洗毛方法。

◎ 酸性洗毛法：适用于羊毛脂含量低而机械性杂质含量高的羊毛，如我国高原地带所产的羊毛。

(二) 炭化

在洗毛工序中，原毛中的动物性和机械性杂质已基本被去除，但仍残留有草籽、草屑、麻屑等植物性杂质。残余的植物性杂质会对后续的梳毛、纺纱及染色工序造成影响，造成纺纱困难、毛纱质量下降、染浓色时出现疵点等疵病。炭化的目的就是将原毛中残留的植物性杂质去除掉。炭化是一种化学处理方法,它是利用羊毛纤维和植物性杂质耐酸性能的不同(植物性杂质属纤维素纤维,其耐酸性很差;而羊毛纤维属于蛋白质纤维,其耐酸性较强),在酸性条件下将植物性杂质从原毛中分离出来。

根据炭化时羊毛纤维所处的形态的不同,炭化可以分为散毛炭化、毛条炭化和匹炭化三种方法。这三种炭化方法的工艺流程基本上是一样:浸水→脱水→浸酸→脱酸→焙烘(→轧炭)→水洗中和→烘干。炭化的工艺必须严格控制,否则羊毛会受到严重的损伤。

四、蚕丝织物前处理

蚕丝具有明亮的光泽、平滑和柔软的手感、较好的吸湿性能以及轻盈的外观等,是一种高级的纺织原料。蚕丝织物的前处理主要由精练(也叫脱胶)和漂白两道工序组成,下面以产量较大的桑蚕丝和柞蚕丝为例,介绍蚕丝织物的脱胶和漂白工序。

(一)脱胶

1. 脱胶的目的及原理

未经脱胶处理的桑蚕丝叫生丝。生丝主要由丝素和丝胶组成,此外还含有少量的油蜡质、色素、灰分和碳水化合物。蚕丝织物的精练就是去除丝胶以及附着在丝胶上的油蜡质、色素、灰分等杂质的过程。由于精练的关键是去除丝胶,附着在丝胶上的杂质将随丝胶的脱去而去除,故蚕丝织物的精练过程也叫脱胶。蚕丝脱胶的原理主要是利用丝素和丝胶分子两者在性质上的不同:丝素在水中不能溶解,丝胶则能在水中尤其是在近沸点温度的水中膨化、溶解;当有适当的助剂如酸、碱、酶、肥皂、合成洗涤剂存在的情况下,丝胶更容易被分解,而丝素则相当稳定。蚕丝织物的脱胶实质上就是利用丝素和丝胶的这种结构上的差异以及对化学药剂稳定性不同的特性,在其他助剂(酸、碱酶、肥皂、合成洗涤剂)的作用下除去丝胶及其他杂质的过程。

2. 脱胶工艺

根据所采用的脱胶用剂不同,可以将脱胶方法分为酸脱胶、碱脱胶、皂碱脱胶、酶脱胶、复合精练剂脱胶等。根据设备可分为精练槽脱胶、平幅连续精练机脱胶、星形架脱胶、高温高压脱胶。此部分仅对目前较常用的以及新出现的脱胶方法简单进行介绍。

◎ 皂碱法脱胶:皂碱法脱胶是一种传统的蚕丝织物精练方法,并沿用至今。常以肥皂为主练剂,以碳酸钠、磷酸三钠、硅酸钠和保险粉为助练剂,采用预处理→初练→复练→练后处理的工艺流程对蚕丝织物进行精练。这种方法的优点是工艺条件简单,便于操作,脱胶效果好,脱胶制品的手感柔软滑爽,富有弹性,光泽柔和。不足之处是若采用硬水脱胶,练液中的钙、镁盐容易与肥皂结合黏附在纤维上,影响染色、印花和后整理加工,所以皂碱法脱胶最好采用软水。

◎ 酶脱胶:以蛋白质分解酶为主练剂的脱胶方法。酶脱胶对丝织物作用温和,脱胶均匀,手感柔软。但是,由于酶具有高度专一性,此法仅能分解丝胶,不能将纤维中的天然杂质、油污和浸渍助剂等其他杂质去除,所以很少单独使用。在实际生产中,一般采用酶精练与纯碱、肥皂或合成洗涤剂精练相结合的方法,如酶-皂碱法和酶-合成洗涤剂法等,其中以酶-合成洗涤剂法最为常用。

◎ 复合精练剂脱胶：随着助剂及设备的发展，为了便于精练操作和提高精练质量，国内外推出了很多复合型精练剂，包括普通型复合精练剂、快速精练剂、高效精练剂等，现在发展最快的是快速精练剂。采用快速精练剂脱胶，既能够使练后织物保持皂碱法精练的手感风格，又能克服皂碱法易产生灰伤、白雾等疵病的缺点，且精练效率非常高，整个流程仅需 90 min，是一种很有前途的脱胶方法。

(二) 漂白

蚕丝织物是否需要漂白要根据蚕丝的种类及最终产品的需求来确定。可用于蚕丝织物漂白的漂白剂有氧化性漂白剂和还原性漂白剂两大类。蚕丝织物经还原性漂白剂处理后，虽然白度得到提高，但在空气中长久放置后，会被氧化复色。所以对白度要求高的蚕丝织物一般采用氧化性漂白剂漂白，如过氧化氢、过硼酸钠、过碳酸钠和过醋酸，其中最常用的是过氧化氢。

六、合成纤维及其混纺/交织织物的前处理

(一) 涤纶织物的前处理

在合成纤维中，涤纶产品数量和品种都占据主体地位。涤纶织物因产品的要求、风格不同，其染整工艺有较大差异，但其前处理过程一般包括退浆、精练、松弛、碱减量和预定形等工序。

◎ 退浆精练。涤纶本身不含有杂质，只是在合成过程中存在少量(约3%以下)的低聚物，所以不像棉纤维那样需进行强烈的前处理。一般是退浆、精练一浴进行，目的是除去纤维制造时加入的油剂和织造时加入的浆料、着色染料及运输和储存过程中沾污的油剂和尘埃。可用的精练工艺有精练槽间歇式退浆精练工艺、喷射溢流染色机退浆精练工艺、连续松式平幅水洗机精练工艺，其中目前国内常用的工艺是喷射溢流染色机退浆精练工艺。

◎ 松弛加工。充分松弛收缩是涤纶仿真丝绸获取优良风格的关键。松弛加工是将纤维纺丝、加捻、织造时所产生的扭力和内应力消除，并对加捻织物产生解捻作用而形成绉效应。不同的松弛设备有不同的松弛工艺，松弛处理后，其产品风格也不尽相同。用于涤纶织物松弛的设备有以下几种：间歇式浸渍槽、喷射溢流染色机、平幅汽蒸式松弛精练机、转笼式水洗机。对于大多数涤纶织物，精练和松弛加工是同步进行的。喷射溢流染色机是国内进行退浆、精练、松弛处理最广泛使用的设备。

◎ 预定形。预定形的目的是消除织物在前处理过程中产生的折皱及松弛退捻处理中形成的一些月牙边，稳定后续加工中的伸缩变化，改善涤纶大分子非晶区分子结构排列的均匀度，减少结晶缺陷，使后续的碱减量均匀性得以提高。

◎ 碱减量加工。碱减量加工也是涤纶仿真丝绸的关键工艺之一。是将涤纶放置于热碱液中，利用碱对涤纶分子中酯键的水解作用，将涤纶纤维表面腐蚀而变得松弛，纤维本身质量随之减少，织物的弯曲及剪切特性发生明显变化，从而产生仿丝绸的效果。

(二) 锦纶织物的前处理

锦纶织物的前处理过程非常简单，一般包括精练、漂白、预定形等工序。

(三)涤/棉织物的前处理

涤/棉织物的前处理工序一般包括烧毛、退浆、煮练、漂白、丝光和热定形等。

◎ 烧毛。涤/棉织物烧毛工序不但可以烧去织物表面的绒毛,还可以改善涤纶的起毛、起球现象。涤棉织物一般采用气体烧毛机烧毛,烧毛时要求绒毛温度高于涤纶的燃烧温度(485 ℃),布身温度则低于180 ℃。采取织物通过火口后吹冷风或在火口上织物包绕冷水辊筒,是降低布身温度的有效措施。

◎ 退浆。涤/棉织物的上浆,多采用PVA(聚乙烯醇)、淀粉和CMC(羧甲基纤维素)的混合浆料,退浆方法一般采用热碱退浆或氧化剂退浆。

◎ 煮练。涤/棉织物煮练的目的是除去棉纤维上的天然杂质和残留浆料,并去除涤纶上的油污。由于涤纶耐碱性较差,需采取比较温和的煮练工艺。

◎ 漂白。涤/棉织物漂白主要是去除棉纤维中的天然色素,目前以氧漂为主,漂白剂用量比纯棉织物漂白相对低一些。

◎ 丝光。涤/棉织物丝光是针对其中的棉纤维组分进行的,工艺可参照棉织物丝光。由于涤纶不耐碱,涤/棉织物丝光的碱液浓度应适当降低;去碱箱温度相对较低,为70~80 ℃。

◎ 热定形。涤/棉织物热定形是针对其中的涤纶组分进行的,工艺可参照纯涤纶织物热定形。涤棉织物热定形温度为180~200 ℃。

(四)涤/黏中长混纺和交织织物的前处理

涤/黏织物的前处理工艺一般为:采用强火快速一正一反烧毛。如果烧毛不匀,将导致染色时上染不匀。采用高温、高压染色的织物,最好采用染后烧毛。烧毛后直接用过氧化氢进行浴法前处理,不但退浆率高,而且还有煮练和漂白作用。退煮后在松式烘燥设备上烘干,再在SST短环烘燥热定形机上,在190 ℃和适当超喂条件下进行热定形。

(五)含氨纶弹性机织物的前处理

含氨纶弹性机织物以棉/氨纶包芯纱纬弹织物为主,氨纶含量3%~10%,品种有弹力府绸、弹力纱卡、弹力牛仔布等。前处理时要考虑到氨纶的理化性能,尽量减少对氨纶的损伤,保持弹力织物形态的相对稳定。棉/氨纬弹织物前处理可以按以下工艺流程进行:

坯布检验→酶退浆(平幅松弛处理)→水洗烘干→预定形→冷轧堆(煮漂)→水洗烘干→烧毛→(复漂)→水洗烘干→丝光。

◎ 松弛处理是保证含氨纶弹性织物形态稳定,染整加工均匀,防止产生皱条、卷边,使幅宽、面密度等指标易于控制的关键工序。松弛处理主要有热水处理、汽蒸处理和溶剂煮练三种方式。

◎ 预定形是含氨纶弹性织物在染整加工中控制幅宽、稳定尺寸、防止织物起皱和卷边的一个十分重要的关键工序。

◎ 烧毛安排在退煮后进行,是因为退煮后织物上的浆料已基本去除,纤维上的毛羽能完全冲出纱线,可以保证烧毛质量。

◎ 丝光是针对于棉纤维组分进行的,有利于织物尺寸稳定。

第二节 织物染色

二、染料的基本知识

（一）染料概述

可使纺织品着色的物质包括染料和颜料两种。染料是指能使纤维或织物染成一定坚牢度和鲜艳度颜色的有色有机化合物，但并不是所有的有色有机化合物都可称为染料。作为染料应该具备四个条件：

◎ 能溶于水或分散于水或利用化学法溶解于水。
◎ 对纤维有一定的亲和力。
◎ 染着后在纤维上具有一定的坚牢度。
◎ 必须具有颜色。

颜料不同于染料，它是不溶于水及一般有机溶剂的有色物质，对纤维没有直接性，不能直接和纤维结合，但能靠黏合剂的机械黏附作用使物体表面着色。颜料一般是不溶的有色粉末，多为有机物，但也有无机物。

（二）染料的分类

染料的分类方法有以下两种：

◎ 根据染料的性能和应用方法进行分类，主要有直接染料、活性染料、还原与可溶性还原染料、硫化染料、不溶性偶氮染料、酸性染料、酸性媒染染料、酸性含媒染料、分散染料、阳离子染料等，这种方法称为应用分类。

◎ 根据染料的化学结构或其特性基团进行分类，可分为偶氮染料、靛类染料、蒽醌染料、硫化染料、三芳甲烷染料等，称为化学分类。

（三）染料的选择

不同类型的纤维各有自己的特性，因此应根据其性能选用相应的染料进行染色。

◎ 纤维素纤维制品可选用直接染料、活性染料、还原与可溶性还原染料、硫化染料、不溶性偶氮染料等进行染色。
◎ 蛋白质纤维和锦纶可采用酸性染料、酸性含媒染料染色。
◎ 腈纶可以用阳离子染料染色。
◎ 涤纶可用分散染料染色。

但一种染料除了用于一类纤维的染色外，也可用于其他纤维的染色，比如活性染料还可以用于羊毛、蚕丝、锦纶的染色，分散染料还可用于腈纶、锦纶的染色等。除此之外，还要根据织物用途、染料拼配要求、助剂成本及染色机械加工性能等选择染料。

（四）染料的命名

国产商品染料一般采用三段命名法进行命名，即冠首、色称和尾注。

◎ 冠首表示染料的应用类别。

◎ 色称表示纺织品染色后所呈现的色泽名称,并可采用形容词"嫩、艳、深"等修饰。
◎ 尾注以符号和数字说明染料的色光、染色性能、状态、用途、染色牢度、浓度等。

如活性艳红 K-2BP 150%,其中"活性"为冠首,表示活性染料;"艳红"是色称,表示染色后织物呈现的色泽是鲜艳的红色;"K-2BP150%"是尾注,其中"K"指 K 型活性染料,"B"指的是染料的色光是蓝的,"2B"比"B"要蓝一些,"P"指的是该染料适合做印花,"150%"表示染料的强度和力份,力份是指染料厂选择某一浓度的染料为标准,而将每批产品与它相比较而言,用百分数表示。

(五) 染色牢度

染色牢度是指染色产品在使用或染色以后的加工过程中,在各种外界因素的作用下,能保持其原来色泽(包括不易褪色和不易变色)的能力。染色牢度是衡量染色产品质量的重要指标之一,包括耐晒牢度、耐气候牢度、耐洗牢度、耐汗渍牢度、耐摩擦牢度、耐升华牢度、耐熨烫牢度、耐漂牢度、耐酸牢度、耐碱牢度等。不同用途的纺织品牢度侧重点不同。

耐晒牢度指染物在日光照射下保持不褪色的能力。试验时,试样和 8 个标样一起在规定条件下暴晒,到试样发生一定程度的褪色时,看它和哪个标样的褪色速率相当,便可评出试样的日晒牢度。耐晒牢度分为 8 级,1 级相当于在太阳光下暴晒 3 h 开始褪色;8 级相当于在太阳光下暴晒 384 h 开始褪色。

耐洗牢度指染色物在肥皂等溶液中洗涤时的牢度。包括原样褪色(织物在皂洗前后的相比褪色情况)和白布沾色(与染色织物同时皂洗的白布,因染物褪色而沾色的情况)两项指标。耐洗牢度分 5 级,5 级最好,1 级最差。

摩擦牢度分为干摩擦牢度和湿摩擦牢度两项指标。干摩擦牢度是指用干的白布在一定压强下摩擦染色织物时白布的沾色情况;湿摩擦牢度是指用含水率 100%的白布在相同条件下的沾色情况。摩擦牢度也分 5 级,5 级最好,1 级最差。

知 识 拓 展

国家航天局公布了"嫦娥五号"探测器在月球表面展示五星红旗的照片。这是继"嫦娥三号""嫦娥四号"之后,五星红旗又一次在月球表面展示,同时也是五星红旗第一次在月球表面以动态展示。亮相于月球的这面五星红旗有什么特别之处呢? 为了让五星红旗在月球上实现"独立展示",科研人员可谓费尽心思。这面五星红旗由国产特殊材料制作,质量仅 12 g。在月球上,把五星红旗高高竖起,可没有在地球上那么容易。由于宇宙

"嫦娥五号"展示的五星红旗

中存在很强的电磁辐射,而且月球表面有正负 150 ℃的温差,普通材质的五星红旗一裸露在月球上,会立即发生褪色、串色、甚至分解。为此,科研人员花费了约一年时间选择制作红旗的面料,最终挑选出二三十种纤维材料,通过热匹配、耐高低温、防静电、防月球尘埃等性能试验,决定采用一种新型复合材料。这种材料既能满足强度要求,又能满足染色性能要求,从而保证五星红旗能够抵御月球表面的恶劣环境,达到不褪色、不串色、不变形的效果。

(六)光、色和拼色

任何物质都具有颜色,颜色是人的一种感觉,是光引起的。光是一种电磁波,当光照射到有色物质上,反射光作用于人眼而产生颜色。从人的视觉系统看,颜色可用色调、饱和度和明度三个基本属性来描述。色调又称为色相,是指颜色的外观,用于区别颜色的名称;饱和度又称为纯度、鲜艳度和彩度,可用来区别颜色的纯洁度,也即颜色接近光谱色的程度;明度,表示有色物体表面的明暗程度,也可称为色彩的亮度,它可区分颜色的浓淡。

在印染加工中,为了获得一定的色调,常常用两种或两种以上的染料进行拼染,通常称为拼色或配色。一般来说,除了白色,其他色彩都可以由品红、黄、青色三种颜色拼混而成。印染厂拼色用的三原色通常简称为红、黄、蓝,因此把最单纯的红、黄、蓝称为三原色。三原色中的两个颜色相互混合可得到橙、绿、紫三色称为二次色。用不同的二次色混合可以得到棕色、橄榄色、咖啡色,称为三次色。

二、染色的基本原理

染色是指染料从染液中自动转移到纤维上,并在纤维上形成均匀、坚牢、鲜艳色泽的过程。衡量染色产品质量好坏的三个指标为匀染性、色牢度和鲜艳度。

(一)染料在溶液中的存在形式

染料在溶液中存在的基本形式有电离、溶解、分散、聚集四种。染料分子中一般含有羟基、氨基、硝基等极性基团。当染料放入水之后,它将受到极性水分子的作用,其亲水部分与水分子形成氢键结合,从而溶解。有的染料还含有磺酸基、羧基、硫酸酯基等可电离的基团。若染料电离后的色素离子带负电荷,称为阴离子染料,如直接染料、活性染料等;若染料在水中电离后的色素离子带正电荷,称为阳离子染料;染料在水中不电离的称为非离子染料,如分散染料,在水溶液中呈现分散状态。在染料溶解和电离的同时,染料分子或离子之间由于氢键和范德华力的作用,会发生不同程度的聚集。

(二)纤维在溶液中的状态

一般情况下,纤维在中性和碱性溶液中都带有负电荷,并发生不同程度的吸湿和膨胀现象。对于蛋白质纤维和锦纶来说,纤维所带电荷与溶液的 pH 有一定关系,在等电点以下带有正电荷,等电点以上带有负电荷,等电点时呈电中性。等电点是指纤维上正负电荷相等时溶液的 pH 值。

(三)染色过程

按照现代染色理论的观点,染料之所以能够上染纤维,并在纤维上具有一定的染色牢度,主要是因为染料分子和纤维分子之间存在各种引力,包括范德华力、氢键、静电引力及共价键等。染料和纤维不同,其染色原理和染色工艺差别也比较大。但就染色过程而言,都可以分为吸附、扩散、固着三个基本阶段。

◎ 染料的吸附。染料在染液中靠近纤维到一定距离后,染料分子被纤维表面迅速吸附,并与纤维分子产生氢键、范德华力或库仑引力结合。染料的吸附是一个可逆过程,吸附和解吸反复进行,这有利于染色均匀。染色初期,吸附快,解吸慢;随着

染料上染纤维过程

染色进行,吸附逐渐变慢,解吸变快;直到达到平衡。染料吸附的主要原因是染料对纤维的直接性,所谓直接性是指染料舍染液而自动上染纤维的性质,其大小一般用平衡上染百分率表示。上染百分率是指上染到纤维上的染料量占投入染液中的染料总量的百分率,而平衡上染百分率是指染色达到平衡时,纤维上的染料量占投入染液中的染料总量的百分率,它的大小表示染料利用率的高低。

◎ 染料的扩散。染料由染液浓度高的向低的地方运动及染料由纤维表面向纤维内部运动的过程,称为扩散。染料的扩散性能决定了染色速率和染色的匀染性。扩散性能比较好的染料,容易染得均匀。染料从纤维上重新转移到染液中,然后再上染到织物上,这个过程称为移染。

◎ 染料的固着。染料的固着是指扩散后均匀分布在纤维上的染料通过染料—纤维间的作用力而固着在纤维上的过程。染料和纤维的类型不同,结合的方式也各不相同。包括氢键、范德华力、离子键、共价键和配位键等。染料纤维间固着力的类型和大小对染色的色牢度起着决定性的作用。

(四)盐效应

在染料染色过程中,有时需要加入中性电解质,来提高或降低染料的上染速率和上染百分率,这称为染色的"盐效应"。凡是能提高染料的上染速率和上染百分率的效应,称为"促染",反之称为"缓染"。盐发生促染的机理是,染料在溶液中离解成色素阴离子而上染负电荷的纤维时,染料和纤维之间存在电荷斥力,在染液中加入盐后,盐电离产生的钠离子由于体积小,首先吸附到负电荷的纤维表面,降低了纤维表面的负电荷,即可降低染料和纤维之间的电荷斥力,提高了上染速率和上染百分率。盐的缓染作用发生在正电荷的染料上染负电荷的纤维或者负电荷的染料上染正电荷的纤维上,由于两者存在的是相互吸引力,加入盐后降低了染料和纤维之间的吸引力,起缓染作用。

(五)染色方法

根据染料施加于被染物及其固着在纤维中的方式不同,染色方法可分为浸染和轧染两种,若细分可分为浸染、卷染、轧染和冷轧堆四种。

◎ 浸染。浸染是将被染物浸渍于染液中处理一定时间,借助于染料对纤维的直接性而将染料上染并固着于纤维的一种加工方法。浸染设备简单,操作容易,适用于小批量、多品种的间歇式生产方式,劳动生产率较低。浸染时,染液和染物的相对运动至关重要,否则易造成染色不匀。该方法广泛用于散纤维、纱线、针织物、稀薄娇柔型织物等的染色。

普通卷染机工作过程

◎ 卷染。卷染是浸染的一种形式,其卷染浴比(指织物质量与染液体积之比)很小,具有布面平整的优点。根据其工作性质,可分为普通卷染机、高温高压卷染机,适用于直接染料、活性染料、还原染料和分散染料等染色工艺。

◎ 轧染。轧染是将织物在染液中经过短暂的浸渍后,随即用轧辊轧压,将染液挤入纺织物的组织空隙中,并除去多余的染液,使染料均匀地分布在织物上。染料的上染主要是在之后的汽蒸或焙烘等过程中完成的。轧染时,织物的得色深度与轧液率有很大关系,轧液率是指浸轧前后织物的质量差值与浸轧前织物质量的比值。轧液率一般在30%~100%,合纤在30%左右,棉纤维在65%~70%,黏胶纤维在90%左右。在轧染中若浸轧不匀,如轧辊两端与中间压力不等,会产生左、中、右色差;轧槽始染液配制不当,固色液使用不当,机械使用状态不佳,均会造成染色不匀;浸轧染液后的烘燥不当会引起染料泳移,更易造成染色不匀。所谓泳移是指织物浸轧染液后在织物的烘干过程中,染料随水分向纤维表面迁移的现象。为了降低或抑止烘干时染料的泳移,可采用降低轧染时的轧液率、采用无接触烘燥设备和添加适量的抗泳移剂等方法。

◎ 冷轧堆染色。冷轧堆染色是指织物在浸轧含有染料和碱剂的染液后,立即打卷,并用塑料薄膜包好,在不停地缓慢转动下堆放一定时间,使染料完成扩散和固着,最后在卷染机或平洗机上进行后处理,如图8-13所示。此染色法具有设备简单、能耗低、匀染性好等特点,由于染色在室温下进行,染料水解少,又因堆置时间较长,故染料固色率高。

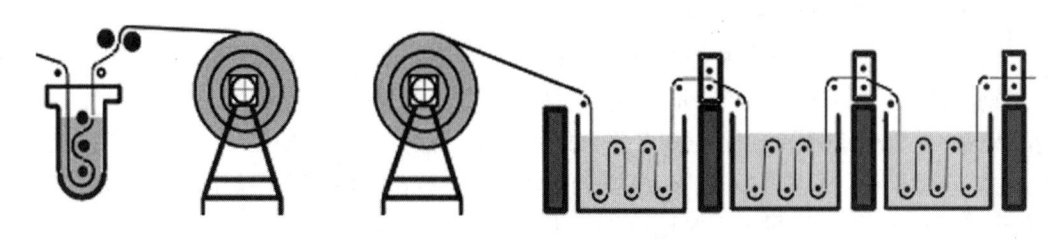

图8-13 冷轧堆染色

(六) 染色设备

染色设备与染色工艺的适应性是评价染色设备好坏的重要指标。它不仅关系到染色质量、生产效率及劳动强度,而且对能耗、染色成本有着很大的影响。染色设备种类很多,按设备运转的性质可分为间歇式染色机和连续式染色机;按染色方法划分可分为浸染机、卷染机和轧染机;按被染物状态划分可分为散纤维染色机、纱线染色机和织物染色机;按织物在染色时的状态可分为绳状染色机和平幅染色机。

三、常用染料染色

(一) 直接染料染色

直接染料是指能直接溶解于水,对纤维素纤维有较高的直接性,无须使用化学方法就能使纤维及其他材料着色的染料。主要应用于黏胶、棉、麻等纤维的染色,还能在弱酸性或中性介质中上染羊毛、蚕丝、锦纶等纤维。直接染料可分为盐效应型染料、温度效应型染料、直接混纺染料和直接交联染料等类别。其优点是染色方法简单,色谱齐全,成本低廉;但水洗、日晒牢度不够理想。因此,除浅色外,一般都需要固色处理。

(二) 活性染料染色

活性染料分子结构中含有一个或一个以上的活性基,在适当条件下,能够与纤维上的羟基或氨基发生化学反应,形成共价键结合,使耐洗和耐摩擦色牢度提高,因此又称反应性染料。活性染料的色谱全,色泽鲜艳,匀染性好,使用方便,耐洗色牢度优良。但其日晒牢度、耐氯漂牢度较差,染物容易发生褪色现象,染料易水解,利用率不高。它可以用于棉、麻、丝、毛、黏胶纤维、锦纶等多种纺织品的染色。活性染料的染色过程包括染料的上染、固色及皂洗后处理三个阶段。活性染料的上染具有亲和力低、上染率低、匀染性好的特点。可通过低温染色、电解质促染和小浴比染色等方法来提高其上染率。染料的固色是指在一定的碱性和温度条件下,染料的活性基团与纤维发生反应形成共价键结合而固着在纤维上的过程。在染料发生固色的同时,染液中及吸附在纤维上的活性染料也能与水中的氢氧根离子发生反应,生成水解活性染料,使其不能再和纤维发生键合反应,从而造成染料的浪费。因此,染色过程中要严格控制工艺条件,以降低染料的水解,提高固色率。染色后处理是指洗除水解的染料和未与纤维反生键合的染料,以提高色泽的鲜艳度和色牢度。染料和纤维之间的共价键,耐碱性较差,易发生水解断裂,因此,皂洗处理要在中性洗涤液中进行。活性染料染棉的方法有浸染法、轧染法、卷染法和冷轧堆法。

◎ 浸染宜选用亲和力较高的活性染料。

◎ 轧染有一浴法轧染和两浴法轧染两种。一浴法轧染是将染料和碱剂放在同一染液里,织物浸轧染液后,通过汽蒸或焙烘使染料固着,适用于反应性较强的活性染料。二浴法轧染是织物先浸轧染料溶液,再浸轧碱剂固色液,然后汽蒸或焙烘使染料固着,适用于反应性较弱的活性染料。轧染时采用亲和力较低的染料染色,这样有利于减少前后色差。但必须注意,亲和力低的染料在烘干时更容易发生泳移。

◎ 卷染是浸染的一种,只是采用的浴比较小,在卷染机中进行染色。

◎ 冷轧堆染色法是织物在浸轧含有染料和碱剂的染液后,立即打卷,并用塑料薄膜包好,在不停地缓慢转动下堆置一定时间,使染料完成扩散和固着,最后在卷染机上后处理。冷堆法染色具有设备简单、匀染性好的特点,因不经过汽蒸,所以具有能耗抵,染料利用率较高,匀染性好等优点。此法最适合反应性强、直接性低、扩散速率快的染料。

(三)还原染料和可溶性还原染料染色

还原染料分子结构上含有两个或两个以上羰基,不溶于水,对纤维没有亲和力,染色时要在碱剂和还原剂的作用下使染料还原溶解成为隐色体钠盐才能上染纤维,再经氧化恢复成不溶性的染料色淀而固着在纤维上。还原染料色谱较全,色泽鲜艳,染色牢度好(尤其是耐洗和耐晒牢度)。但是价格较高,工艺复杂,缺少红色。黄、橙等色泽有光敏脆损现象。还原染料又称士林染料,最常用的有紫、蓝、绿、棕、灰、橄榄等色。

(四)硫化染料染色

硫化染料由芳香胺类或酚类化合物与多硫化钠或硫黄熔融而成,染料不溶于水,在染色时须用硫化碱还原溶解才能上染纤维,故称为硫化染料。硫化染料价格低廉,水洗牢度较高,色谱不全,部分品种有储存脆损现象。按照应用方法进行分类可分为普通硫化染料、硫化还原染料、液体硫化染料三类。

普通硫化染料用硫化钠作还原剂。硫化还原染料用保险粉作还原剂,它具有较好的耐氯漂牢度,又称为海昌染料。液体硫化染料是指加适量还原剂精制而成的一种隐色体染料,便于加工。硫化染料主要用于纱线,砂皮布等工业用布以及厚重织物的染色。最常用的品种是硫化元、硫化蓝,其次是硫化绿、硫化棕。硫化染料的储存脆损主要是由多硫结构引起的。在分子结构中不稳定的硫元素在一定温湿度的空气中,被氧化成硫酸,使纤维水解,致使织物强度下降。为了防止该现象,可采用防脆剂进行处理,包括碱性防脆剂和有机防脆剂两大类。碱性防脆剂主要是利用其碱性中和生成的酸,防脆效果较好,但有溶落染料的作用,影响染色牢度。有机防脆剂可与染料中的活泼硫作用,抑制氧化作用发生,并且本身具有碱性,能中和生成的酸性物质,起到防脆的作用。

(五)酸性类染料染色

1. 酸性染料染色

酸性染料是指能在酸性、弱酸性或中性染液中直接上染蛋白质纤维和聚酰胺纤维的染料。按其染色性能和染色方法的不同,可分为以下三类:

◎ 强酸浴染色的酸性染料。这类染料的分子结构比较简单,磺酸基在整个分子结构中占有较大比例,所以染料的溶解度较大,在染浴中以阴离子形式存在,和纤维之间主要通过离子键结合。染色时,可用硫酸调节染液 pH 值为 2~4。因为这种染料必须在强酸性染浴中才能很好地上染纤维,故称为强酸性染料。食盐、元明粉等中性盐对这类染料起缓染作用。

◎ 弱酸浴染色的酸性染料。这类染料的分子结构比较复杂,分子结构中磺酸基所占比例较小,所以染料的溶解度较低,在溶液中有较大的聚集倾向。染色时,这类染料除了能与纤维发生离子键结合外,分子间力和氢键也起着重要作用。染色时,可用醋酸调节染液 pH 值为 4~6。因为这种染料在弱酸性染浴中就能上染,故称为弱酸性染料。

◎ 中性浴染色的酸性染料。这类染料的分子结构中磺酸基所占比例更小,在中性染浴中就能上染纤维,故称为中性酸性染料。染色时,这类染料与纤维之间的结合主要是分子间力和氢键。食盐、元明粉等中性盐对这类染料起促染作用。

酸性染料染羊毛,采用上述三种类型的染料,在沸点下染色即可。酸性染料染蚕丝,一般选弱酸性染料染色,因为强酸性影响蚕丝的光泽、手感和强度,纤维无定形区松弛,染料扩散快,上染也快,易染不匀;染色过程中要采用逐步升温的工艺,并且不宜采用沸染,长时间沸染时丝素溶解,影响手感,并且织物之间相互摩擦,造成"灰伤";染后要经阳离子固色剂处理,以提高产品的色牢度。酸性染料染锦纶得色鲜艳,上染百分率和染色牢度均较高,但匀染性、遮盖性较差,易产生"经柳""横档"疵病。

2. 酸性媒染染料染色

酸性媒染染料是一类本身与纤维不能牢固结合,需用一定的方法使它与某些金属盐(媒染剂)形成络合物而固着在纤维上的染料。酸性媒染染料色泽不如酸性染料鲜艳,经媒染剂处理后,具有较高的日晒和皂洗牢度,并且不同的金属盐处理,可得到不同的颜色,由于染色过程中要采用媒染剂处理,废水中含有铬元素,不利于环保。酸性媒染染料的染色方法包括预媒法染色、同媒法染色、后媒法染色。预媒法是指羊毛先用媒染剂处理,然后用酸性媒染染料染色;同媒法是指将酸性媒染染料和媒染剂放在同一浴中,染色和媒染同时进行;后媒法是指羊毛先用酸性媒染染料染色,再用媒染剂处理。生产上常用的是后媒染色法。

3. 酸性含媒染料染色

酸性含媒染料就是将染料预先与金属离子络合,染色时不需要进行媒染处理。其特点是仿色方便,废水中不含铬,匀染性差,湿处理牢度优于酸性染料但比酸性媒染染料差。它包含酸性络合染料和中性络合染料两大类,两者的结构和性能见表8-1。

表8-1 酸性含媒染料的分类及区别

项目	1∶1型(酸性络合染料)	1∶2型(中性络合染料)
金属离子与染料的比例	1∶1	1∶2
色泽鲜艳度	较鲜艳	较暗
对纤维的亲和力	较高	高
染色条件	酸性条件	中性浴或微酸性浴中
匀染性	较差	差
染物煮呢、蒸呢后色光变化	较大	较小
羊毛受损情况	大	小
适用染色对象	羊毛	羊毛、蚕丝、锦纶

(六)分散染料的染色

分散染料是一类水溶性较低的非离子型染料,其分子较小,结构上不含水溶性基团,在水中呈溶解度极低的非离子状态,借助分散剂的作用在染液中均一分散而进行染色。它能上染涤纶、锦纶及醋酯纤维。分散染料按应用时的耐热性能不同,可分为低温型、中温型和高温型。低温型染料耐升华牢度低,匀染性能好,适用于高温高压染色,常称为E型染料;高温型染料耐升华牢度较高,但匀染性差,适用于热熔染色,常称为S型染料;中温型染料耐升华牢度介于上述两者之间,又称为SE型染料。

(七)阳离子染料染色

阳离子染料是为了适应腈纶的染色而发展起来的染料。这类染料在水溶液中能离解成带正电荷的色素阳离子,故称为阳离子染料。其色谱齐全、色泽浓艳、给色量高、耐晒牢度及耐洗牢度好,但匀染性较差。主要用于染腈纶及其混纺织物的染色。阳离子染料上染腈纶是阳离子染料的有色阳离子与纤维上带负电荷的基团以离子键相结合的过程。阳离子染料的染色特性主要包括:配伍性、染色饱和值、饱和系数以及染料的匀染性。

◎ 配伍性:配伍性是指两个或两个以上染料拼色时,上染速率相等,随着染色时间的延长,色泽深浅(色调)始终保持不变的性能(只有浓淡变化)。阳离子染料的配伍性通常用配伍指数或配伍值K表示。由于腈纶上的酸性基团有限,染料拼色和单色染色时性能差异较大。不同结构的染料对纤维的亲和力和扩散性能不同。亲和力高的,在染色初始阶段在纤维表面吸附速率快,但在纤维内扩散速率慢,同时容易取代已经上染的亲和力低的染料,产生"竞染"现象。"竞染"导致产品色泽不一,难以达到理想的拼色效果。因此,拼色时应选择配伍性好的染料。配伍值越趋近于1,说明染料对纤维的亲和力越高,上染速率越快,匀染性差,但得色量高,可用于染浓色或中浓色;配伍值越趋近于5,染料对纤维的亲和力越低,上染速率越慢,匀染性好。

◎ 染料染色饱和值:染料的饱和值是指某染料在100 ℃、pH=4.5±0.2、浴比100∶1,回流染色4 h或平衡上染百分率达到95%时在某纤维上的染色饱和值。

◎饱和系数:饱和系数等于纤维饱和值除以染料饱和值。饱和系数对某一阳离子染料是一常数,判断某染料上染腈纶的能力,值越小,染料上染量越高,越易染得浓色。在实际生产中,往往用几种染料拼色,所用各染料的量(包括阳离子助剂用量)与各自的饱和系数的乘积之和不能超过腈纶的染色饱和值。

◎匀染性:阳离子染料对腈纶的亲和力一般较大,初染率高;腈纶结构紧密,染料扩散性能差,移染性能差;当温度小于玻璃化温度时,染料上染缓慢,超过玻璃化温度后,染料集中迅速上染。综合以上,腈纶阳离子染料染色时极易造成染色不匀。在染色过程中可采取温度控制法(包括逐渐升温法、缓慢升温法、恒温染色法)、pH控制法(加入酸可起缓染作用)、加入电解质法和使用缓染剂等方法,来防止染色不均匀。

(八)植物染料染色

植物染料是从植物的根、叶、树干或果实中取得的。据估计,至少有1000~5000种植物可提取色素。天然植物染料色谱七色俱全,但鲜艳明亮度不够,不少品种的耐水洗和耐气候色牢度不够理想,其浓度与色相也不稳定。染色效果较满意的植物染料有姜黄、栀子黄、红花素、槲皮苷、茜草、靛蓝、栀子蓝、叶绿素、辣椒红和苏木黑等。

古代植物染

天然植物染料一般无毒、无害,对皮肤无过敏性和致癌性,具有较好的生物可降解性和环境相容性,而且资源丰富。一些天然的植物染料来自药用植物,其本身也有一定的保健功效。但是用天然植物染料染色,也存在不少问题,主要有以下三个方面:

◎天然植物中可用作染料的色素含量低,提取时需消耗的植物数量大,不利于环境保护,提取色素后的植物的三废治理也是一个问题,而且成本高。

◎大多数天然植物染料,染色牢度较差,即使使用媒染剂,牢度仍然不理想,而且不少天然植物染料在洗涤和使用过程中会变色泛旧或色光变灰。特别是拼色时,由于不同植物染料的牢度差异较大,变色更明显。

◎植物染料染色大多数要应用媒染剂来提高色牢度和固色率,而许多媒染剂是有害的,会造成一定的环境污染。

第三节 织物印花

一、现代织物印花工艺

织物印花是将各种颜色的染料或颜料调制成色浆,局部施加在织物上,以获得各色花纹图案的加工过程。印花和染色具有许多相同点,两者都可使织物着色。两者应用染料的染着、固色原理相似,所用化学助剂的物理与化学属性相似;同一品种的纤维,若用同一染料染色和印花,可获得相同的染色牢度。因此可以说,印花是局部染色的过程。印花和染色也存在许多不同点：

◎ 染色时以水为介质，印花时则是以原糊为介质。

◎ 染色时，染料渗透扩散充分。印花时，染料不易扩散渗透，要经过汽蒸或焙烘。

◎ 染色时染料是溶解在水中的，比较容易溶解；而印花时染料是溶解在原糊中的，染料不易溶解，需要加入尿素等助溶剂。

◎ 印花对前处理半制品的白度和毛效要求比较高，对织物疵病的要求比染色低。

（一）印花方法

1. 按印花工艺分类

◎ 直接印花。直接印花是将含有染料的色浆直接印在白布或浅色布上，有色浆处染料上染，获得各种花纹图案，未印处地色保持不变，这种印花方法称为直接印花。其特点是工艺简单、成本低廉，适用于各种染料，故广泛用于各种织物印花。

◎ 拔染印花。拔染印花是在已经染色的织物上印花，使地色染料局部破坏、消色而获得花纹图案的印花工艺。印花色浆中含有一种能破坏地色染料的化学物质，称为拔染剂。经过后处理，印花处的地色染料被破坏，再经洗涤去除浆料和破坏的染料，印花处呈白色，称为拔白印花；在含有拔染剂的印花色浆中加入不会被拔染剂破坏的染料，印花时，在破坏地色染料的同时使色浆中的染料上染，称为色拔印花。拔染印花能获得地色丰满、花纹细致、色彩鲜艳的效果，但地色染料需进行选择，印花工艺流程长、成本高。

◎ 防染印花。防染印花是在未经染色或已经浸轧染液而未显色的织物上印花，局部防止染料上染或显色，而在地色上获得花纹的印花工艺。印花色浆中含有能破坏或阻止地色染料上染的化学物质，称防染剂。防染剂在花型部位阻止了地色染料的上染，织物经洗涤，印花处呈白色花纹的工艺称防白印花；若印花色浆还含有不能被防染剂破坏的染料，在地色染料上染的同时，色浆中染料上染印花之处，使印花处着色，称为色防印花。用防染印花方法印得的花纹一般不及拔染印花精细。但适用于防染印花的地色染料种类较多，印花工艺流程也较拔染印花短。

◎ 防印印花。防印印花是采取罩印的方法，印花时先印含有防染剂的色浆，最后一个花筒印地色色浆，两种色浆叠印处产生防染剂破坏地色色浆的发色。防印印花的特点是能获得与地色一致的效果，且地色的色谱不受限制，丰富了印花地色的花色品种。防印印花可获得轮廓完整、线条清晰的花纹，但在印制大面积地色时，所得地色不如防染印花丰满。

| 放射式铜辊印花机 | 圆网印花机印花过程 | 数码印花机 |

2. 按印花设备分类

◎ 滚筒印花。滚筒（辊筒）印花是 18 世纪苏格兰人詹姆士·贝尔发明的，所以又称贝尔机。滚筒印花是按照花纹的颜色，分别在由铜制成的印花花筒上刻成凹形花纹，将刻好的花筒安装在滚筒印花机上,即可印花。在印制过程中,色浆藏在花筒表面的凹纹内,进而转移到织物上。滚筒印花机的主要特点是印制花纹轮廓清晰、线条精细、层次丰富,生产效率高,生产成本较低,适用于大批量的生产。但印花套色、花型大小等受到限制,色泽不够浓艳,劳动强度高,机械张力大,不适宜轻薄织物及针织物的印花。

◎ 筛网印花。筛网印花起源于手工型纸版印花,是目前应用较普遍的印花方法,适合小批量、多品种的生产,但它的劳动生产率比较低。筛网印花对单元花样大小及套用纺织染技术色多少限制较少,印制花纹的色泽鲜艳。印花时织物承受的张力小,因此特别适合容易变形的蚕丝织物、化学纤维织物及针织物的印花。筛网印花还用于毛巾、被单、手帕等的印花。

按筛网印花机的特点分,有平网印花(图8-12)和圆网印花两种。

◎ 转移印花。转移印花是一种较新颖的印花方法。印花时,先用印刷的方法将花纹用染料制成的印墨印到纸上,成为转移印花纸,然后将转移印花纸的正面与被印织物的正面紧密贴合,一起进入转移印花机,在一定条件下(例如加热使分散染料升华)使转移印花纸上的染料转移到织物上。目前常用的转移印花法是利用分散染料升华性质的气相转移印花法,主要用于涤纶织物印花,其设备如图8-13所示。转移印花的图案丰富多彩,花型逼真,花纹细致,加工过程简单,操作容易,适合各种厚薄织物的印花,无需水洗、蒸化、烘干等工序,因此是一种节能无污染的印花方法。

图8-12 平网印花机　　图8-13 转移印花机

◎ 数码喷射印花。数码喷射印花是20世纪90年代国际上出现的最新印花方法。数码喷射印花是通过各种数字化输入手段如扫描仪、数码相机或因特网传输的数字图像输入计算机,经过电脑印花分色系统(CAD)编辑处理,再用专用软件驱动芯片控制喷印系统将专用染液(如活性或分散染料)直接喷印到织物或其他介质上,从而获得所需要的精美印花产品。数码印花省却了制版、制网、雕刻等一系列复杂工序及相应设备。通过计算机可以很方便地设计、核对花样和图案,并且不受图案颜色和套数的限制。但目前,数码印花机存在印制速度慢、染料价格高等缺点。

(二)印花原糊

原糊是由糊料制成的,一般糊料是一些亲水性的高分子化合物(天然高分子化合物及其衍生物、合成高分子化合物、无机化合物、乳化糊),在水中能分散成为黏稠的胶体,叫作原糊。

1. 印花原糊的作用

◎ 起印花增稠剂的作用。采用原糊调色后,使之构成具有一定黏度的印花色浆,以便印制出轮廓清晰的花型图案。

◎ 作为印花色浆中染化料或溶剂的分散介质和稀释剂。

◎ 起染料和助剂的传递剂的作用,也就是起载体作用。印花加工中,通过原糊将色浆中的染料和助剂传递到织物上,经烘干花纹处形成有色的浆(薄)膜,蒸化时染料和助剂由浆膜向纤维内扩散,从而固着在纤维上。

◎ 起黏着剂的作用。滚筒印花时,原糊可黏着在花筒上,使色浆暂存于花型凹槽中,并通过承压辊与花筒的相对挤压使色浆转移并黏着于织物上,且原糊对织物的黏着力较大,使色浆膜不易从织物上脱落(在水洗之前)。

2. 常用糊料的类别及特性

◎ 淀粉及其衍生物。淀粉煮糊方便,成糊率和给色量都较高,印制花纹轮廓清晰,蒸化时无渗化。但存在渗透性差、洗涤性差、手感较硬、大面积印花给色均匀性不理想等缺点。主要用于不溶性偶氮染料、可溶性还原染料等印花的色浆中,还可用于与合成龙胶等原糊的混用。

◎ 海藻酸钠。海藻酸钠糊具有流动性和渗透性好、得色均匀、易洗除、不粘花筒和刮刀、手感柔软、印制花纹轮廓清晰、制糊方便等特点,主要用于活性染料印花。

◎ 合成龙胶。合成龙胶的成糊率高,印透性、均匀性好,与各类糊料的相容性好,印花得色均匀,印后易从织物上洗除,常用于不溶性偶氮染料的印花,但不适用于活性染料印花。

◎ 乳化糊。乳化糊不含固体,烘干时即挥发,得色鲜艳,手感柔软,渗透性好,花纹轮廓清晰、精细。但乳化糊制备时需采用大量煤油,烘干时挥发,造成环境污染,主要作为涂料印花糊料。

◎ 合成增稠剂。合成增稠剂使用烯类单体经反向人液共聚而成。使用时,在快速搅拌下,将合成增稠剂加入水中,经高速搅拌一定时间,即可增稠。它调浆方便,增稠能力极强,但遇电解质时黏度大大降低。近年来,有代替乳化糊的趋势。

二、涂料印花

涂料印花是借助黏合剂在织物上形成的树脂薄膜,将不溶性颜料机械地黏着在纤维上的印花方法。

(一)涂料印花特点

◎ 由于颜料颗粒对任何纤维都没亲和力,染色时不发生上染的问题,对各种纤维不存在选择性,故适用于各种纤维,包括染料无法染色的玻璃纤维染色,而且特别适合混纺和交织纺织物的染色。

◎ 基于上述相同原因,颜料拼色时不存在竞染问题,易于拼色,重现性好,小样放大样控制颜色容易。

◎ 由于可同时选用各种不同发色体系的颜料,所以涂料染色色谱齐全,耐光、耐气候牢度好。而不像染料染色时,由于一类染料的色谱或颜色牢度性质往往不齐全或不平衡,选用时会有困难。

◎ 容易获得特殊的染色或其他工艺效果,例如双面染色、本色或银色染色、涂料和染料或后整理剂同时加工等。

◎ 工序短,节省能源,减少污水,降低成本。

◎ 产品的某些牢度(如耐摩擦和耐刷洗牢度)不够高,印花处特别是大面积花纹的手感欠佳。

(二)涂料印花色浆的组成

涂料印花色浆主要由涂料浆、黏合剂、增稠剂、交联剂、催化剂等组成。

◎ 涂料浆。系涂料印花浆中的着色组分,由颜料、分散剂、乳化剂、润湿剂等助剂与水或有机溶剂混合,经研磨加工而制成。一般涂料浆中的颜料含量为10%~40%(固含量为30%~45%),颜料粒径为0.1~1.0 μm。

◎ 黏合剂。为成膜性的高分子物质,一般为合成树脂,由单体聚合而成,是涂料印花色浆的主要组成之一。印花织物的手感、鲜艳度、各项牢度等指标在很大程度上都取决于黏合剂的品种和质量,故黏合剂在涂料印花中的作用非常重要。

◎ 增稠剂。涂料印花中黏合剂生成的皮膜厚1~5 μm,因此印花色浆在调制时不能使用染料印花时所用的原糊作增稠剂,因为它们和黏合剂混在一起成膜后难以洗净,造成手感发硬和牢度下降,故一般采用乳化糊或合成高分子电解质糊料。乳化糊固含量低,在烘干时溶剂挥发,很少有固体残留,可使印花织物的手感柔软,具有较好的鲜艳度和着色力,但耗用煤油量大,污染环境且不够安全。目前常用合成增稠剂来代替乳化糊,合成增稠剂能提高颜料印花浆的着色力和鲜艳度,对印花织物的手感和牢度无影响,但其增稠性能对电解质很敏感,使应用范围受到一定的限制。

◎ 交联剂。交联剂又称固色剂或架桥剂,主要和黏合剂发生交联形成网状结构。在涂料印花色浆中,交联剂的加入量不能过多,否则会引起印花织物的手感下降。

◎ 催化剂。用来加速交联反应。一般为加热时可释出酸的盐类(如磷酸氢二铵等)、有机酸及其衍生物。

◎ 柔软剂。涂料印花的缺点之一就是由于黏合剂成膜而影响织物的手感,特别是大面积花型。为了解决此问题,除了选用成膜较软的黏合剂外,还可以在印花色浆中加入柔软剂。

(三)涂料印花工艺

印花→烘干→焙烘固着(→水洗)。

三、各类织物的印花

(一)棉织物直接印花

1. 活性染料直接印花

活性染料直接印花是目前印染厂最常用的一种棉布印花工艺,也用于黏胶纤维、蚕丝织物的印花。活性染料直接印花具有色谱较广、色泽鲜艳、湿处理牢度较好、印制方便、印花成本低的优点。其缺点是一些活性染料的耐氯漂色牢度和耐气候色牢度较差,一般活性染料固着率不高,容易造成浮色。

◎ 印花用活性染料的选择:印花不同于染色,因此适用于染色的活性染料并不完全适用于印花。适用于印花的染料应具有染料直接性小、亲和力低、扩散性好、色浆稳定性高、印花后染料不发生褪色现象等特点。

◎ 印花用糊料的选择:从分子结构看,海藻酸钠在5位碳原子上有羧基,在2、3位碳原子上有仲醇基,因为羧基的存在,在碱作用下能生成羧酸的钠盐,可溶于水,并具有阴荷性。海藻酸钠分子羧基负离子与阴离子性活性染料发生静电排斥作用,从而防止了活性染料与糊料的结合,并且海藻酸钠分子结构2、3位碳原子上的羟基又由于空间位阻效应而难与染料发生反应,因而得色率较高。因此,用于活性染料印花理想的糊料当推海藻酸钠。

◎ 印花工艺:采用一相法和两相法两种。

一相法印花是指印花时将染料、原糊、碱剂及必需的化学药剂一起调成色浆,印花烘干后经汽蒸或焙烘使染料与纤维反应,再经水洗、皂洗。一相法适用于反应性较低的活性染料,印花色浆中含有碱剂对色浆的稳定性影响较小。其工艺流程为印花→烘干→蒸化→水洗→皂洗→水洗→烘干。

两相法印花是指印花时色浆中不加碱剂,印花烘干后轧碱短蒸,使染料与纤维反应,再经水洗、皂洗。适用于反应性较高的活性染料,色浆中不含碱剂,因而储存稳定性良好。其工艺流程为白布印花→烘干→轧碱→汽蒸→水洗→皂洗→水洗→烘干。

◎ 活性染料印花的色浆是由原糊、活性染料、防染盐S、碱剂、尿素等助剂组成的。尿素是活性染料的助溶剂,同时又是良好的吸湿剂。防染盐S的作用是防止染料在印花后汽蒸时受还原性气体的影响而使色泽变得萎暗。

2. 还原染料直接印花

还原染料不溶于水,对棉纤维没有直接性,可借还原剂的作用溶解在碱性溶液中,成为隐色体的钠盐后上染纤维,然后经过氧化处理,在纤维上又变成不溶性的色淀而固着在纤维上。所以大多数还原染料都有优良的日晒和湿处理牢度,这是其他染料品种所不及的。除用于直接印花外,还常用作拔染印花的着色染料。还原染料可采用悬浮体印花法和隐色体印花法。隐色体印花法是将染料、碱剂、还原剂调制成色浆进行印花,然后进行汽蒸,最后经过水洗氧化等处理。悬浮体印花是指将染料磨细后调制成色浆,印花烘干后浸轧碱性还原液,然后快速汽蒸,最后进行水洗、氧化等处理。

(二) 蛋白质纤维织物直接印花

1. 蚕丝织物直接印花

蚕丝织物直接印花的常用染料是弱酸性染料、中性染料、直接染料和活性染料。常用的糊料为淀粉的变性产物,如水解淀粉、白糊精、黄糊精及醚化淀粉等,也可采用海藻酸钠和乳化糊混合使用。蚕丝织物吸收色浆的能力差,印花时色浆易浮在纤维表面,所以蒸化时间比较长,并且印制多套色时容易产生"搭色"。蚕丝织物受张力后容易变形,因此应采用筛网印花机进行印制,采用星形架或长环悬挂式蒸化机进行蒸化处理。

2. 羊毛织物直接印花

印花工艺基本与蚕丝织物相似,但在预处理过程中,除常规的洗呢、漂白等,还需要进行氯化处理,改变羊毛的鳞片组织,使纤维易于润湿和膨胀,缩短印花后的蒸化时间,提高对各种染料的上染率,防止织物加工过程中产生毡缩现象。

(三)合成纤维织物直接印花

1. 涤纶织物直接印花

分散染料是涤纶织物印花的主要染料。印花用分散染料比染色用分散染料具有更高的升华牢度和固色率要求。升华牢度过低的染料,会在热熔固色时沾污白地,固色率不高的染料在后处理水洗时也会沾污白地。因此,一般选用中温型或高温型染料。分散染料印花时可以选用小麦淀粉糊、海藻酸钠和乳化糊的混合糊料。

2. 腈纶织物直接印花

阳离子染料是腈纶织物印花的主要染料。染料在溶解时用醋酸助溶,不仅能稳定色浆,还可提高得色量和色泽的鲜艳度,织物印花后汽蒸时间较长,原糊一般采用糊精或植物种子胶。由于阳离子染料对腈纶的直接性较高、扩散性较差,所以印花后汽蒸时间较长,一般在常压下汽蒸 20~30 min,并且应采用松式汽蒸设备,防止腈纶织物在加热下受张力变形。

四、特种印花

(一)烂花印花

烂花印花是利用各种纤维不同的耐酸性能,在多组分纤维组成的织物上印腐蚀性化学药品(如硫酸),经烘干、烘焙等后处理,使某一纤维组分破坏而形成透明、凹凸感的网眼花型图案的印花工艺,又称炭化印花。亦可在印花色浆中加入适当的耐受性染料,在烂掉某一纤维组分的同时使另一组分纤维着色,获得彩色烂花效应。烂花织物常见的有涤/棉烂花印花产品,另一种是烂花丝绒。主要用于装饰织物,如窗帘、台布、床罩等。

烂花印花主要利用涤纶、丙纶、棉纤维对酸的稳定性不同这一化学性质进行。因此,酸剂的选择直接影响棉纤维炭化的程度。在选择酸剂时,既要考虑棉纤维的水解能力,又要避免渗化搭色的产生和对设备的安全性影响。盐酸具有挥发性,并易吸收空气中的水分,容易使印花部分渗化和搭色,造成轮廓不清、边线不光洁等疵病。因此,生产中常采用浓硫酸,其用量宜控制在3%左右。用量过低,炭化不完全;用量过高,易过度炭化,使纤维呈黑色。一般炭化程度控制在棉纤维为浅棕色时为宜。

涤/棉织物的烂花印花工艺流程为印花→汽蒸(95~98 ℃,3 min)或焙烘(185~195 ℃,30 s)→皂洗→水洗。

(二)金粉、银粉印花

金粉印花是将铜锌合金粉、黏合剂、涂料、抗氧化剂、增稠剂等混合调制成色浆,印制在织物上,呈现出闪闪发光的花型图案。如将铜锌合金粉换成铝粉,就称为银粉印花。

金粉、银粉的印花工艺流程为印花→烘干→焙烘→拉幅→轧光。

在穿着过程中,金粉容易脱落,并且颜色容易变暗,可以通过下述措施改善其亮度和牢度:

◎ 提高金粉花筒的深度和光洁度。

◎ 金粉色浆黏度要适当。

◎ 地色布上的浮色应去除干净。
◎ 花筒位置应排好。
◎ 应用低温黏合剂。
◎ 色浆中加入2%的有机硅乳液,提高干摩擦牢度。

(三)胶浆印花

将生胶或混炼胶溶解于适当溶剂后所成的胶体溶液调制成色浆,依靠色浆中的交联剂和黏合剂(胶)将色浆黏在布面上的一种印花方法。胶浆的出现和广泛应用在色浆之后,由于它的覆盖性非常好,使深色衣服上也能够印上任何的浅色,而且有一定的光泽度和立体感,使成衣看起来更加高档,所以它得以迅速普及,几乎每一件印花T恤上都会用到它。但由于它有一定硬度,所以不适合大面积的实地图案。

胶浆是一种在纺织品和皮革上印花用的有伸缩性功能的浆料。其成分可分为两大类,一类是丙烯酸酯类共聚物,另一类为聚氨酯类。丙烯酸酯类黏合剂的黏结力强,黏合牢度高,应用广泛;聚氨酯类黏合剂的弹性好,手感优异。实际使用时可将两者混合,使手感、弹性和牢度之间的性能达到均衡。目前市场上产品大部分属于丙烯酸酯类型。胶浆可分为罩印浆和透明浆,罩印浆又可分为白色罩印浆和彩色罩印浆。胶浆的组成:黏合剂、增稠剂、涂料、钛白粉和聚氨酯或聚丙烯酸酯。白浆和彩印浆用于染过色的织物上,透明浆用于白色织物上。

(四)发泡印花

发泡印花工艺是从胶浆印花工艺的基础上发展而来的。发泡印花是在织物上印上含有发泡剂和热塑性树脂乳液的色浆,印花后用高温(200~300 ℃)处理时,发泡剂分解产生大量气体,将热塑性树脂层轻度膨胀成膜,而发泡剂释出的气体则包含在皮膜中,借助树脂将涂料固着在织物上,获得类似"浮雕"的立体效果的一种印花方法。发泡印花又称立体印花。发泡印花工艺最大的优点是立体感很强,印刷面突出、膨胀。发泡印花广泛运用在棉布、尼龙布等材料上。

(五)发光印花

◎ 夜光印花。夜光印花是指利用黏合剂将含有蓄能物质的材料通过印花的手段固着在纺织品上的加工过程。固体蓄能物质一般为硫化物加各类金属,这些含有蓄光固体物的印花图案不仅在白天,即使在夜晚或无光的环境下,仍能显现出美丽的图案和花纹。一般夜光印花浆由固体蓄能物质、黏合剂、增稠剂和交联剂等组成。

◎ 钻石印花。钻石印花是一种人工仿天然金刚钻石光芒的印花。钻石光芒华丽高雅,十分独特,是首饰中的珍品。它具有三种特性,即强烈的定向反射性、对日光具有分光作用和产生光的畸变性(即FLOP效应)。但是,天然钻石价格昂贵,很难用于生产。近年来开发的一种特殊的微型反射体,粒径在100 μm左右,厚度为1.5~2 μm,呈平面镜体,可定向反射入射光,并且对日光具有分光作用。这种材料的密度比水略小,因此能在印花浆中呈多层次的水平状态排列,使同方向的射入光呈不同强度的反射。这样印后的衣服上可产生光畸变性,闪闪发光,和天然钻石的光芒类似。

◎ 珠光印花。珠光印花是利用黏合剂将一种类似珍珠闪烁光芒的物质加到印花色浆中去,印制到织物上,经一定温度烘燥后,印花织物在光线的照耀下,发出珍珠般的光泽,点缀出光彩夺目的印花图案。珠光颜料为一类能产生珍珠光泽的装饰性材料。早先的珠光颜料为天然珠光体、天然珍珠粉或是从鱼鳞中提取的鸟粪素。

◎ 消光印花。消光印花与有光印花相反,是在光泽性较强的织物,如缎纹或斜纹丝绸、有光化纤织物等,印上含有消光剂的花纹,这样造成在有光的地色上呈现若有若无的无光花纹,产生视觉上的反差效果,甚为别致。一般这种花纹宜用于中、小块面,可以达到掩蔽效果。消光印花用的消光剂,目前以二氧化钛较为合适,它具有较强的遮盖能力。

(六)静电植绒印花

静电植绒印花是将具有一定导电性的绒毛,放入具有一定电场强度的高压电场中,其加工原理是根据在一个电场中,两个带有不同电荷的物体同性相斥、异性相吸的原理而设计的一种印花工艺。静电发生器生成的高压静电场,一端接装在有绒毛的金属网上,一端接在涂有黏合剂的植绒坯布的地极上。在金属网上的绒毛带有负电荷,由于受带正电的接地电极所吸引,便垂直加速植到涂过黏合剂的坯布上,如果绒毛没有被植上,由于受电场影响而带正电,那就会被吸引回金属网上。绒毛将在静电场内不停地跳动,直到坯布上均匀地植满绒为止。静电植绒印花加工过程为:首先使用黏合剂(不像其他印花使用染料或涂料)在织物上印制图案,再把称作纤维短绒的纤维绒毛按照特定的图案黏着到织物表面上,纤维短绒只会固定在曾施加过黏合剂的部位,从而获得平绒织物样的印花效果。植绒产品工艺简单、立体感强、成本低,因此广泛应用在橡胶、塑料、人造革、装饰产品上,特别是对于小批量的旅游产品更显示出它无比的优越性。在鞋帽、童装、商标、服饰上采用植绒图案装饰,会使其风貌别具一格。

(七)数码喷射印花

数码喷射印花技术是印染技术与信息科学技术交叉融合的发展与应用。其技术依托信息科技的三大技术:计算机辅助设计技术、数字制造技术和计算机网络技术。数码喷射印花与传统印染工艺相比,有以下优势:

◎ 数码印花的生产过程使原有的工艺路线大大缩短,接单速度快,打样成本大大降低。

◎ 数码印花技术的原理使得其产品打破了传统生产的套色和花回长度的限制,可以使纺织面料实现高档印刷的印制效果。

◎ 数码印花生产真正实现了小批量、快反应的生产过程,生产批量不受任何限制。

◎ 高精度的喷印过程使得喷印过程中没有废水和废色浆。

数码喷射印花技术的工艺流程:织物预处理→印前烘干→喷射印花→印后烘干→汽蒸($100 \sim 102$ ℃,8 min)→水洗→烘干。印花所用油墨的表面张力必须低于纤维的表面张力,黏度要低,颗粒要小且大小要均匀。由于喷墨打印机只能使用低黏度水性墨水,若直接将其喷印在织物上,会使染液向各个方向渗化,因此必须对印花织物进行适当的预处理。

第四节　织物后整理

一、后整理概述

(一) 整理的概念

织物整理从广义上讲,是从纺织品离开(编)织机后到成品前所经过的全部加工过程。狭义上讲,整理就是指织物在完成练漂、染色和印花以后,通过物理的、化学的或物理化学相结合的方法,改善纺织品的外观和内在品质,提高其服用性或赋予其某种特殊功能的加工过程。由于整理工序常安排在整个染整加工的后道,故常称为后整理。

(二) 整理的目的

◎ 使织物的幅宽整齐一致,尺寸形态稳定。如定(拉)幅、机械预缩整理或化学防缩、防皱整理和热定形等。

◎ 改善织物的手感。采用机械的、化学的方法或两者兼用的处理方法,使织物获得诸如柔软、硬挺、丰满、滑爽、轻薄等综合性的触摸感觉。如柔软、硬挺整理等。

◎ 改善织物的外观。提高织物白度、光泽,增强或减弱织物表面的绒毛,如轧光、轧纹、电光、起毛、磨毛和缩呢等。

◎ 增加织物的耐用性能。主要采用化学的方法,防止日光、大气或微生物对纤维的损伤和侵蚀,延长织物的使用寿命,如防霉、防蛀等整理。

◎ 赋予织物特殊的功能。主要采用一定的化学方法,使织物具有诸如阻燃、防毒、防污、拒水、抗菌、抗静电和防紫外线等功能。

◎ 改变纤维的表面性能。如涂层整理。

(三) 整理的分类

1. 按纺织品整理效果的耐久程度分

可分为暂时型整理、半耐久型整理和耐久型整理。

◎ 暂时型整理:纺织品仅能在较短时间内保持整理效果,经水洗或在使用过程中,整理效果很快降低甚至消失,如上浆、暂时性轧光或轧花整理等。

◎ 半耐久型整理:纺织品能够在一定时间内保持整理效果,即整理效果能耐较温和及较少次数的洗涤,但经多次洗涤,整理效果仍然会消失。

◎ 耐久型整理:纺织品能够较长时间保持整理效果,如棉织物的树脂整理、反应性柔软剂的柔软整理等。

2. 按整理工艺分

可分为物理机械整理、化学整理、机械和化学联合整理。

◎ 物理机械整理:利用水分、热量、压力、拉力等物理机械作用达到整理的目的,如拉幅、轧光、起毛、磨毛、蒸呢、热定形、机械预缩等。

◎ 化学整理：采用一定方式，在纺织品上施加某些化学物质，使之与纤维发生物理或化学结合，从而达到整理的目的，如硬挺整理、柔软整理、树脂整理以及阻燃、拒水、抗菌、抗静电整理等。

◎ 机械和化学联合整理：即物理机械整理和化学整理联合进行，同时获得两种方法的整理效果，如耐久性轧光整理、仿麂皮、耐久性轧光纹和电光整理等。

二、棉型织物的一般整理

棉纤维及其织物具有柔软、舒适、吸湿、透气等优良性能，但经练漂、染色及印花等加工后，织物幅宽变窄且不均匀、手感粗糙、外观欠佳。为了使棉织物恢复原有的特性，并在某种程度上获得改善和提高，通常要经过物理机械整理和一般的化学整理，包括定形整理、外观整理和手感整理等。另外，为了克服棉织物弹性差、易变形、易起皱等缺点，往往还要进行树脂整理。

（一）定形整理

定形整理是使纤维制品经过一系列处理后，能获得某种形式的稳定（包括状态、尺寸或结构等），即消除织物中积存着的应力和应变，使织物内的纤维能处于自然排列状态，从而减少织物的变形因素。定形整理的基本方法包括：

◎ 利用机械作用调整织物的结构，如拉幅、热定形、预缩等。

◎ 利用浓碱、液氨等强力膨化剂处理，消除纤维的内在应变，如丝光。

◎ 通过交联、成膜的方法固定纤维的结构，如树脂整理。

1. 拉幅整理

定幅整理又称拉幅，是根据棉纤维在湿热状态下具有一定可塑性的性质，在缓缓的干燥下调整经纬纱在织物中的状态，将织物门幅拉到规定尺寸，从而消除部分内应力，使织物的门幅稳定、整齐，并纠正纬斜，是改进纺织品外观质量的整理。除棉纤维之外，毛、丝、麻等天然纤维以及吸湿较强的化学纤维在潮湿状态下都有不同程度的可塑性，也能通过类似的作用达到拉幅的目的。

幅宽调整

拉幅一般在拉幅机上完成，常用的拉幅机包括布夹拉幅机、针板热风拉幅机等。拉幅机一般由给湿、拉幅、烘干、整纬辅助装置等组成。其工艺流程为喷水或喷汽→拉幅（同时以蒸汽散热片烘燥）→烘干→落布。

2. 机械预缩整理

棉布在练漂、染色和印花加工后，虽经拉幅整理，具有一定的幅宽，但仍具有潜在的收缩性，在浸水或洗涤后会发生收缩，这种现象称为缩水，特别是经向缩水更为显著。织物按规定的洗涤方法洗涤前后经向或纬向的长度差分别占洗涤前长度的百分率，分别称为该织物的经向或纬向缩水率。

纱线或纤维在纺织及染整加工过程中受到各种拉伸作用而伸长。如果在这种伸长状态下进行干燥，则会把伸长状态固定下来，导致"干燥定形"的形变，从而使纱线或纤维存在着内应力。当织物再度润湿时，由于内应力的作用，使纤维和纱线的长度缩短，构成织物的缩水。但根据对织物伸长率与缩水率的测定发现,这两者之间并没有对应的关系。同时发现织物中具有正常捻度纱的缩水率很少超过 2%,而棉织物的缩水率有时可高达 10%。显然,仅以纤维和纱的内应力松弛来说明缩水现象欠全面。人们经过长期的实践和研究,发现棉织物的缩水主要是由于纤维溶胀的异向性而引起织物织缩的增大。所谓织缩是指织物的经向或纬向纱的长度与织物的经向或纬向的长度差分别占织物长度的百分比。织物经过润湿后,纤维发生溶胀,但其横截面的溶胀比经向大得多,表现为溶胀后纤维直径增加 20%~30%,而长度仅增加 1.1% 左右。如果纱的结构较紧密,纱线必然随着纤维的溶胀而增大直径。从织缩的定义看,经纬纱起伏越大,织缩越大。当织物润湿时,因纤维的横向溶胀,引起经、纬纱线相互抱绕途径的改变,导致织物收缩。织物缩水除上述原因外,还和织物组织结构和性质有很大关系。纤维吸湿性越好,织物缩水率越大。织物结构越疏松,缩水率越大。织物结构以织物经、纬纱密度影响最大。

织物缩水和预缩原理

机械预缩整理利用机械和物理的方法改善织物中经向纱线的织缩状态,也就是使织物的纬密和经向织缩增加到一定程度,将织物具有松弛的结构,将潜在收缩减少或消除,达到防缩的目的。主要设备有橡胶毯压缩式预缩整理机和毛毯压缩式预缩整理机。常用的预缩机使用可压缩的弹性物体,如毛毡、橡胶等,作为被压缩织物的介质,由于弹性物体具有很强的伸缩特性,塑性织物被紧压在弹性物体表面,随之产生伸长或缩短。

以三辊橡胶毯机械预缩机为例,由给布辊(加压辊)、承压辊、环状弹性橡胶毯构成。当弹性橡胶毯包覆在给布辊上时,形成了拉伸部分。随着设备的运行,当弹性橡胶毯包覆在承压辊上时,即转变为压缩状态。如果织物紧贴于橡胶毯上,则织物可收到预缩的效果。

织物预缩整理时,当橡胶毯包绕于给布辊上时,其外侧面伸长,内侧面压缩,当橡胶毯运行到包绕于加热承压辊上时,原来伸长的外侧面转变为受压缩的内侧面,而橡胶毯中部在整个运行过程中长度不变。同时橡胶毯进入轧点时,受到剧烈压缩作用而变薄伸长,在出轧点时借助弹性又逐渐回复到原来的厚度,产生了指向热承压辊方向的反作用力即挤压力,大大增强了对织物的压缩作用。湿热作用可增强纤维的可塑性,有利于织物的收缩,获得良好的预缩效果。

(二)轧压整理

轧压整理就是通过轧压方法来提高织物表面的光泽度,赋予其自然、美观的表面纹路和立体花型的加工过程。其作用原理是在湿、热、机械力的作用下,通过挤压变形使纤维大分子中的氢键拆开,在新的位置重新形成氢键,并在干燥条件下将变形固定下来。轧压整理可分为轧光、电光和轧纹整理,均属于改善和美化织物外观的整理。

轧光整理是通过机械压力的作用,将织物表面的纱线压扁压平,竖立的绒毛压伏,从而使织物表面变得平滑光洁,对光线的漫反射程度降低,进而达到提高织物光泽的目的。轧光整理是通过轧光机来完成的,最常用的是三辊轧光机。

电光整理的原理和加工过程与轧光整理基本类似,其主要区别是电光整理不仅把织物轧平整,而且在织物表面轧压出相互平行的线纹,掩盖了织物表面纤维或纱线不规则的排列现象,因而对光线产生规则的反射,获得强烈的光泽和丝绸般的感觉。

| 三辊橡胶毯机械预缩机 | 弹性橡胶毯预缩原理 | 三辊轧光机 |

轧纹整理又称轧花整理。与轧光、电光整理相似,也是利用刻有花纹的轧辊轧压织物,使其表面产生凹凸花纹效应和局部光泽效果。轧纹整理包括轧花、拷花及局部光泽三种。轧辊由一只可加热的硬辊与一只软辊组成,硬辊表面刻有阳纹的花纹(图8-14),软辊则刻有阴纹花纹,两者相互吻合(母子辊),加压后织物即产生凹凸花纹,称为轧花;拷花指的是只有硬辊刻有花纹(阴纹),花纹深度较浅,压力较小。局部光泽指的是硬辊刻有凸版花纹,织物经整理后,被轧着花纹处显示光泽。

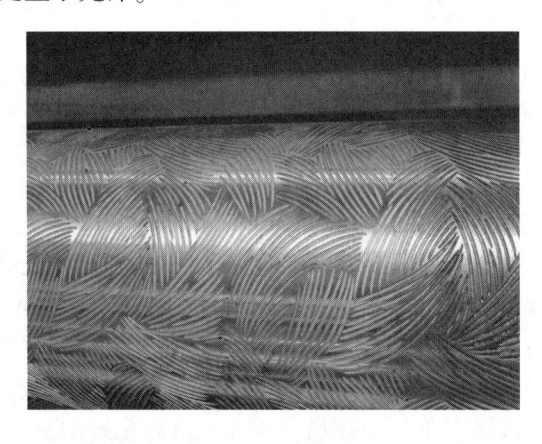

图8-14 轧花硬辊

(三)绒面整理

绒面整理通常是指织物经一定的物理机械作用,使织物表面产生绒毛的加工过程。绒面整理可分为起毛和磨毛两种。

1. 起毛整理

起毛整理是利用密集的钢针或刺果钩刺与织物运行的相对速度不同,将织物表面均匀地拉出一层绒毛,使织物松厚柔软,保暖性增强,织纹隐蔽,花型柔和。改变起毛工艺,可产生直立短毛、卧状长毛和波浪形毛。织物在干燥状态起毛,绒毛蓬松而较短。湿态时由于纤维延伸度较大,表层纤维易于起毛。所以,毛织物喷湿后起毛可获得较长的绒毛,浸水后起毛则可得到波浪形长绒毛。经起毛整理后的绒毛层可提高织物的保暖性,遮盖织纹,改善外观,并使手感丰满、柔软。将起毛和剪毛工艺配合,可提高织物的整理效果。

常见的起毛机有钢丝起毛机和刺果起毛机两种,其中刺果起毛机起毛作用缓和,作用力小,对织物强度损伤小,但效率较低,主要用于粗疏毛织物和棉织物的起毛。而钢丝起毛机作用强烈,起绒力大,效率较高,但其对织物的强度损伤相对较大。目前在实际生产中,钢丝起毛机应用较多。

2. 磨毛整理

磨毛整理是一种借机械方法使织物产生绒面的整理工艺,它是利用砂粒锋利的尖角和刀刃磨削织物的经纬纱而成绒面的,绒毛细密短匀,织物厚度增加,有柔软、平滑和舒适感,提高产品附加值。目前磨毛产品按其外观风格可以分为以下几种。

◎ 普通短绒面织物:织物经磨毛后,表面具有短、密绒毛,手感柔软、滑爽,吸湿透气性好,毛感突出而不刺激皮肤,舒适性、保暖性好,产生优雅、高贵的外观效果。很多种织物都可采用这种常规的磨毛整理来提高织物的附加值。

◎ 仿桃皮织物:它是通过特定的磨毛整理工艺,将织物加工成表面像桃皮那样的手感与外观。这类产品曾在市场上占有较大比例,深受消费者的喜爱。

◎ 仿麂皮织物:通过磨毛处理,使织物表面产生均匀细密的绒毛,具有类似天然麂皮的外观。棉、毛、合成纤维等(尤以涤纶为佳)均可用于仿麂皮整理。

◎ 仿羚羊皮织物:通过对涤纶等合纤织物进行磨毛整理,使其具有像羚羊皮的外观和风格,光泽明亮,手感柔软。

目前的磨毛机大体上可分为两大类:一类为砂磨机,另一类为金属辊磨毛机。这两类磨毛机的主要磨毛工作件有较大的不同,一个为金刚砂粒,另一个为金属尖刺,又称磨粒。

(四)手感整理

1. 柔软整理

柔软整理的方法分为机械整理法和化学整理法。机械整理法是通过对织物进行多次揉搓弯曲实现,整理后柔软效果不理想。化学整理法是在织物上施加柔软剂,降低纤维和纱线间的摩擦系数,从而获得柔软、平滑的手感,而且整理效果显著,生产上常采用这种整理方法。有机硅柔软剂是一类应用广泛、性能好、效果突出的纺织品柔软剂。有机硅柔软剂可分为非活性有机硅柔软剂、活性有机硅柔软剂和改性有机硅柔软剂等。

◎ 非活性有机硅柔软剂自身不能交联,也不与纤维发生反应,因此不耐洗。

◎ 活性有机硅柔软剂主要为羟基或含氢硅氧烷,能与纤维发生交联反应,形成薄膜,耐洗性较好。

◎ 改性有机硅柔软剂是新一代有机硅柔软剂,它可以改善硅氧烷在纤维上的定向排列,大大改善织物的柔软性,因此也称为超级柔软剂,但应注意处理过程中有时会产生黄变现象。

2. 硬挺整理

织物的硬挺整理是利用高分子材料制成的浆液浸轧到织物上,使织物纱线中的纤维之间在一定条件下产生黏结作用,经烘燥后硬挺剂在纤维内部、纤维之间或纤维的表面形成薄膜或产生交联,从而使织物产生硬挺、厚实、丰满的手感。进行硬挺整理时,整理液中除浆料外,一般还加入填充剂、防腐剂、着色剂及增白剂。硬挺整理是极为重要的一种织物风格整理,它被广泛地应用于装饰织物的后整理,其中对窗帘布、箱包布、经编织物尤为重要。

(五)防皱整理

防皱整理是利用防皱整理剂改变织物及纤维的物理和化学性能,克服纤维素纤维及其混纺织物弹性差、易变形褶皱的缺点,提高织物防缩、防皱性能的整理工艺。防皱整理经常使用树脂做整理剂,因此防皱整理也称为树脂整理。防皱整理发展经过了防缩防皱整理、免烫"洗可穿"整理、耐久压烫整理(PP 或 DP 整理)等阶段。防缩防皱整理只赋予整理品干防缩防皱性能,能使衣服在穿着时不易起皱,但洗涤后仍要进行熨烫。"洗可穿"整理或称"免烫整理"使织物具有干、湿两方面的防皱性能。耐久压烫整理是一种更高水平的免烫整理,大多数用于成衣整理,特别在缝合部位,它要求成衣平整、挺括、不起皱,其口袋、领子、袖子等处在洗涤后可消除抽缩及臃肿现象,同时保持经久耐洗的折痕,如裤线、裙子褶裥等和优良的洗可穿性能。

1. 织物产生褶皱的原因

织物产生褶皱是由于在外力作用下,纤维弯曲变形,外力去除后未能完全复原造成的。一般认为,褶皱主要发生在纤维的无定形区,在纤维的无定形区内,大分子链间排列较松,大分子或基本结构单元间存在的氢键数较少,在外力作用发生变形时,大分子间的部分氢键被拆散,并能在新的位置上重新形成新的氢键。当外力去除后,由于新形成氢键的阻碍作用,使纤维素大分子不能立即回复到原来状态。如果新形成的氢键具有相当的稳定性,则发生永久形变,使织物产生褶皱。

2. 树脂整理原理及工艺

树脂整理剂能够与纤维素分子中的羟基结合而形成共价键,或者沉积在纤维分子间,从而限制大分子链间的相对滑移,提高织物的防皱性能,同时也可获得防缩效果。

树脂整理工作液一般有树脂初缩体、催化剂(一般为金属盐,主要是缩短树脂初缩体与纤维素纤维反应的时间,可减少高温处理时纤维素纤维所受的损伤)、柔软剂(主要是改善织物的手感,并能提高树脂整理后织物的撕破强力和耐磨性)及润湿剂组成。目前常用的树脂整理剂为二羟甲基二羟基乙烯脲(简称 2D),还开发了一些低甲醛和无甲醛的整理剂。

防缩防皱整理工艺根据纤维膨化程度的不同,一般可分为四类:干态交联法、潮态交联法、湿态交联法和多步交联法。干态交联法整理后的织物干防皱性好,湿防皱性差,断裂强度及耐磨性下降比较大;潮态交联法制成品强度降低较小,能保持优良的"洗可穿"性能,由于使用了强酸性催化剂,所以对于不耐酸的染料有影响,整理后的织物干、湿防皱性能均较好;湿态交联法由于织物在充分润湿状态时进行交联反应,织物具有较好的湿防皱性,但干防皱性提高不多,而耐磨性、断裂强度的下降低于潮态交联工艺。

3. 树脂整理后纺织品的质量

◎ 防皱性能。织物的防皱性能提高,包括抗皱性和褶皱回复性两个指标。抗皱性表示织物在外力作用下,对抗形变的能力,通常以纤维的弹性模量来表示。褶皱回复性是指在外力去除后,织物从形变中回复原状的能力。织物的防皱性能主要取决于褶皱回复性能。

◎ 吸湿性和防缩性能。纤维素纤维大分子上存在较多的羟基,具有较强的吸湿性,经过防皱整理后,交联剂与纤维素大分子上的羟基进行了交联反应,封闭了部分羟基,降低了织物的吸湿性能。同时,交联的存在使纤维的膨化受到限制,因此吸湿性能下降。同时,由于分子链间交联的形成,纤维素纤维吸湿后的膨化受到一定程度的限制,纤维直径膨化率降低,导致织物的缩水率降低。因此,防皱整理也提高了织物的防缩性能及尺寸稳定性。

◎ 断裂强度。织物经防皱整理后,断裂强度会发生变化。实验结果表明,棉纤维织物经防皱整理后,断裂强度下降;而黏胶纤维织物经防皱整理后,断裂强度会提高,湿强度提高更显著。

◎ 断裂延伸度。纤维断裂延伸度与纤维无定形区的多少、取向度高低及纤维大分子间的作用力有关。纤维的无定形区少、取向度高、大分子间的作用力大,则纤维的断裂延伸度小。纤维经防皱整理后,整理剂和纤维间生成了交联,整理剂沉积在纤维的无定形区,降低了纤维随外力作用而产生变形的能力,从而使纤维的断裂延伸度显著下降。

◎ 撕破强力。织物经防皱整理后,纤维的断裂延伸度下降,纱线之间的摩擦阻力增加,纱线在织物中的活动受到限制,聚集在撕裂作用点的纱线数较少,撕破强力下降。

◎ 织物的耐磨性。织物的耐磨性和织物的强度、断裂延伸度及回复性能(弹性)有关,其中又以延伸度和弹性影响更为重要,纤维素纤维织物经过防皱整理后,虽然弹性增加,但织物的断裂延伸度下降,所以耐磨性下降。

◎ 染料的上染性。纤维素纤维织物经防皱整理后,对直接染料及活性染料会产生拒染性。因为纤维分子间引入了交联,阻止了纤维的膨化,封闭了部分羟基,所以其染色性能下降。但对于脲醛树脂和氨基-甲醛类整理剂,由于存在氨基,织物对酸性染料的上染能力有所提高。一般整理品在进行防皱整理之前已经染色,所以防皱整理对织物染色性能的影响并不重要。

4. 整理品的甲醛释放

用酰胺-甲醛类整理剂整理的织物一般都含有不同程度的甲醛释放,甲醛释放影响了织物的服用性能,穿着时往往会引起过敏性皮炎,释放的甲醛还能与氯反应生成二氯甲醚,二氯甲醚是一种致癌物质。因此树脂整理降低整理织物甲醛的释放非常重要。整理织物上的甲醛来源有几种情况:一是来源于树脂初缩体中的游离甲醛;二是整理剂 N-羟甲基等的分解同样会导致整理织物不断地释放甲醛;三是整理剂和纤维素分子间生成交联键的水解断裂。未交联的 N-羟甲基是整理织物主要的释放甲醛源,所以强化整理剂的固着,使整理剂充分与纤维发生交联,是减少甲醛释放的有效方法;选用游离甲醛少或无甲醛的整理剂、加强织物的水洗后处理,可有效地去除织物上的游离甲醛,也可采用甲醛捕捉剂来吸收织物上的甲醛。

三、合成纤维织物的热定形

热定形是利用合成纤维织物的热塑性,在热能和张力的作用下,使产品形态稳定的加工过程。合成纤维及其混纺织物在纺织染整加工过程中,有多次受到干、湿热处理的历史,且织物在运行过程中要受到各种张力的拉伸作用,因而其外形、尺寸始终处于多变复杂的状态,如经、纬向长度变化(收缩或伸长)、布面褶皱,手感粗糙等,给产品质量带来严重影响。针对这一问题,为了提高合成纤维的热稳定性,应采用热定形的方法。

(一) 热定形的基本过程

从热的传递及合成纤维分子形态变化上看,热定形的基本过程主要有以下几个方面:

1. 织物表面的预热升温

合成纤维及其混纺织物在热定形时,由于供热方式和设备的限定,热的传递需要有一个由表及里的过程。织物接受热介质的传热,首先是表面受热升温,当温度升到玻璃化转变温度以后,纤维大分子开始活动,但此时,由于处于升温初期,热能转化成大分子动能尚小,还不足以使纤维超分子结构发生变化。织物表面的升温速率与织物含水率、设备状况等因素有关,为提高生产效率,一般要提高升温速率。

2. 织物内部的热渗透

织物表面升温后,由于内、外温度梯度的存在,使热量由织物表面进一步向内部渗透,随着热处理过程的进行,最后使织物表、里温度均匀一致达到定形温度,热渗透速率往往比较快,特别是在热定形温度较高的条件下。

3. 分子结构形态的转变及调整

不断地供热,使织物的温度被均匀、持续稳定地控制在工艺所需的定形温度上。在这一过程中,合成纤维分子形态及超分子结构要发生改变,大分子链段重排,分子键发生了新的变化。这是提高合成纤维热稳定性,完成热定形加工最为关键的一步,在温度控制上要给予足够的重视。

4. 织物的急冷降温

在完成大分子链段重排,构成了新的纤维结构形态后,还需将这种形态固定下来,才能保证其"永久"性,也就是要将织物温度迅速降低到玻璃化转变温度以下。合理控制降温过程,可获得良好的尺寸稳定性和耐久性。

合成纤维及其混纺织物经热定形后,尺寸热稳定性有明显的提高;同时,热定形还可以消除织物已有的皱痕并使织物不易产生难以去除的折痕;改善或改变织物的强度、手感、起毛起球和染色性能等。因此在染整加工中,合成纤维及其混纺织物的热定形工序具有极其重要的地位。

(二) 热定形工艺

根据热定形时用水与否分为湿热定形和干热定形。对同一品种的合成纤维来说,要求达到某一规定的定形效果,若采用湿热定形工艺,由于存在热和溶胀剂的作用,定形时的温度可比干热定形低一些。但湿热定形前,织物不能带酸性或碱性(呈中性),以免造成织物损伤。锦纶、腈纶及其混纺织物往往采用湿热定形工艺,而由于水对涤纶几乎无溶胀作用,因此涤纶及其混纺织物多采用干热定形工艺。

1. 干热定形常用工艺流程

◎ 先丝光后定形:烧毛→练漂→丝光→定形→染色→后处理。

织物在染色前表面无皱、平整性好,可减少或消除色差、色条等疵病。对定形工艺要求较高,否则易造成纤维脱水、泛黄,影响染色色泽及鲜艳度。染前纤维呈干燥状态,含水量很低,故不利于染料的上染。

◎ 先定形后丝光:烧毛→练漂→定形→丝光→染色→后处理。

该工艺流程可最大限度地避免定形对染色的影响,染色效果好。但对丝光要求较高,要保证染前布面的平整性。

◎ 先染色后定形:烧毛→练漂→丝光→染色→定形→后处理。

该工艺流程可以消除前处理及染色工序带来的皱痕,使成品外观平整、尺寸稳定。定形工序可与拉幅整理、树脂整理工序合并一次完成。但所用染料的升华牢度要高,以避免热定形引起色泽的变化。

2. 湿热定形常用工艺

◎ 水浴定形。将织物在 100 ℃沸水中处理 0.5~2 h,该法简便易行,但定形效果差。

◎ 高压汽蒸定形。在高压釜中,用 110~135 ℃的高压饱和蒸汽处理织物 20~30 min,可获得较好的定形效果。但需耐压设备,不能连续生产。

◎ 过热蒸汽定形。用过热蒸汽在常压下处理织物,温度可达 130 ℃左右。该法能缩短热处理时间,生产效率高,能提高色泽鲜艳度,防止纤维泛黄,改善织物的手感、风格和弹性。

四、毛织物整理

(一)毛织物的湿整理

毛织物的湿整理就是在湿、热条件下,借助机械力的作用进行的整理过程,包括煮呢、缩呢、洗呢和烘呢等工序。

1. 煮呢

煮呢是在一定的张力和压力条件下,使毛织物浸入高温水浴中处理一定的时间,以消除织物内部的不平衡张力(内应力),产生定形效果,使织物呢面平整挺括、尺寸稳定,并且手感柔软丰满而富有弹性。其机理是利用湿、热和张力的作用,减弱和拆散羊毛纤维肽链间的交键,如二硫键、氢键和盐式键等,以消除内应力,同时使肽链取向伸直,从而在新的位置上建立稳定的交键,并通过冷却将新的形态稳定下来的加工过程。煮呢不仅能使呢面平整,而且使毛织物的尺寸稳定,降低缩水率,增强毛织物的弹性和抗皱性,并获得呢面平整、身骨挺括、手感滑爽的产品风格。因此,煮呢工序是精纺毛织物整理的必要工序。

煮呢效果与工艺条件关系非常密切,pH 值越高,定形效果越大,纤维损伤也越严重;pH 值越低,定形效果越差,越易产生过缩。生产中,白坯煮呢 pH 值为 6.5~7.5,色坯煮呢 pH 值为 5.5~6.5。煮呢温度升高,定形效果提高,纤维损伤大。白坯煮呢温度为 90~95 ℃,色坯煮呢温度为 80~85 ℃。

2. 洗呢

洗呢是利用净洗剂将羊毛织物润湿、渗透,再经机械挤压作用,使污垢脱离织物并分散于洗呢液中的加工过程。其目的是去除呢坯中的油污、杂质,使织物洁净,为后续加工创造良好条件,并且发挥羊毛纤维所特有的光泽、弹性。

在洗呢过程中,pH 值越高,净洗效果越好,但越容易损伤纤维。因此,肥皂和纯碱作为洗剂时,pH 值为 9.5~10;合成洗涤剂作为洗剂时,pH 值为 9~9.5。洗呢温度提高,可以提高洗呢的效果,但是温度过高时,洗液呈碱性,会损伤纤维。因此一般纯毛织物洗呢温度为 40 ℃,粗毛织物洗呢温度为 50 ℃。

3. 缩呢

羊毛集合体在湿热和化学试剂作用下,经机械外力反复挤压,其中的纤维相互穿插纠缠,集合体慢慢收缩紧密,并交编毡化。这一性能称为羊毛的缩绒性。利用这种特性对毛织物进行整理的加工过程,称为"缩呢"。即在一定的温度下,毛织物经润湿剂润湿,然后在机械外力的反复作用下,纤维彼此咬合纠缠,使织物收缩而厚度增加,表面产生一层绒毛将织纹掩盖。缩呢主要用于粗纺毛织物的加工。

缩呢方法包括碱性缩呢、中性缩呢、酸性缩呢和先酸后碱缩呢。生产中一般采用碱性缩呢。碱性缩呢采用肥皂、纯碱进行,缩呢液的pH值以控制在9~9.5为宜,温度一般选用35~40 ℃。

4. 烘呢

毛织物经过湿整理加工,进入干整理前,需经烘干,即烘呢。烘呢还有平整织物,控制幅宽、长度,达到成品规格的作用。烘呢并不要求织物完全烘干,因为过于干燥的毛织物手感粗糙,光泽与色泽也受到一定的影响;但烘干不足会使下机织物收缩,呢面不平整,幅宽不稳定。

(二)毛织物干整理

毛织物的干整理是在干态条件下,利用机械和热的作用,增进外观,改善手感,包括起毛、剪毛、压呢和蒸呢整理等。

1. 起毛整理

起毛整理详见棉织物的绒面整理。

2. 剪毛

粗纺织物经过缩呢、起毛后,呢面上绒毛长短不齐,经剪毛使呢面平整,增进外观。精纺织物剪毛,可使呢面洁净,纹路清晰,改善光泽,所以,无论是精纺织物还是粗纺织物,整理过程中都需经过剪毛。

3. 刷毛

刷毛工序安排分剪毛前、后两种。前刷毛是为了除去表面杂质和散纤维,同时使织物表面绒毛竖起,便于剪毛;后刷毛是为了去除剪下来的乱屑,使织物表面绒毛顺着一定方向排列,增加织物表面的美观光洁。

4. 烫呢

烫呢是指把含有一定水分的毛织物通过热滚筒受压一定的时间,使呢面平整,身骨挺实,光泽增强的加工过程。但烫呢加工条件不合适,便会产生极光,而且织物手感板硬,经向产生伸长。

5. 蒸呢

蒸呢是将织物在施加张力和压力的条件下,经过一定时间的汽蒸,使织物呢面平整,光泽自然,手感柔软而富有弹性,降低缩水率,提高织物形态的稳定性。蒸呢和煮呢原理相同,煮呢是在热水中给予张力定形,而蒸呢是用蒸汽汽蒸使呢面平整挺括。

6. 电压

经过湿整理和干整理的精纺织物,表面还不够平整,光泽较差,需经电压进一步整理织物的外观。电压是使含有一定水分的毛织物,通过热板受压一定的时间,使织物获得平整的呢面、挺实的身骨、滑糯的手感和悦目的光泽。它是精纺织物的最后一道加工工序。

(三)毛织物的特种整理

特种整理利用化学整理剂的作用,赋予织物特殊的性能,如降低毛织物的缩水率,防止毡缩,以及防蛀、防火等,其中最主要的是防毡缩整理。

(1)毛织物毡缩原因

毛织物产生毡缩主要是由于具有鳞片的羊毛纤维表面存在定向摩擦效应。当两根羊毛并列而受到外力作用移动时,羊毛的排列大多数指向羊毛的根端,最后导致邻近纤维相互纠缠成网状,使织物产生毡缩现象。

(2)防毡缩整理的方法

防毡缩整理的方法包括加法防毡缩和减法防毡缩两种。

◎ 加法防毡缩:以树脂填塞羊毛纤维表面鳞片层的间隙,使其在鳞片表面形成薄膜,或利用交联剂在羊毛水分子间进行交联,限制羊毛纤维的相对移动。

◎ 减法防毡缩:以化学试剂适当损伤羊毛纤维表面的鳞片层,减少定向摩擦效应,达到防毡缩的目的。包括氯化法、氧化法和蛋白酶法。氯化法利用氯气、次氯酸钠、二氯异氰尿酸钠等含氯的化合物,在适当的条件下,破坏羊毛表面的鳞片,从而降低羊毛的缩绒性。氧化法采用氧化剂处理羊毛,降低羊毛纤维之间的摩擦系数,从而降低羊毛的毡缩性。常用的氧化剂有高锰酸钾/食盐溶液、双氧水和其他的过氧化物等。蛋白酶法利用蛋白酶将羊毛鳞片内易于被酶解消化的部分抽出,其工艺流程为膨化处理→氯化处理→酶解处理→酶终止。

五、蚕丝织物整理

丝织物优良的光泽、色彩及手感必须通过合理、严格的后整理才能够凸显和加强,整理过程中最基础的要求是保证丝绸面料的丝织手感和悬垂性,并形成独特的织物风格。

(一)机械整理

机械整理是指通过物理的、机械的整理方法来改善和提高丝织物外观品质和服用性能的整理。丝织物手感和外观的改善主要通过机械整理实现。丝织物的机械整理包括烘燥熨平、拉幅、机械预缩、蒸绸、机械柔软、轧光等。

1. 拉幅

拉幅可以让丝织物通过热空气进行干燥,并将织物拉到设定的幅宽,同时通过热或热与其他因素的综合作用,赋予织物要求的手感。

2. 机械预缩

采用水平汽蒸机或预缩机对蚕丝织物进行预缩整理,可以使织物收缩并松弛。

3. 蒸绸

蒸绸是指织物在松弛状态下沿不太硬的毛毡用过热蒸汽处理,赋予丝织物尺寸稳定性,并可消除织物褶皱,使织物手感光滑。

4. 机械柔软处理

柔软处理主要是为了赋予织物柔软的手感,特别是在轧光效果不足时。目前多采用刮刀式揉布机,织物在倾斜刮刀边缘上方通过,完成柔软处理。

5. 轧光

轧光可以改善织物的手感和外观,一般丝织物采用冷轧光,织物可以获得柔软的手感,热轧光可以使织物获得较好的光泽,但织物的性能容易受到不利的影响。

（二）化学整理

通过各种化学整理剂对丝纤维进行交联、接枝、沉积或覆盖作用，使其产生化学的或物理的变化，以改善丝纤维的外观品质和内在质量，并保持丝纤维原有的优良性能。

1. 增重整理

脱胶后的蚕丝会失重20%~50%，蚕丝织物的增重可以弥补失去的质量，同时赋予织物更丰满、蓬松的手感及良好的填充性能，改善织物的悬垂性，赋予织物更好的洗可穿性能。增重的方法包括锡增重、单宁增重、合成树脂增重及丝素溶液增重等。目前最为先进的方法是采用聚合物"接枝"的增重方法，这种方法使增重处理变得非常容易。接枝增重方法主要使用甲基丙烯酰胺和过硫酸铵对蚕丝织物进行处理，增重的同时还可改善蚕丝织物的染色性能。

2. 柔软整理

要想使丝织物获得持久的柔软性，就必须采用化学柔软剂进行柔软整理，常用的柔软剂是有机硅类柔软剂。目前的趋势是采用有机硅的环氧衍生物，可以赋予织物柔软性、抗皱性及抗泛黄性能。

3. 抗皱整理

与合成纤维织物相比，蚕丝织物的护理性能较差，所以需对蚕丝织物进行褶皱回复（CR）整理，以改善其尺寸稳定性、水洗后的褶皱回复性。现有的抗皱整理试剂包括交联剂、增重用的脲甲醛预缩体、二羟甲基二羟基亚乙基脲、有机硅、丙烯酸盐柔软剂及催化剂等。

4. 耐光整理

蚕丝对光很敏感，因此需要对丝织物进行耐光整理。目前主要采用紫外线吸收剂或光稳定剂对丝织物进行整理，如苯酯和水杨酸酯等，但这类整理剂的开发还需要进一步研究。

六、仿真整理

（一）仿毛整理

仿毛整理主要是针对中长纤维织物的整理。中长纤维是指纤维长度介于棉和细毛型纤维之间的化学纤维。常见的有涤/黏中长纤维织物和涤/腈中长纤维织物，其中以涤/黏中长纤维织物为多，其混纺比一般为65∶35，少数也有50∶50的。中长纤维织物整理既要突出毛型感，又要发挥各组分纤维的优良性能。仿毛织物的整理包括热定形、树脂整理、机械预缩、蒸呢等。其整理的工艺流程：

热定形→浸轧树脂整理液→短环预烘→热风拉幅焙烘（或导辊式焙烘）→松式皂洗→短环烘干→预缩整理→蒸呢→验码

其中树脂整理是关键，它不仅能提高纤维的抗皱性能，而且有利于增强织物的毛型感。整理过程中采用小张力，以提高织物的仿毛效果，这也是中长纤维织物整理的一个关键。

（二）仿绸整理

丝绸光泽柔和、轻盈飘逸、手感柔软滑爽、穿着透气舒适，是深受人们喜爱的高档面料。20世纪70年代中期，日本首先推出涤纶仿真丝绸织物，其既保持涤纶挺爽和弹性好的优点，又具有良好的手感和吸湿透气性，同时还具有丝绸般的风格。

涤纶是对苯二甲酸乙二醇酯的缩聚物，其大分子中含有大量的酯键，在强碱的作用下，酯键会断裂，水解为对苯二甲酸钠和乙二醇。由于涤纶结构致密，疏水性强，在水中不会溶胀，所以碱对涤纶的作用仅在表面进行，当涤纶经碱处理以后，表面纤维水解，产生大量羧酸盐而逐渐溶解于水中，纤维的亲水性增加，并暴露出新的表面，新表面又逐渐开始水解，纤维逐渐变细，从而使纤维及纱线间的空隙增加，形成内紧外松的结构，透气性增加。因此，经碱减量处理的涤纶织物透气性和纤维的相对滑移性增加，质量减轻，具有真丝绸的柔软、滑爽和飘逸的风格。同时，涤纶纤维表面水解，使纤维表面呈龟裂状态，对光的反射作用改变，从而赋予织物柔和的光泽。因为整理后织物的质量有所减轻，又称为减量整理。

涤纶仿真丝织物整理有酸、碱两种工艺，常用的是碱减量整理工艺，其工艺流程：

坯布→准备→退浆→精练→松弛→脱水→开幅→（烘燥）→预定形→碱减量→水洗→烘干→染色→水洗→脱水→开幅→烘干→后定形→后整理（磨毛、柔软、抗静电、防水等）→验布→卷布→成品

（三）仿羊绒整理

山羊绒是山羊身上细软的底层绒毛，具有细、轻、柔软、保暖性好、对皮肤无针刺感等优良性能，其价格是同等细度绵羊毛的6~10倍。仿山羊绒技术中的一个重要内容是使羊毛变细，这就需要对羊毛进行剥鳞片减量加工。羊毛的剥鳞片减量加工技术是在羊毛防缩技术的基础上发展起来的，只是要求对鳞片层进行更加充分的反应，以达到降低羊毛细度的目的，但应尽量减少细羊毛皮质层的损伤。较成熟的加工方法有氯化法、高锰酸钾氧化法和蛋白酶解法等。经过剥鳞片处理后的羊毛纤维再经柔软剂处理，并与纺、织、染、整密切配合，就能使成品体现出山羊绒的风格。

（四）仿麂皮整理

麂皮最早取自于一种哺乳纲鹿科的小型鹿类动物，有黄、黑、赤三种皮色，以黄色应用为多。麂皮绒表面绒毛密集细腻，不损伤镜面，不仅广泛应用于光学等轻工业领域，也大量用于猎装等外衣面料，手感柔软、丰满，富有弹性，深受人们喜爱。然而天然麂皮的来源有限，远远不敷所需。因此，开发了纺织品仿麂皮整理，出现了酷似天然麂皮的人造麂皮产品。纺织品仿麂皮的发展大概经历了三个阶段：第一阶段仅在天然棉基布上进行磨毛，但外观风格差，落毛多且强度损失较大，未能得到大量应用；第二阶段仍以天然棉为基布，进行植绒和剪毛，但需应用黏合剂，手感差，也易落毛，只局限于装饰用织物；第三阶段是目前发展较快的合成纤维仿麂皮整理。多采用超细变形涤纶丝为基布原料，织成一定组织结构的基布，再经弹性树脂整理及磨毛整理，使产品既具有酷似麂皮的外观，又有一定强度和丰满的手感。仿麂皮整理的工艺流程：

机织物→松弛处理→干燥→添加油剂起绒整理→预热定形→染色→干燥→添加弹性树脂整理→干燥→热定形→磨毛→刷毛→（防污整理）→成品

（五）仿桃皮绒整理

桃皮绒织物是由超细纤维组成的、表面紧密覆盖约0.2 mm的短绒的一类织物，类似于水蜜桃的表面。与麂皮绒织物相比，其表面看不出绒毛，但皮肤能感觉到，手感和外观更细

腻、别致,保形性好,易洗、快干并且免烫。仿桃皮绒整理织物的原料一般选用超细涤纶丝与单纤细度为2~5 dtex的高收缩涤纶丝组成的混纤做经纱或纬纱,另一方向用普通涤纶丝;染整加工过程要采用松式的加工方式。超细复合丝仿桃皮绒织物染整加工工艺流程:

◎ 中浅色:坯布准备→退浆、精练、松弛→预定形→碱减量→开纤→水洗→松烘→定形→染色→柔软→烘干→(预定形)→磨绒→砂洗→柔软拉幅定形→成品

◎ 深色:坯布准备→退浆、精练、松弛→预定形→碱减量→皂洗→柔软烘干→(预定形)→磨绒→砂洗→松烘→定形→染色→柔软拉幅定形→成品

七、纺织品功能整理

(一)拒水、拒油整理

拒水、拒油整理就是用疏水性物质对织物表面进行处理,降低纤维的表面能,使织物不易被水和油所润湿,所用的疏水性物质称为拒水剂或拒油剂。拒水剂、拒油剂习惯上称为防水剂、防油剂。但拒水、拒油与防水、防油在本质上是不同的概念。拒水剂、拒油剂是具有特殊分子结构的整理剂,能改变纤维表面层的组成,使水和油不易在织物表面展开,整理后织物的纤维间和纱线间仍保存大量孔隙,这样的织物仍保持良好的透气和透湿性,有助于人体皮肤和服装之间的微气候调节,增加穿着舒适感,适用于服装面料。防水、防油剂则是能成膜的物质,整理后在织物表面形成一层不透水、不溶于水的连续薄膜,赋予织物防水、防油性,但整理后的织物不透气,手感也较粗糙,适用于室外的纺织品。

1. 拒水、拒油整理原理

织物的润湿就是使水、油等液体在织物表面迅速铺展开。拒水、拒油整理与润湿作用恰恰相反,它是使水、油不能润湿织物,使液体呈水珠、油珠状态在织物上滚动。凡是能拒油的织物必定能拒水,但能拒水的织物不一定能拒油。

2. 拒水、拒油整理剂种类

目前使用的拒水整理剂种类很多,但用作拒油整理剂的只有有机氟一种。拒水整理剂包括石蜡—金属盐拒水整理剂、季铵化合物类拒水整理剂、脂肪烃三聚氰胺衍生物类拒水整理剂、脂肪酸金属络合物类拒水整理剂、有机硅类拒水整理剂、有机氟等。有机氟具有优良的拒水性能,可以说是最佳的拒水整理剂,同时有机氟也是唯一可以用作拒油的整理剂。因为含氟聚合物的表面自由能比其他聚合物低,所以能拒油。

(二)阻燃整理

常用纺织纤维几乎都是有机高分子化合物,绝大多数可在300 ℃左右分解,产生可燃气体和挥发性液体,引起燃烧。由纺织品引起的火灾事故不断增加,引起了人们的普遍关注。某些特殊用途的织物,如冶金及消防工作服、军用纺织品、舞台幕布、地毯、儿童玩具及服装等都要求具有一定的阻燃性能,因此需要对织物进行阻燃整理。

为了便于对纺织品燃烧性能的研究,对有关燃烧性能的术语解释如下:

◎ 燃烧:可燃性物质接触火源时,产生的氧化放热反应,伴有有焰的或无焰的燃着过程或发烟。

◎ 灼烧:可燃性物质接触火源时,固相状态的无焰的燃着过程,伴有燃烧区发光现象。

◎ 余燃:燃着物质离开火源后,仍有持续的有焰燃烧。
◎ 阴燃:燃着物质离开火源后,仍有持续的无焰燃烧。
◎ 点燃温度:在规定的试验条件下,使材料开始持续燃烧的最低温度,通常称为着火点。
◎ 阻燃:某种材料所具有的防止、减慢或终止有焰燃烧的特性。
◎ 极限氧指数(LOI):在规定的试验条件下,使材料保持持续燃烧状态所需氮氧混合气体中氧的最低浓度。

1. 阻燃的概念

所谓"阻燃"并非说经处理后的纺织品具有在接触火源时不被烧着的性能,而是指不同程度的阻碍火焰迅速蔓延的性能。具有优良阻燃性能的织物在接触火源时不易燃烧或一燃即熄,当火源移去后不再燃烧,无余燃和阴燃现象。

2. 燃烧性能

可燃性织物着火燃烧过程中,首先是受热后水分蒸发、升温,然后产生热分解作用,形成可燃性物质与空气混合而着火燃烧。各种纤维由于化学组成、结构以及物理状态的差异,燃烧的难易不尽相同。常用纤维的燃烧特性见表8-2。

表8-2 常见纤维的燃烧特性

纤维	着火点(℃)	火焰最高温度(℃)	发热量(J/kg)	LOI(%)
棉	400	860	15 910	18
黏胶纤维	420	850	—	19
醋酯纤维	475	960	—	18
羊毛	600	941	19 259	25
锦纶6	530	875	27 214	20
聚酯纤维	450	697	—	20~22
聚丙烯腈纤维	560	855	27 214	18~22

十分明显,着火点和限氧指数低的纤维是较易燃烧的纤维。一般认为棉、黏胶纤维和醋酯纤维是易燃性纤维;腈纶、羊毛、聚酰胺纤维、聚酯纤维和蚕丝属于可燃性纤维;变性合成纤维如聚氯乙烯纤维、变性聚丙烯腈纤维为难燃性纤维;石棉、玻璃纤维及金属纤维为不燃性纤维。

3. 评定织物燃烧性能的方法

◎ 着火性:表示着火的难易程度,用着火点来表示。
◎ 燃烧性:通常以LOI和特定条件下的余燃和阴燃时间及损毁长度来表示。

(三)抗静电整理

1. 静电产生的原因

纤维材料之间或纤维材料与其他物体相互摩擦时,由于物体表面分子的极化,其中一侧吸引另一侧的电子,而本侧的电子后移或电子从一个表面移动到另一个表面,因此,产生双电层而形成表面电位,当两个物体急速相互移动而使两个接触面分离时,如若两个物体都是绝缘体,则物体带正电,另一物体带负电。各种纺织纤维材料在相互接触和摩擦中,虽然都能产生电荷,而且形成的最大带电量接近相等,但不同纤维却表现出不同的静电现象。棉、羊毛、蚕丝织物在加工和服用过程中几乎不会感到有带电现象,涤纶、腈纶等合成纤维在服用过程中表现出较强的电击、静电火花及静电沾污现象。这主要是由于各种纤维的表面电阻大小不同,产生静电荷以后的静电排放差异所致。

2. 静电的危害

纺织品上产生的静电对纺织品的生产及纺织品的使用都会带来很大的影响,甚至会带来危险。例如:

◎ 同一种织物由于所带电荷相同,发生排斥,使落布不易折叠整齐,影响下道加工。

◎ 织物烘干后含水率降低,不易导出静电,常被吸附在金属机件上,发生紊乱缠绕现象。

◎ 操作工的手和带电的干布接触时常受到电击。

◎ 带静电的服装易吸附尘埃而污染,服用衣着带静电后会发生畸态变形,如外衣紧贴在内衣上,影响美观。

◎ 静电的产生还会影响纺织厂高速纺纱工序的正常进行。

◎ 起毛机上的静电常使织物起毛困难、起出的绒毛紊乱及倒绕断头。

◎ 带静电的织物常有放电现象,若在爆炸区内,易引发爆炸事故。

3. 抗静电整理机理

用具有防止电荷积聚并具有吸湿性及其他特性的化学药剂施加于纤维表面,主要是提高纤维材料的吸湿能力,增加表面的亲水性,改善导电性能,减少静电现象。大部分抗静电剂都是吸湿性化合物,例如聚乙二醇、山梨糖醇和甘油等多元醇,以及吸湿性强的无机盐,例如氯化锂和氯化钠等均具有抗静电性。通过溶解于水中的正负离子的迁移作用,为电荷的转移提供了介质,从而提高了纤维的导电能力。

4. 抗静电的方法

◎ 物理法抗静电:将带相反电荷的纤维进行混纺以消除或减弱静电量;纺丝时添加油剂,增加纤维的润滑性可减少加工中的摩擦;在生产过程中使用静电消除器(高压直流电场针状电极放电装置)消除静电;还可以采用接地以导去纤维上的静电或增加工作环境的相对湿度来消除静电;或与导电材料混用等。

◎ 化学法抗静电:用抗静电剂进行整理来消除静电。

提高纤维的吸湿性。用具有亲水性的非离子表面活性剂或高分子物质进行整理,而水具有相当高的导电性,只要吸收少量的水,就能明显改善聚合物材料的导电性。因此,抗静电整理的作用主要是提高纤维材料的吸湿能力,改善导电性能,减少静电现象。表面活性剂的抗静电作用是由于它能在纤维表面形成吸附层,其疏水端与疏水性纤维相吸引,而亲水端则指向外侧,使纤维表面亲水性加强,因而容易因空气相对湿度的提高而在纤维表面形成水的吸附层。但这类整理剂会因空气中湿度的降低而影响其抗静电性能。

表面离子化。用离子型表面活性剂或离子型高分子物质进行整理。这类离子型整理剂受纤维表层含水的作用,发生电离,具有导电性能,从而降低其静电的积聚。

5. 静电大小的衡量

◎ 表面比电阻:表面比电阻表示纤维材料经典衰减速度的大小,在数值上等于材料的表面宽度和长度都等于 1 cm 时的电阻,单位为 Ω。

◎ 半衰期:半衰期表示织物上的静电荷衰减到原始数值一半时所需要的时间,单位为 s。

◎ 静电压:纺织品摩擦起电或泄电达到平衡时的电压值。

(四)卫生整理

人所共知,我们生活在各种微生物的包围之中,在人的身上有许多微生物,它们从人们的汗水和分泌物中获取营养,进行生长、繁殖、死亡的新陈代谢。正常人的汗和尿本来是不臭的,织物上的汗水由于微生物(如尿素分解菌)繁殖,将汗水中的尿、蛋白质等分解成氨和其他有刺激性气味的气体,这就是袜子、内衣、被褥等连续使用一段时间后会有不同程度臭气的原因。因此,有必要进行卫生整理,提高纺织品抗微生物能力(包括防霉、抗菌、防蛀等),杜绝病菌传播媒介和损伤纤维途径,最终使纺织品在一定时间内保持有效的卫生状态。

1. 防霉整理

所谓防霉整理就是防止霉菌的蔓延和生长。其主要途径是采用防霉整理剂杀灭霉菌、阻止霉菌生长;或在纤维表面建立障碍,阻止霉菌与纤维接触,但不能阻止霉菌的生存。织物防霉整理的另一个途径是改变纤维的特性,使纤维不能成为霉菌的食料,并使纤维具有抵抗霉菌侵蚀的能力。

防霉整理用药剂多含金属化合物,如铬酸铜、8-羟基喹啉铜等,使用浓度为 1%~3%,由于含铜化合物都有颜色,只适用于要求防腐烂作用的渔网、伪装用网、篷布等。有机汞与有机锡化合物,如苯基汞、三烃基锡等有强烈杀菌作用,浓度低至 10~100 mg/L 也有灭菌与消毒作用,但毒性较强,一般只用于工业防霉处理。

2. 抗菌防臭整理

抗菌防臭整理是指在不使纺织品原有性质发生显著变化的前提下,利用物理和化学的方法,杀灭在纺织品上的病菌,提高纺织品抗微生物能力,杜绝病菌传播媒介和损伤纤维的途径,最终使纺织品在一定时间内保持有效的卫生状态,使纺织品具有抑菌和杀菌性能的整理加工过程。

抗菌防臭整理是以美国道康宁化学公司开发成功的有机硅季铵盐应用于织物整理为开始,代表性的抗菌、防臭整理剂为 DC-5700。DC-5700 整理除了对危及人体的葡萄球菌、白癣菌、大肠杆菌、肺炎杆菌、霉菌等有卓越的抑制功效外,还具有优良的防臭性能,既不影响纺织品的手感,也不影响外观及内在质量。

3. 防蛀整理

由羊毛制成的毛纱、毛织物在储存过程中常易发生蛀蚀,造成严重损失,所以对羊毛制品进行防蛀整理是非常必要的。羊毛及其制品防蛀方法很多,可分为物理性预防法、羊毛化学改性法、抑制蛀虫生殖法和防蛀剂化学驱杀法四类。防蛀剂化学驱杀法是以有杀虫、防虫能力的物质,通过对羊毛纤维的吸附作用固着于纤维上产生防蛀作用。防蛀剂化学驱杀法是一种在工业生产中可普及的防蛀方法。

4. 卫生整理效果的检验

◎ 晕圈法(抑菌圈半径):用小块布盖在已种菌培养基上,检查布上及周围菌落生长情况。

◎汲尽培养法:吸 1 mL 细菌培养液,滴在一小块整理织物上,使溶液正好被织物全部吸收,放置一定时间后,将织物上的细菌培养液洗落(稀释)、摇匀,取样置于培养基上,在一定条件下放置一定时间,检查培养基上菌落数,与空白样品对比。

◎摇晃烧瓶法:在盛有稀释液的有塞三角烧瓶中,投入样品(纺织品),而后移入细菌培养液,在一定条件下摇晃 1 h,取出 1 mL 试验液,置于固体培养基上,在一定条件下使细菌繁殖一定时间,落数与空白样品比较,计算抑菌率。

(五)防污、易去污整理

合成纤维(如涤纶)疏水性强,天然纤维(如棉)尽管是亲水性纤维,但经树脂整理后,其亲水性基团被封闭,亲水性下降。基于这些原因,合成纤维织物及天然纤维与合纤的混合纺织物易于沾污,沾污后又难以除去,同时在反复洗涤过程中易于再污染(被洗涤下来的污垢重新沉淀到织物上的现象)。为克服这种缺点,必须对织物进行防污和易去污整理。

防污整理是指纺织品在使用过程中不会被水性污垢和油性污垢所润湿造成沾污,也不会因静电原因而吸附干的尘埃或微粒于纤维或织物表面,使纺织品具有防污性能的整理称为防污整理,国外称为 SR 整理。为使织物达到防污目的,必须通过三个途径来完成,即防油污整理、易去污整理和抗静电整理。防油污整理和抗静电整理见上述内容。这里主要介绍易去污整理。

1. 易去污整理

易去污整理也称亲水性防污整理或脱油污整理,是指织物一旦沾污后,污垢在正常的洗涤条件下容易洗净,而且织物在洗涤液中不会吸附洗涤液中的污物而变灰,使纺织品具有易去污性能的整理称为易去污整理。这种整理方法主要适用于合成纤维及其混纺织物。它不仅能提高衣服在穿着过程中的防污性,而且能使沾污在织物上的污垢变得容易脱落。此外,在洗涤过程中再污染的现象也可得到一定程度的改善。

2. 易去污性能的测试

织物的易去污性能可以用去污率表征。去污率是沾污的织物经规定洗涤条件洗涤后,织物上污垢的去除程度或污垢的残留量,目测对照标准样卡评级,用评级方法评定易去污织物的易去污性能。可以通过测定试样洗涤前后的反射率来计算。

(六)抗紫外线整理

1. 紫外线的种类及危害

紫外线(ultraviolet rays, UV)分为长波紫外线(UVA,320~400 nm)、中波紫外线(UVB,280~320 nm)和短波紫外线(UVC,200~280 nm)。太阳光中,95%以上为 UVA,对人体有促进合成维生素 D 的作用,但过量照射会引起淋巴细胞数量降低,抑制免疫功能;2%~5%为 UVB,含量虽不高,但对人体皮肤刺激较大,易引起红肿疼痛症状,如不间断照射时间较长,将引起皮肤弹性下降,皱纹增加,毛细血管扩张、增厚,并使表皮色素沉淀,对皮肤内层的损伤是不能修复的,长期照射易导致皮肤癌、白内障,并抑制人体免疫功能,因此中波段紫外线对人体伤害极大。UVC 作为辐射作用更强的紫外线,有一定的杀菌作用,但对人体有害。一般来讲,UVC 不能到达地面,但由于近年来空气中含氟量的提高,到达地面的 UVB 和 UVC 增加。因此,对面料进行抗紫外线整理,既可保护服装,又使穿着者免遭紫外线伤害。特别是户外、高原及长期野外工作者的服装面料、部队军需纺织品及专业职业工作服,应进行必要的抗紫外线整理。

2. 抗紫外线整理

抗紫外线整理是通过增强织物对紫外线的吸收能力或增强织物对紫外线的反射能力来减少紫外线的透过量。抗紫外线整理剂依据其阻挡紫外线透过织物的机理不同分为紫外线吸收剂和紫外线屏蔽剂两类。紫外线吸收剂主要是吸收紫外线并进行能量交换,使紫外线转变成热能和波长较短的电磁波而发散,从而达到防止紫外线辐射的目的。在对织物进行染整加工时,选用紫外线吸收剂和紫外线屏蔽剂加工都是可行的,两者结合起来效果会更好,可根据产品要求而定。目前应用的紫外线吸收剂主要有金属离子化合物、水杨酸类化合物、苯酮类化合物和苯三唑类化合物等几类。

3. 抗紫外线效果测试

用防晒指数(SPF)或紫外线防护指数(UPF)来衡量材料的抗紫外线能力或防晒能力。SPF 值是指经防晒处理的皮肤上产生红斑的紫外线辐射的最小剂量与未经防晒处理的皮肤上产生红斑的紫外线辐射的最小剂量的比值。UPF 值是指紫外线对未防护的皮肤的平均辐射量与待测织物遮挡后紫外线辐射量的比值。

(七)防辐射整理

微波通信和信息技术的发展,带来了电磁干扰(EMI)及电磁污染等一系列问题,其危害是继空气污染、水污染、噪声污染之后的第四大污染源。1950 年,美国公布了大功率电磁辐射对人体健康造成危害的首例报道,联合国在 1969 年的人类环境会议上,将电磁波辐射列入"被控制的空气污染物",正式确认电磁污染的存在及其危害。1998 年,世界卫生组织明确指出,计算机屏幕工作环境可能影响妊娠和胎儿。电磁波积累作用的结果会引发失眠、神经衰弱、心律不齐、高血压,甚至癌症等严重后果。电磁波被称为人类健康的"隐形杀手"。因此,要进行防辐射整理。

防辐射整理就是利用具有导电性能的银、镍、铜等金属,采用电镀的方法或涂层的方法施加到织物上,使织物表面均匀地覆盖一层有一定厚度的金属,制得具有良好导电、导热、抗静电和高电磁屏蔽性能的导电织物。

防辐射整理的加工流程:织物前处理→活化→化学镀铜→电镀镍→树脂涂层→后整理→成品。

◎ 前处理主要是采用氢氧化钠和去油剂在 50℃ 的条件下处理 10min,以清洁基质材料表面在各操作工序中黏附的各种杂质和灰尘,它直接影响到镀层的均匀性、致密性以及镀层与基质间的结合力。

◎ 活化技术是生产导电布的关键环节,其处理质量决定了导电布的综合性能。以重金属盐与树脂配合表面活性剂处理基材表面,形成极薄的金属催化层,促使在电镀浴中的铜、镍能够在其基础上得到还原而沉积在织物的表面。

◎ 化学镀铜靠基材的自催化活性才能起镀,结合力一般优于电镀。

◎ 铜的导电性能良好、价格适中,但其密度较大,不易在基体中分散,会影响复合材料的电磁屏蔽效果,且铜粉容易氧化,因此常在其表面镀上一层镍。

◎ 涂层可作为保护层,用于保护织物金属镀层免受磨损及污染。

(八)吸湿排汗整理

吸湿排汗整理,又称吸湿快干整理,就是用亲水性聚合物对疏水性纤维进行的整理加工,赋予疏水性纤维织物吸水、透湿、快干的特性。一般吸湿快干整理是指亲水性聚合物对涤纶进行加工。吸湿排汗整理剂主要是一种以水分散性聚酯为主要组分的复配物,由于其分子结构中有与涤纶分子结构相同的苯环,在高温作用下,分子链段被吸附在涤纶的表面,使涤纶由原来的疏水性表面变成耐久的亲水性表面,但由于涤纶组分本身的拒水性质并未被改变,所以其吸收的水分又可以很快地散发到大气中。

(九)涂层整理

涂层整理是在织物表面单面或双面均匀地涂布一层或多层能成膜的高分子化合物,使织物正反面产生不同功能的一种表面整理技术。所用的成膜高聚物称为涂层剂,所用的织物称为基布。涂层需根据各种产品的性能要求,在一定的织物(即基布)上用适当的涂层剂进行涂布,成膜后再用各种不同功能的添加剂经适当后处理,制成涂层产品,以达到产品多功能化效果。可用在风雨衣、羽绒服、劳动防护服等服装,篷盖布、土工布、遮阳布等产业用布,贴墙材料、铺地材料、遮光窗帘等装饰用布产品的加工中。

1. 涂层整理特点

涂层整理与传统的轧烘焙整理工艺相比,涂层整理具有许多特点:

◎ 涂层整理不同于一般传统的轧烘焙工艺,最显著的区别是传统的轧烘焙整理工艺要求浸轧液充分润湿并渗透到织物内部,而涂层整理所涂布的浆液仅润湿织物表面或稍有些扩散,溶液不渗透进入织物内部,只在织物的表面进行。因此,可节约化工原料。

◎ 涂层整理的工艺流程为轧光→涂布→烘燥→焙烘。

一般可以不用水洗,节约用水,有利于环保。

◎ 对涂层整理所用的基布要求低,不受纤维品种限制。

◎ 涂层整理剂品种多,加入不同的添加剂后,可使织物具有各种不同的外表和功能。

2. 涂层整理的目的

◎ 改善织物的外观,可使织物具有珠光、皮革外观及双面效应等不同效果。

◎ 改善织物的风格,赋予织物高回弹性和柔软丰满的手感等。

◎ 增加织物的功能,可使衣用织物不仅具有防水性,还必须具有透气和透湿、防污、阻燃等功能。

3. 涂层整理剂

纺织品涂层整理剂又称涂层胶,是一种均匀涂布于织物表面的高分子类化合物。涂层胶的分类方法很多,按化学结构分,可分为聚氨酯(PU)类涂层剂、聚丙烯酸酯类涂层剂、有机硅弹性体、聚氯乙烯(PVC)涂层剂、合成橡胶类等。目前主要应用的是聚丙烯酸酯类和聚氨酯类。

4. 涂层分类方法和工艺

工艺和设备决定了涂层织物的性能。正确地选用涂层剂、涂层工艺和涂层设备是提高涂层产品质量的关键。涂层按其涂布方法分类,可分为直接涂层、热熔涂层、黏合涂层和转移涂层等。

◎ 直接涂层:直接涂层整理是将涂层剂通过物理和机械方法直接均匀地涂布于织物表面而后使其成膜的方法。按照成膜方法的不同,又有干法涂层和湿法涂层的区别。

干法涂层将涂层剂溶于水或有机溶剂中,添加一定的助剂制成涂层浆,用涂布器直接均匀地涂布于织物上,然后加热烘干,使水分和溶剂蒸发,涂层剂在织物表面通过自身的凝聚力或树脂的交联作用,形成坚韧的薄膜。

湿法涂层将涂层剂均匀地涂布于织物上后,通过水凝固浴,在织物上形成多微孔性薄膜。湿法涂层产品分为人造麂皮和光面革等。人造麂皮是指烘干后的 PU 涂层织物,经磨毛机磨去结构致密的表面层后,外观出现类似于麂皮的绒毛,可以印花、轧纹。光面革是指在半成品的表面印花、轧纹或再进行转移涂层制成的光面产品,凝固涂层膜的多孔性,加上模拟皮革纹理的表面加工,与天然皮革更相似,有的称为仿羊(牛)皮革。

◎ 热熔涂层:热熔涂层是将热塑性树脂加热熔融后,涂布于基布,经冷却而黏着于基布表面的涂层工艺。其工艺流程:基布→涂布熔融树脂→冷却→轧光→成品。

◎ 黏合涂层:黏合涂层工艺是将树脂薄膜与涂有黏合剂的基布叠合,经轧压而使其黏合成一体,或将树脂薄膜与高温热熔辊接触,使树脂薄膜表面熔融而后与基布叠合,再通过轧压而黏合成一体,涂层薄膜较厚。黏合涂层通常用于装饰织物和铺地织物等的涂层整理。黏合涂层的工艺流程:基布→涂布黏合剂→烘干→薄膜黏合→焙烘→轧光→成品。

◎ 转移涂层:转移涂层是先以涂层浆涂布于经有机硅处理过的转移纸,而后与基布叠合,在很低的张力下经烘干、轧平和冷却,然后使转移纸和涂层织物分离。主要应用于对张力比较敏感的非织造布和轻薄织物及针织物等涂层加工。其工艺流程:转移纸→涂布涂层浆→基布黏合→烘干→轧光→冷却→织物与转移纸分离→成品。

同步练习

一、单选题

1. 直接染料具有使用简单、价格低廉、色谱齐全、色泽鲜艳、匀染性良好等优点,但也有不足之处(　　)。
   A:利用率不高　　　　　　　　　B:染色牢度不如其他染料
   C:使用不方便　　　　　　　　　D:加工工艺复杂

2. 多用于纱线制品、色织物、针织物的染色是(　　)。
   A:纤维染色　　　　　　　　　　B:纱线染色
   C:织物染色　　　　　　　　　　D:成衣染色

3. 混纺织物、交织织物、厚密织物多用(　　)染色。
   A:纤维　　　　　　　　　　　　B:纱线
   C:织物　　　　　　　　　　　　D:成衣

4. 纱线染色可以用以下哪种染色机?(　　)
   A:浸染机　　　　　　　　　　　B:卷染机
   C:轧染机　　　　　　　　　　　D:成衣染色机

5. 散纤维染色可以用以下哪种染色机?(　　)
   A:浸染机　　　　　　　　　　　B:卷染机
   C:轧染机　　　　　　　　　　　D:成衣染色机

6. 先把织物浸渍染液,然后使织物通过轧辊的压力,把染液均匀轧入织物内部,再经过汽蒸或热处理的染色方法,称之为(　　)。
   A:浸染　　　　　　　　　　　　B:轧染
   C:浸轧染　　　　　　　　　　　D:竭染

7. 将染品反复浸渍在染液中,使织物和染液不断相互接触,经过一段时间把织物染上颜色的染色方法,称之为(　　)。
   A:浸染　　　　　　　　　　　　B:轧染
   C:卷染　　　　　　　　　　　　D:浸轧染

8. 阳离子染料一般用于下列哪种纤维的染色?(　　)
   A:涤纶　　　　　　　　　　　　B:腈纶
   C:锦纶　　　　　　　　　　　　D:蚕丝

9. 分散染料一般用于染(　　)。
   A:棉纤维　　　　　　　　　　　B:蚕丝
   C:涤纶　　　　　　　　　　　　D:腈纶

10. 下列染料中不适合染毛和丝纤维的是(　　　　)。
    A:直接染料　　　　　　　　B:活性染料
    C:酸性染料　　　　　　　　D:硫化染料

11. 直接染料不可以染下列哪种纤维？(　　　　)
    A:棉纤维　　　　　　　　　B:毛纤维
    C:锦纶　　　　　　　　　　D:涤纶

12. 染色牢度可以分为日晒牢度、摩擦牢度、洗涤牢度、熨烫牢度、汗渍牢度、升华牢度等,一般为1~5级,但有一种是1~8级,它是(　　　　)。
    A:日晒牢度　　　　　　　　B:摩擦牢度
    C:洗涤牢度　　　　　　　　D:熨烫牢度

13. 织物日晒牢度一般分为1~8级,几级的日晒牢度最高(　　　　)。
    A:1级　　　　　　　　　　B:4级
    C:2级;　　　　　　　　　　D:8级

14. 下列工艺中不属于粗纺前处理加工的是(　　　　)。
    A:洗呢　　　　　　　　　　B:烧毛
    C:烘呢定幅　　　　　　　　D:缩呢

15. 粗纺毛织物需要而精纺毛织织物不需要的前处理工序是(　　　　)。
    A:烧毛　　　　　　　　　　B:煮呢
    C:缩绒　　　　　　　　　　D:漂白

16. 桑蚕丝前处理一般经过(　　　　)工艺即可,这是由于桑蚕丝天然色素少,而且大部分存在于丝胶中,在脱净丝胶后已很洁白,无需进行漂白,特殊要求白度高的才进行漂白。
    A:精练　　　　　　　　　　B:退浆
    C:丝光　　　　　　　　　　D:烧毛

17. 热定形是什么类型织物前处理中需要的工艺？(　　　　)
    A:棉织物　　　　　　　　　B:毛织物
    C:涤纶织物　　　　　　　　D:丝织物

18. 在处理涤纶织物的过程中,经(　　　　)处理,涤纶表面被碱刻蚀,其质量减轻,纤维直径变细,表面形成凹坑,纤维的剪切刚度下降,消除了涤纶丝的极光,并增加了织物交织点的空隙,使得织物手感柔软、光泽柔和,改善了吸湿排汗性,具有蚕丝般的风格,这种处理也被称为仿真丝绸整理。
    A:退浆精练　　　　　　　　B:松弛
    C:预定形　　　　　　　　　D:碱减量

19. 棉针织物(如汗布等)在松弛状态下用浓烧碱液处理,以增加厚度和弹性的加工,称之为(　　　　)。
    A:丝光　　　　　　　　　　B:碱缩

C:烧毛　　　　　　　　　　　　D:漂白

20. 棉织物的丝光处理是利用了棉纤维的（　　　）。
    A:耐酸不耐碱　　　　　　　　B:耐碱不耐酸
    C:耐氧化剂　　　　　　　　　D:耐还原剂

21. 前处理中煮练工序的主要作用是（　　　）。
    A:去除果胶质和蜡质,提高织物的吸湿性
    B:减少毛羽
    C:清除杂质
    D:去除浆料

22. 织物前处理中退浆工序的目的是（　　　）。
    A:去除灰尘
    B:去除绒毛
    C:去除原布上大部分的浆料,以利于煮练和漂白加工,同时也可以去除部分天然杂质
    D:漂白

23. 厚重织物在前处理烧毛工序中的车速应该比薄织物（　　　）。
    A:快一些　　　　　　　　　　B:慢一些
    C:一样　　　　　　　　　　　D:都可以

24. 织物前处理中烧毛工序的目的是（　　　）。
    A:去除织物表面绒毛及杂质,避免印染加工中产生各种疵病
    B:加强管理　　　　C:去除果胶和蜡质
    D:提高织物吸湿性

25. 涤纶前处理获得丝绸织物的绉效应的工序是（　　　）。
    A:退浆精练　　　　　　　　　B:松弛
    C:预定形　　　　　　　　　　D:碱减量

26. 在防染印花浆中加入不受防染剂影响的染料或颜料印得彩色花纹的印花加工,称之为（　　　）。
    A:防白印花　　　　　　　　　B:色防印花
    C:拔白印花　　　　　　　　　D:色拔印花

27. 色浆、原糊、糊料之间的关系,下列叙述正确的是（　　　）。
    A:色浆包含原糊,原糊包含糊料　B:糊料包含原糊,原糊包含色浆
    C:原糊包含色浆,色浆包含糊料　D:色浆包含原糊,糊料包含色浆

28. 印花工艺后整理需要经过蒸化工序,其主要作用是（　　　）。
    A:固色或显色　　　　　　　　B:平整
    C:烘干　　　　　　　　　　　D:拉幅

29. 蜡染属于(　　　)工艺。
    A：防印印花　　　　　　　　　　B：拔染印花
    C：防染印花　　　　　　　　　　D：直接印花

30. 转移印花用的染料一般是(　　　)。
    A：直接染料　　　　　　　　　　B：活性染料
    C：阳离子染料　　　　　　　　　D：分散染料

31. 下列印花方式中，属于间歇式生产的是(　　　)。
    A：平网印花　　　　　　　　　　B：圆网印花
    C：滚筒印花　　　　　　　　　　D：数码印花

32. 利用不溶于水的有色物质(颜料)和高分子聚合物(黏合剂)混合印在纺织品上，经过一定处理在纺织品上形成一种透明的有色薄膜，进而将涂料机械地固着在纺织品上的印花方法，称之为(　　　)。
    A：直接印花　　　　　　　　　　B：防染印花
    C：防印印花　　　　　　　　　　D：颜料印花

33. 印花后再罩印地色浆，在同机上一次完成的印花是(　　　)。
    A：防染印花　　　　　　　　　　B：拔染印花
    C：防印印花　　　　　　　　　　D：直接印花

34. 在防染印花浆中加入含有防染剂的印花浆印得白色花纹的，称之为(　　　)。
    A：防白印花　　　　　　　　　　B：色防印花
    C：拔白印花　　　　　　　　　　D：色拔印花

35. 先染色后印花，印花色浆中含有拔染剂以破坏地色染料而获得花纹图案的方法，称之为拔染印花。在图案印刷这步中，印花色浆含有能破坏地底色染料的化学药品(如强漂白剂)，其在汽蒸后处理过程中会破坏地色，当漂白剂与不会与它反应的染料混合在同一色浆(还原染料属于这种类型)中，可进行(　　　)。
    A：拔白印花　　　　　　　　　　B：色拔印花
    C：防白印花　　　　　　　　　　D：色纺印花

36. 印花与染色相比，其上染介质分别是(　　　)。
    A：印花上染介质是水，染色上染介质是色浆
    B：印花上染介质是色浆，染色上染介质是水
    C：上染介质都是水
    D：上染介质都是色浆

37. 国内"防紫外线产品"必须满足(　　　)。
    A：UPF值>30，UVA<5%　　　　　B：UPF值>30，UVA<10%
    C：UPF值>40，UVA<5%　　　　　D：UPF值>40，UVA<10%

二、多选题

1. 还原染料本身不溶于水,在烧碱溶液中经强还原剂还原成溶于水的隐色体,隐色体上染纤维后再经氧化而显色。它可用于下列(　　　)织物染色。
   A:丝　　　　B:毛　　　　C:麻　　　　D:棉

2. 偶氮染料是一种在纤维上形成的不溶于水的染料,由于使用时要加入冰块来降低温度,所以又称为冰染染料。它一般用来加工(　　　)织物。
   A:棉　　　　B:麻　　　　C:毛　　　　D:丝

3. 织物染色可以用下列哪些染色机?(　　　)
   A:浸染机　　B:卷染机　　C:轧染机　　D:成衣染色机

4. 根据染色对象的不同,可将染色机械分为(　　　)。
   A:纤维染色机　B:纱线染色机　C:织物染色机　D:成衣染色机

5. 酸性染料可以染下列哪些纤维?(　　　)
   A:棉　　　　B:毛　　　　C:蚕丝　　　D:锦纶

6. 衡量染品质量优劣的三个指标是(　　　)。
   A:匀染性　　B:色彩多样性　C:色牢度　　D:鲜艳度

7. 染料应该具备的特性是(　　　)。
   A:色度　　　B:上色的能力　C:溶解性　　D:染色牢度

8. 有关毛织物的煮呢目的,下面叙述正确的是(　　　)。
   A:平整加工效应:内应力松驰,形态稳定,抗皱性提高,并矫正折痕
   B:提高染色性能
   C:改善表面风格特征,手感滑、挺、爽,有弹性,光泽持久
   D:提高织物的白度

9. 毛织物的洗呢目的是(　　　)。
   A:除去残存的天然杂质、浆料、抗静电剂、烧毛灰屑、灰尘、油污等杂质
   B:提高毛织物的润湿能力
   C:提高产品的染色牢度、色泽鲜艳度
   D:发挥毛织物特有的光泽、弹性、手感柔软、丰满等。

10. 苎麻织物前处理需要经过(　　　)。
    A:烧毛　　　B:退煮　　　C:漂白　　　D:丝光

11. 棉织物经过丝光处理后,织物的哪些性能得到改善?(　　　)
    A:光泽度提高　　　　　　B:吸附、反应性能提高
    C:强力提升　　　　　　　D:织物尺寸稳定性提升

12. 织物前处理中漂白工序的主要作用是(　　　)。
    A:漂白　　　B:除杂　　　C:去除绒毛　D:提高吸湿性

13. 织物前处理的退浆方法主要有(　　　)。

A:酶退浆 B:碱退浆 C:酸退浆 D:氧化剂退浆

14. 织物前处理中的原布准备的目的是(　　)。

    A:除杂 B:连续生产 C:加强管理 D:增加布匹新功能

15. 织物前处理的主要目的是(　　)。

    A:去除天然杂质、人工杂质等杂质

    B:提高性能如光洁度、润湿性、白度、尺寸稳定性等

    C:保持尺寸稳定性

    D:赋予织物特殊性能

16. 涂料印花与染料印花相比,其不足之处是(　　)。

    A:手感发硬,因此都用于小面积花型

    B:不是所有纺织纤维都适合

    C:摩擦牢度不高,色泽鲜艳度不够

    D:一定要经过汽蒸

17. 印花用的糊料类别有(　　)。

    A:天然亲水性高分子物

    B:天然亲水性高分子的变性物

    C:合成亲水性高分子化合物

    D:染料

18. 下列属于隐影动态特种印花的是(　　)。

    A:夜光印花 B:荧光印花 C:变色印花 D:水变印花

19. 下列印花属于连续式生产的是(　　)。

    A:平网印花 B:圆网印花 C:滚筒印花 D:数码印花

20. 筛网印花可以分为(　　)。

    A:滚筒印花 B:平网印花 C:圆网印花 D:数码印花

21. 被称为传统手工印染的"三缬"而闻名于世的是(　　)。

    A:蜡缬 B:绞缬 C:夹缬 D:捆缬

22. 植绒印花是把称作纤维短绒的纤维绒毛按照特定的图案黏着到织物表面的印花方式,把纤维短绒黏附到织物表面有两种方法,它们分别是(　　)。

    A:机械法 B:黏合法 C:静电法 D:蒸汽法

23. 直接印花图案可分为下面哪三种?(　　)

    A:白地 B:满地 C:色地 D:黑地

24. 原糊是由糊料与水组成的糊状物质或增稠剂,对其性能要求,以下描述正确的是(　　)。

    A:化学性质稳定,不腐败变质、不与染料、助剂织物反应

    B:成糊率要高,配制一定黏稠度色浆所用糊料少

C:色浆印透性适当,印花均匀性好,给色量高

D:印花后易洗涤除去,不影响手感

25. 色浆由下列哪三项成分组成?(　　　)

　　A:染料或颜料　　B:助剂　　　　C:原糊　　　　D:水

26. 增白指利用光的补色原理增加织物白度的整理工艺过程,又称加白。常见的增白方法有(　　　)。

　　A:上黄　　　　B:上蓝　　　　C:加荧光　　　D:加白

27. 下列属于常用抗菌整理剂的是(　　　)。

　　A:季铵盐类抗菌整理　　　　　B:壳聚糖类抗菌整理剂

　　C:纳米系抗菌整理剂　　　　　D:双胍类抗菌整理剂

28. 根据不同的要求和工艺,轧光分为(　　　)。

　　A:普通轧光　　B:软轧光　　　C:叠层轧光　　D:摩擦轧光

29. 下列对定幅(拉幅)的主要作用描述正确的是(　　　)。

　　A:纠正织物形态尺寸不够稳定

　　B:纠正织物幅宽不匀

　　C:纠正布边不齐和纬斜

　　D:纠正因烘筒烘干后产生的极光、手感粗糙等

30. 下列属于仿旧整理的是(　　　)。

　　A:水洗　　　　B:石洗　　　　C:酵素洗　　　D:砂洗

31. 下列属于功能性整理的是(　　　)。

　　A:抗菌整理　　B:防紫外线整理　C:防水整理　　D:抗静电整理

32. 下列属于改善织物外观后整理的是(　　　)。

　　A:增白整理　　B:轧光整理　　C:起毛整理　　D:轧纹整理

33. 下列属于改善织物手感后整理的是(　　　)。

　　A:柔软整理　　B:硬挺整理　　C:丰满整理　　D:粗糙整理

34. 下列属于尺寸形态稳定后整理的是(　　　)。

　　A:拉幅　　　　B:防缩　　　　C:热定形　　　D:增白

三、讨论题

1. 棉织物染色常用的染料有哪些?它们的优缺点是什么?

2. 请简要回答散纤维染色、纱线染色、织物染色、成衣染色和可用染色设备浸染机、卷染机、轧染机之间的对应关系。

参考文献

1. 季国标等.中国纺织工程科技回顾与展望[J].北京服装学院学报(自然科学版),2002,22(2):86-90.
2. 李陵申.拓展高科技应用领域,推进军民深度融合,促进行业高质量发展[J].纺织导报,2018(s1):31-35.
3. 李陵申.我国产业用纺织品行业的机遇与挑战[J].济南纺织服装,2013(1):8-9.
4. [英]詹妮弗·哈里斯.纺织史[M].汕头:汕头大学出版社,2011.
5. 邵灵玲.实用纺织染技术[M].北京:中国纺织出版社,2014.
6. 朱远胜.服装材料应用(第四版)[M].上海:东华大学出版社,2020.
7. 陈惠兰,冯晴,董政娥.中国纺织史论文态势研究[M].上海:上海人民出版社,2020.
8. 郁崇文.纺纱工艺学[M].上海:东华大学出版社,2015.
9. 平建明.毛纺工程[M].北京:中国纺织出版社,2007.
10. 梁平.机织技术[M].上海:东华大学出版社,2017.
11. 柯勤飞,靳向煜.非织造学[M].上海:东华大学出版社,2016.
12. 龙海如,秦志刚.针织工艺学[M].上海:东华大学出版社,2017.
13. 宋慧君,刘宏喜.染整概论[M].上海:东华大学出版社,2014.